大学教官歴 40 周年記念著作

社会システム論

― 普遍的価値とは何か ―

Theory of Social Systems
What is Universal Value ?

中央大学経済研究所客員研究員

木村武雄　著

五絃舎

自　序

　コロナ禍の中で，（義理義理［二つの婚姻関係で結ばれた］の）孫が 3 月 11 日に誕生したので，2011 年 3 月 11 日の東日本大震災について書いてみることにする。前日の 10 日（木曜日）に西伊豆の堂ヶ島で中央大学の研究会が開かれた。翌朝仲間の先生の車に乗せて頂き，東京駅で別れた。母が入院中の大船の湘南鎌倉総合病院に向かった。1 階ロビー近くにあるコンビニで母用のオムツと 2ℓ の飲用水 2 本（この二つは入院中といえども家族が常備するよう義務付けられている）を買いに行こうとしたその時に地震が起こった。大船の岡本にあるこの病院はその半年前に建てられた耐震構造を持つ新築建造物だった。地下 1 階にレールがあり，地震に合わせ建物がそっくり動く構造になっていた。15 階建てで，（後で聞いた話では）最上階に徳洲会の創業者徳田虎雄さんが入院中とか。難病の ALS（筋萎縮性側索硬化症）に罹患し，意思伝達手段として，画面の文字盤を指していることをテレビで見ました。

　地震の揺れが収まったところで，7 階か 8 階かの母の病室へゆくエレベーターに急いだ。エレベーターは地震で止まっていた（非常用電源で手術はできるそうです）。階段へ行ったら，上の階から降りてくる人で溢れかえっていた。しばらく待って，上がって母の安否確認をした。鎌倉の家に帰ることにした。バスも電車も止まっていた。歩いて帰ることになった。

　途中小袋谷の踏切で遮断機が下がったままで，踏切の前後に一車線の上下車線とも車が何十台も動かないまま立ち往生していた。鎌倉駅の中の弁当屋で近所に住む甥っ子の分も買った。コンビニは電源が止まって，営業が出来なかった。東京に勤めに行っていた下の妹は会社にとどまることになった。数日して，計画停電があった。夕方鎌倉駅に着いた時，駅以外は光がなく，町全体が本当に真暗で衝撃を受けた。後で聞いたら，高圧送電線の近くとか相模大野のように

小田急線の電力基地があるところとか首相のいる東京 23 区は計画停電がなかったそうです。

　閑話休題，本書は『10 カ国語経済・ビジネス用語辞典』，『地方創生と日本経済論』，『地方創生と労働経済論』，『地方創生と社会システム』に続く「大学教官歴 30 年超シリーズ」第 5 弾である。

　本書の構成を次に掲げる。

①第Ⅰ部と第Ⅱ部，第Ⅲ部からなる。第Ⅰ部で社会システム論の分析手法を，第Ⅱ部で社会システムの諸システムの基底を、第Ⅲ部では様々な社会システムを扱った。

②第Ⅰ部は社会システム論の価値軸とかモデルを取り扱った。イングルハート，マッキンゼー，グローバリズム，パーソンズ，ハーバーマスの普遍的価値軸の諸モデルを解説した。

③第Ⅱ部で基底的なシステムと複合的なシステムの理論を展開した。労働システム，国際システム，普遍主義システムを扱った。

④第Ⅲ部では文化的システム、国民的システムとして，ポーランド，日本，インド，中国のシステムを扱った。

　最後に本書の刊行に際して，株式会社五絃舎の長谷雅春取締役社長をはじめスタッフの皆様に大変お世話になりました。記して厚く御礼申し上げます。そして拙妻福美の理解と献身的な協力も付記したい。

　2021(令和 3）年 6 月 1 日，コロナ禍の鎌倉の寓居にて

木村武雄

目　　次

自序

第Ⅰ部　システム論の分析手法

第Ⅱ部　社会システム（基底的・複合的）

第Ⅰ部　システム論の分析手法

第1章　イングルハートの価値軸
（含文化・宗教システム）

第1節　価値軸 （図1参照）

　計量社会学・比較政治学の泰斗R.イングルハートによる価値マップ（2000年）で世界各国を見てみる。図1は「イングルハートの価値マップ」と呼ばれるもので，縦軸には「伝統的価値」と「世俗—合理的価値」に関する数値，横軸には，「生存価値」と「自己表現価値」に関する数値を各自とり，各国の価値観の平均値を位置づけたものである。各国の位置は，「儒教圏」「欧州新教圏」「英語圏」「旧共産圏」等のカテゴリーによって，一つの纏まり（クラスター）を形成している。

　ロシアはウクライナ，ブルガリア，アルバニアのギリシャ正教圏のクラスター，ポーランド，クロアチア等は欧州旧教圏のクラスター，グルジア（現ジョージア），アルメニア等の南アジア圏，中国は儒教圏に各自属しているが，同時に旧共産圏のより大きなクラスターに属している。

　日本人の平均的価値観は「世俗—合理的価値」を他のどの国よりも重んじ，「自己表現価値」をやや重んじる傾向にある。旧東独，スウェーデンが日本人に近い価値観を形成している。中国,韓国,台湾は,日本と同じ儒教圏に属している。

　ポーランドは地理上の欧州の中心にあるが，イングルハート価値図でも中心にある点も面白い。欧州旧教圏の南限にあるが，南アジアの旧教圏のフィリピンと南米圏のチリ，アルゼンチン，ペルーに近い所にある。しかも同じ欧州の旧教圏のフランス，イタリア，スペインとは明らかに相違する点も興味深い。

図1　イングルハートの価値マップ（2000年）

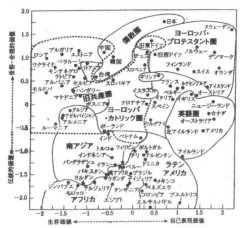

〔引用文献〕橋本努『経済倫理＝あなたは，なに主義？』講談社・選書・メチエ，2008年，246，248頁。Ingrehart, R.&Wezel, C.[2005] Modernization, Cultural Change, and Democracy：The human Development Sequence, New York:Cambridge University Press, 2005, p.63, p.57.

図2　経済水準ごとに分類したイングルハートの価値マップ（2000年）

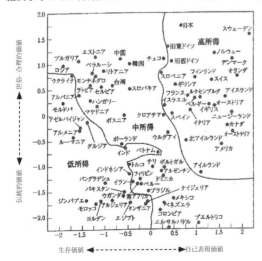

〔引用文献〕図1と同じ。

第2節　所得軸 （図2参照）

　所得は世界銀行の統計（World Development Indicators, 2002）である。これを価値軸とすり合わせると次の図になる（図2参照）。世界銀行定義の「高所得国」は右上に，「中所得国」は左上から右下までの位置，そして「低所得国」は左下に位置している。人々の価値観は，「世俗―合理的価値」の方へ，他方「自己表現価値」の方へシフトする。イングルハートの分析で，「言語文化」や「宗教文化」，或いは「地政学的位置」「共産主義イデオロギー」の重要性を読み取ることが可能である。すなわち，ポスト産業社会における人々の価値観は，マルクスの言う下部構造によって規定されるよりも，上部構造や歴史的経緯，地政学的位置によって規定されることを示唆している。

第2章　マッキンゼーの地政軸

　マッキンゼーの言うハートランドの外輪（リム）で世界の歴史的出来事が起こっている。第1次世界大戦はオーストリア・ハンガリー二重帝国のサライェヴォで勃発した。大恐慌の欧州側発火点はウィーンの銀行の東欧諸国への貸付金の返済の焦げ付きからである。第2次世界大戦はポーランドのナチス・ドイツとソ連の分割から起こった。冷戦はドイツの東西分割を契機とする。冷戦終結はハンガリー政府のオーストリアの国境線の開放，更に東独政府のベルリーンの勘違いした国境開放で決定的となった。マッキンダーの地政軸の重要性は薄れてない。

第3章　グローバリズムと時間軸

　　歴史は繰り返す（History repeats itself.）は，「歴史は韻を踏む」と言い換えられる。図3を参照せよ。

図3　経「韻」を踏む現代史

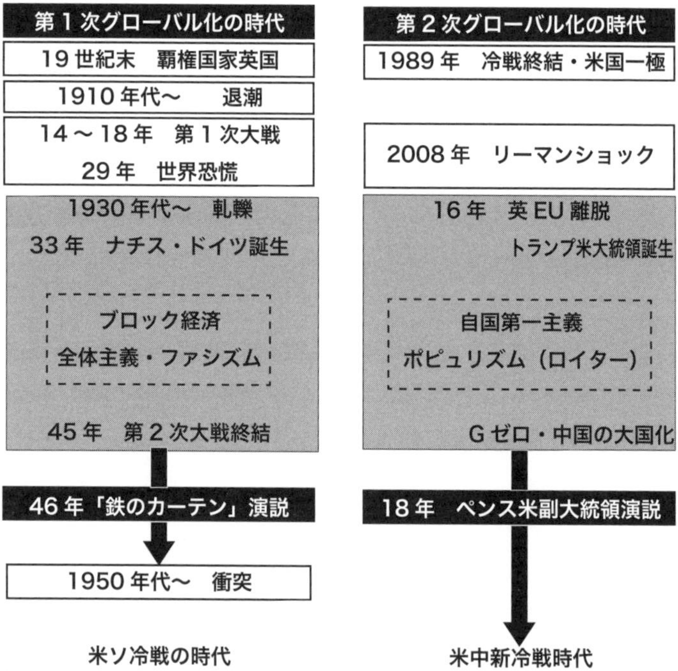

第1次グローバル化の時代	第2次グローバル化の時代
19世紀末　覇権国家英国	1989年　冷戦終結・米国一極
1910年代〜　退潮	
14〜18年　第1次大戦 29年　世界恐慌	2008年　リーマンショック
1930年代〜　軋轢 33年　ナチス・ドイツ誕生	16年　英EU離脱 トランプ米大統領誕生
ブロック経済 全体主義・ファシズム	自国第一主義 ポピュリズム（ロイター）
45年　第2次大戦終結	Gゼロ・中国の大国化
46年「鉄のカーテン」演説	18年　ペンス米副大統領演説
1950年代〜　衝突	
米ソ冷戦の時代	米中新冷戦時代

〔引用文献〕芹川洋一『日本経済新聞』2019.1.7朝刊より筆者修正。

第4章　パーソンズの AGIL モデル

　パーソンズの社会システムは, 経済システム (A), 政治システム (G), パターン維持 (L), 統合システム (I) からなる (図4参照)。

① A（経済システム）は G（政治システム）に対して生産力を提供して, 代わりに資本を得る。

② A（経済システム）は又, パターン維持のため, 消費財及びサーヴィスを提供して, 代わりに労働者サーヴィスを得る。

③ G（政治システム）は L（統合システム）に対して緊急調達をするとき, 支持を仰ぐことになる。

④ L（パターン維持）は I（統合システム）に対してパターン維持のため, その同調性への動機づけを提供する代わりにパターンの内容を得る。

⑤ A（経済システム）は I（統合システム）の目的のため, 新しいアウトプットを提供すると同時に, 組織化（企業家サーヴィス）が行われる。

⑥ ⑤の過程の際, G（政治システム）は政治的忠誠を誓わせ, 権力の配分に預かる。

図4　社会システムの機能分析

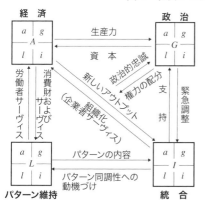

〔引用文献〕濱嶋（浜島）朗他編『社会学小辞典（新版増補版）』有斐閣, 1977年（新版増補版6刷, 2018), 36頁。

第5章 ハーバーマスの社会システム

第1節 社会の下位システムと社会諸科学の関係 (図5参照)

　ハーバーマスの社会システムは，パーソンズの AGIL モデルでのパターン維持が文化に，統合システムは社会共同体に代わった。その文化システムと社会共同体システムを学問体系化したのが，それぞれ文化人類学と社会学になる。これによって，社会の諸下位システムと社会諸科学の構図が完成する。

図5　社会の下位システムと社会諸科学

	A　　　　　　　　　　　　　G	
経済学	経済	政治	政治学
文化人類学	文化	社会共同体	社会学
	L　　　　　　　　　　　　　I	

A：適応　　G：目標達成
I：統合　　L：構造パタンの維持

〔引用文献〕永井彰『ハーバーマスの社会理論体系』東信堂，2018 年，24 頁。

第2節　生活世界とシステムの関係 （図6参照）

　ハーバーマスの経済システムと行政システムを詳しく分析を見る。生活世界の制度的秩序は私的領域と公共圏に分けることができる。私的領域はメディアにコントロールされたサブ・システムは経済システムになる。労働力という権力メディアの対価として，労働所得の貨幣メディアを得る。財とサーヴィスという貨幣メディアの対価として需要という貨幣メディアを与える。公共圏はメディアにコントロールされたサブ・システムは行政システムになる。税という貨幣メディアの対価として，組織役務の権力メディアを得る。政策決定という権力メディアの対価として，大衆の忠誠心を享受する。

　ここで，経済システムとしての，労働力と労働所得の関係に着目したのが次の章の「労働システム」である。

図6　生活世界とシステムの関係

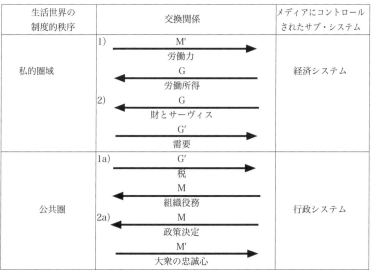

　Gは貨幣メディア，Mは権力メディアをあらわす。
　〔引用文献〕永井彰『ハーバーマスの社会理論体系』東信堂，2018年，183頁。

〔引用文献〕

1.　濱嶋（浜島）朗他編『社会学小辞典新版増版』有斐閣，1977 年（新版増補版 6 刷，2018 年）。

2.　曽村保信『地政学入門』中公新書 721，1984 年（改版，3 版 2019）。

3.　橘木俊詔編著『働くことの意味』ミネルヴァ書房，2009 年。

4.　水町勇一郎『労働法入門』岩波新書 1329，2011 年。

5.　永井彰『ハーバーマスの社会理論体系』東信堂，2018 年。

6.　ペドロ・バーニョス，金関あさ他訳『国際社会を支配する地政学の思考法』講談社，2019 年 [Pedro Baños, Así se domina el mundo, Editorial Planeta, S.A.:Barcelona. Sp]

7.　沢辺有司『いちばんやさしい地政学の本』彩図社，2020 年。

8.　奥山真司『ビジネス教養　地政学』新星出版社，2020 年。

9.　許紀霖，中島隆博他訳『普遍的価値を求める』法政大学出版局，2020 年。

10.　神野正史『地政学見るだけノート』宝島社，2020 年。

11.　ピエール・ブルデュー『ディスタンクシオン』岸政彦編，NHK100 分 de 名著，2020 年 12 月号，2020 年。

12.　石井洋二郎『ブルデュー『ディスタンクシオン』講義』藤原書店，2020 年。

13.　茂木誠監修『地政学（改訂版）』池田書店，2020 年。

14.　中村隆文『世界がわかる比較思想史入門』ちくま新書 1544，2021 年。

15.　出口治明『教養としての「地政学」入門 』日経 BP，2021 年。

16.　蓮見雄他著『沈まぬユーロ』文眞堂，2021 年。

第II部　社会システム

（基底的・複合的）

第1章　労働システム

第1節　種々の労働観

1.　聖書に見る労働観 ―「罰」として課された労働

　旧約聖書の創世記によれば，最初の人間はアダムである。イブはアダムのあばら骨で造られた。神は「園にある木の実だけはとってはいけない」と言った。イブにそそのかされたアダムはその禁を犯し，取って食べてしまった。神はイブに言った。「お前のはらみの苦しみを大きなものにする。お前は，苦しんで子を産む。」神はアダムに言った。「お前は女の声に従い，取って食べるなと命じた木から食べた。お前は，生涯食べ物を得ようと苦しむ。」(旧約聖書「創世記」第3章[新共同訳]参照)。禁断の実を食べたイブは神から「苦しんで子供を産む」と，アダムは「食べ物を得るため苦しんで働くこと」という罰を課された。労働は「罰」という労働観である。

2.　古代ギリシアの労働観

　自由な市民は労働しないことを徳と考えられていた。市民は大土地所有者で，働かなくても生活できる人であり，古代の制度はそれを前提としていた。労働するのは，奴隷だけであり，農業，手工業などの担い手はこれらの人々であった。言わば，市民対奴隷の身分社会だったわけで，現代とは異なる経済基盤が異なる労働観を生んだのであった。

3.　経済体制と労働観

　18・19世紀資本主義が発達すると，その弊害が喧伝されるようになった。

労働からの搾取の問題である。その解決策として社会主義体制が成立することになる。資本家は利潤追求するが、あくまで労働者の権利や給与を保証してのことが前提になる。初期資本主義の労働観から、搾取が存在しない経済体制の出現が待望された。理想とする社会主義国が誕生したが、共産党幹部の国家からの「搾取」が存在する。今日の中国の共産党幹部の腐敗は見るに付け明らかである。

4. 国家分裂と労働観(表 1 参照)

チトー時代のユーゴスラヴィア連邦国家(1945 年 11 月〜 1980 年)の中にスロヴェニア共和国とコソヴォ自治州の 2 つの国があった。旧ハプスブルク家帝国領だったスロヴェニアはカトリック教の教育が根付いた勤勉で合理的な思考を持った国民性を有している。それに対して南部のコソヴォは長い間ブルガリアやトルコの圧政に苦しめられた歴史を持つ。したがって、民族性も、建設的というよりも、その日の暮しに満足する、運命を甘受し、現実に妥協する刹那的なものである。他の要因の出生率、政治工場、74 年憲法があるにせよ

表 1 旧ユーゴスラヴィア諸国の一人当たり GNP

	55 年	82 年 (72 年価格)	86 年 (指数) ①	②	89 年	90 年	91 年	92 年	93 年	94 年	95 年
	一人当たりの社会的総生産物(単位;ディナール)		①	②	一人当たり GNP(単位;ドル)						
旧ユーゴスラヴィア	4,629	17,141	100	100	2,490						
新ユーゴスラヴィア連邦(92年4月成立)								2,490			
セルビア共和国(2自治州含)	3,975	15,655			2,200						
セルビア本国	4,204	16,979	94	101							
コソヴォ自治州	1,969	4,901	36	89	1,100	不詳					
ヴォイヴォディナ自治州	4.1倍 4,333	20,564 6.8倍	133	101	5倍	8倍					
モンテネグロ共和国	3,572	13,097	80	84	1,800						
スロヴェニア共和国	8,094	33,582	179	124	5,500	6,129		6,330	6,680	7,140	8,200
クロアチア共和国	5,666	21,350	117	102	3,200		5,600 (推定)		・・・	2,530	3,250
マケドニア共和国	3,165	11,330	75	80	1,600			972	780		1,813
ボスニア=ヘルツェゴヴィナ共和国	3,852	11,603	80	96	1,600	1,988 (推定)					

(注)①一人当たり社会的総生産物(再分配前)。
②一人当たりの純所得(再分配後)格差が 4.9 倍→ 1.3 倍
〔引用文献〕ユーゴスラヴィア公式統計、世界銀行。[木村武雄『経済体制と経済政策』創成社、2003 年、5 刷(初版 1998 年)198 頁]

表１に示す通り，この２国の一人当たり GNP は５〜８倍の格差があり，連邦の悩みだった。この格差を調整することで民族対立を生み，延いては連邦解体に至った。

5.　仏教的労働観—「知識」の発見

　知識はもともと仏教用語とされる。「知識」とは，人が持っている労働，技術等を良き目的に提供し，多くの人々が１つの目的のために協力して働くことことを意味していた。700年代の聖武天皇は，この「知識」を自発的提供することを世の人に期待し，有名な東大寺の大仏の建設を計画したのであった。その時に天皇が頼りにしたのが，僧「行基」である。行基は仏教を布教だけでなく，各地で貧民救済の事業を行っていた。真言宗の開祖である空海も行基に習った「知識」方式で，寺院，学校，堤防等を作った。禅宗の創始者である道元も『正法眼蔵』において，人は働くに当たって修行と作法が大切と説いた。更に，強制でなく，自由に他者に奉仕しうる仕事に就くことが，人間にとっては，最も至福なことを説諭した。

6.　儒教的労働観

　江戸時代に有名な石田梅岩は石門心学によって，士農工商の序列があった時代において，最下位の身分である商人に対して，商売によって利潤を得ることは恥じることではなく，むしろ立派な商人哲学であると説いた。

7.　契約と労働観　—派遣労働は搾取か（派遣か・業務請負か・出向か）（図１参照）

　マルクスの搾取労働のトラウマからか，派遣労働と請負労働はなかなか法整備が進捗しなかった。現代において次のようになっている。労働者派遣とは，自社の労働者を他社に派遣して，他社の指揮命令の下に就労させること。図１のように，他社に派遣される労働者（派遣社員）の雇用主は派遣会社（派遣元）であり，賃金は派遣会社から，派遣会社を利用するユーザー企業（派遣先）は，派遣契約に基づいて派遣社員の利用料を派遣会社に払う。

図1　労働者派遣と業務請負

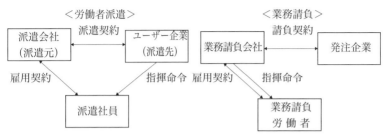

〔引用文献〕笹島芳雄『労働の経済学』中央経済社，2009年，35頁。

　労働者派遣に類似した労務提供型業務請負が1990年代から急増した。発注企業が，従来自社の従業員で処理していた業務を，業務請負会社に任せる方式（図1）。つまり，業務請負会社に雇用される請負労働者の作業する現場は，発注企業の中にあるが，指揮命令は業務請負会社の社員から受けることとなる。この業務請負において，発注企業の社員が請負労働者に作業方式を指示すると，労働者派遣法違反となる。この「偽装請負」でトラブルが多くある。出向は，出向者は他社の指揮命令下で働くことは労働者派遣と同じであるが，出向の場合は，ユーザー企業（出向先）と労働契約を締結することが異なる。その際，ユーザー企業が，賃金の全部か一部を支払い，社会保険の加入もユーザー企業で行う（出向はもとの会社に戻れる場合と戻れない場合がある）。これに対して，労働者派遣の場合には，賃金の支払いも社会保険の加入も派遣会社の義務である。

（引用文献）
1.　木村武雄『経済体制と経済政策』創成社，1998年（2003年，5刷）。
2.　笹島芳雄『労働の経済学』中央経済社，2009年。
3.　橘木俊詔編著『働くことの意味』ミネルヴァ書房，2009年。
4.　水町勇一郎『労働法入門』岩波新書1329，2011年。

第2節　労働システムと労働経済学

1. 労働経済学（「仕事と暮らし」の経済学）

「労働」と「経済学」　　labor　＋　economics

労働→生活の糧（かて）を得るための経済的活動。無償の役務の提供→ボランティア。家事労働を主婦がやる場合と家政婦がやる場合がある。後者は経済活動。

労働経済学→労働市場，賃金，労働時間等の労働条件，労使関係等を研究対象とする経済学の一分野（簗田（やなだ）長世編『研究社ビジネス英和辞典』）。

2. 経済学（ミクロ経済学の応用経済学）（図2　労働市場の均衡，参照）

英語の経済学は古典ギリシャ語のオイコス（家政）。

ミクロ経済学では，市場均衡（需要と供給）は価格（縦軸）と数量（横軸）である。

労働市場の均衡は，縦軸に労働市場の価格（賃金），横軸は労働量である。

右下がりは需要曲線，右上がりは供給曲線となる。

図2　労働市場の均衡

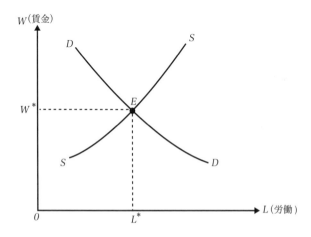

3. 労働経済学の起源(米国の制度派経済学)(巻末付録「経済学の流れと古典」参照)

　元々は米国では制度派経済学と言われた。1940 年代にミクロ経済学は現実の労働市場を反映されていないとされ, 労働組合の交渉力が賃金を決定するという考え方の労働経済学が誕生した。FRB (連邦準備委員会, 米国における日本銀行に相当) は, 物価安定化 (CPI) ばかりでなく, 雇用最大化 (失業率) に重要な関心を持っている。(1978 年から法制化されている)

4. 労働に対する英語(work, labor)(梅田修『英語の語源事典』大修館書店)

① Work →古英語 (1066 年のノルマン人の征服以前, 700-1100 年) の英語固有語。
② Labor →中世英語 (1066 年のノルマン人の征服以降) で, 1300 年頃ラテン語由来の古フランス語から英語に入った。
Labor:労働。苦痛を伴うニュアンス→ laboring pains 陣痛, easy labor 安産。
Work: 仕事。やや中立的。
　『10 ヵ国語経済・ビジネス用語辞典』の 4-5 頁の日本語「労働」は分業, 強制労働, 労働争議, 労働市場では②, 熟練労働者, 労働者階級では①。因みに労働組合は①も②も使わない。
労働と余暇 : 対立概念→労働供給の基本原理。

5. 労働力とその内容(図3参照)

　男子・女子労働力比較。女子の労働力が M 字形状なのは結婚・出産・育児等の理由で退職し, 育児が一段落すると再び職場復帰することを示している。

6. 日本の労働力構造(図4)

　総人口→労働力人口と非労働力。労働力人口→労働可能人口 (15 歳以上)。
労働力人口→就業人口と失業者。就業者→雇用者, 自営業主, 家族従業者。
失業者の定義→①仕事がない, ②仕事を探している, ③すぐに仕事に就ける。
全てを満たす。

図3　男女年齢階層別労働力率（2002年）

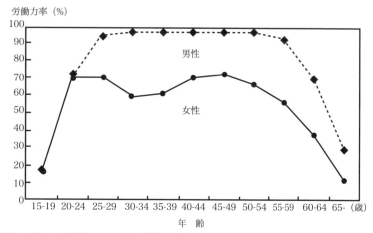

（出所）総務省統計局（2002）『労働力調査年報』。

図4　日本における労働構造（2004年）

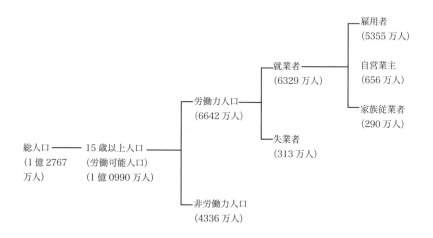

（注）労働力状態等について不詳と答えているケースもあるので，各項目の人数を足し
　　合わせたものと計は必ずしも一致しない。
（出所）総務省統計局（2004）『労働力調査年報』。

7.　所得構造(図5参照)

所得→勤労所得と非勤労所得。勤労所得→賃金収入と付加給付。

勤労所得 = 賃金率 × 労働時間

図5　個人の所得構造

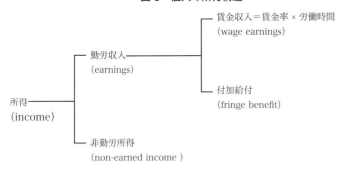

8.　労働統計（表2参照）

測定できるものだけ対象。

①労働力調査

②毎月勤労統計

③就業構造基本調査

（引用文献）

1.　古郡鞆子『働くことの経済学』有斐閣，1998 年（2004 年，6 刷）。

2.　清家篤『労働経済』東洋経済新報社，2002 年（2015 年，8 刷）。

3.　小巻泰之『入門経済統計』日本評論社，2002 年。

4.　三谷直紀編著『労働供給の経済学』ミネルヴァ書房，2011 年。

5.　井出多加子『グローバル時代の日本の働き方』銀河書籍，2015 年。

表2　労働に関する主な統計

属性	統計（調査機関）	調査周期／公表時期	利用のポイント
世帯を通じた調査	労働力調査（総務省統計局）	月次／翌月末	・対象：無作為に選定した約4万世帯に居住する15歳以上の者。 ・非労働力の動きに要注意。
	労働力特別調査（総務省統計局）	四半期	・2002年より年4回（2、5、8、11月）調査、通常調査へ統合。 ・失業者では求職の理由や就職できない理由などの項目をいることにより、失業者の範囲をアメリカの基準などに近づけられる。
	就業構造基本調査（総務省統計局）	5年ごと／調査年の9ヵ月後	・ふだんの就業・不就業の状態を調査し、就業構造・就業異動の実態を明らかにする。 ・就業・不就業の定義が「労働力調査」とは異なる。
事業所を通じた調査	毎月勤労統計調査（厚生労働省） ・全国調査 ・地方調査 ・特別調査	月次／翌月末 月次／3ヵ月後 年次／5ヵ月後	・9大産業別に所定内・所定外の賃金、労働時間、雇用異動がわかる。 ・90年に統計作成上の大幅改訂（5人以上調査では従業員規模30人以上の計数を利用）から、89年以前の計数を利用のこと。 ・標本事業所の入れ替えによる時系列は、実数による週次改訂は指数、増減率、比率に限定されているため、実数での時系列比較には注意を要する。 ・約2ヵ月遅れ程度で、夏季・年末の賞与についても公表されている。 ・特別調査は毎月調査でカバーされない常用労働者1-4人規模の調査。
	労働経済動向調査（厚生労働省）	四半期 調査月（5、8、11、2）の1ヵ月後	・目的：生産、販売活動およびそれに伴う雇用、労働時間などの現状と今後の短期的見通しなどを把握。
	雇用動向調査（厚生労働省）	半期／6ヵ月後	・目的：事業所における常用労働者の1年間の移動状況などを把握。
	賃金構造基本統計調査（厚生労働省）	年次／翌年3月末	・目的：常用労働者について、その賃金の実態を労働者の種類、職種、性、年齢、学歴、勤続年数、経験年数別に把握。
その他	職業安定業務統計（厚生労働省）	毎月／翌月末	・職業安定所の労働需給の統計。 ・有効求人倍率は景気動向指数。一致系列を採用。
	大学等卒業予定者就職内定状況等調査（厚生労働省）	年4回 調査月（10、12、3、4）の1ヵ月後	・目的：大学、短大、高専、専修学校新卒者の就職内定状況の把握。
	賃金引上げ等の実態に関する調査結果（厚生労働省）	年次／毎年12月頃	・目的：民間企業の賃上げ構造を明らかにする。 ・春季賃上げ率も厚生労働省が集計し、公表される。

（出所）〔引用文献〕小巻泰之『入門経済統計』日本評論社、2002年、132頁。

第3節　労働供給

1.　労働供給の３つの次元(図６)

　労働可能な個人→（意思）①働く，②働かない→①→（労働時間）③長時間，④標準時間，⑤短時間→（労働密度）［③，④，⑤それぞれ］⑥密度濃く，⑦ほどほど，⑧のんびりと。

図６　労働供給の３つの次元

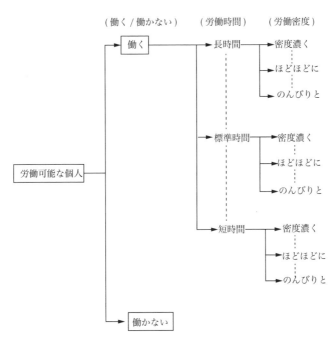

（出所）清家，30頁。

2. マクロの労働供給

（労働可能な）労働力率＝労働力人口／労働可能人口。

2014年総人口1億2,708万人で，15歳以上（労働可能人口）1億1,089万人のうち，労働力人口6,587万人で，労働力率59.4%。労働人口のピークは1998年の6,793万人。なお，男女別年齢階層別労働力率では，女性のM字カーブが特徴（**図3参照**）。

3. ミクロの労働供給（図7）

労働と余暇の関係で分析。縦軸に実質所得，横軸に余暇時間。同じ効用の水準を生む所得と余暇の組み合わせ。無差別曲線の導出。

図7　所得と余暇の無差別曲線

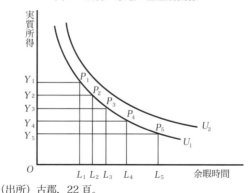

（出所）古郡，22頁。

4. 無差別の特徴

①原点に向かって凸，②右上方にある無差別曲線ほど効用が高い，③無差別曲線同士は交わらない，④余暇と所得の限界代替率（余暇の増加分に対する所得の減少分）は次第に低下。

図 8　無差別曲線の性質

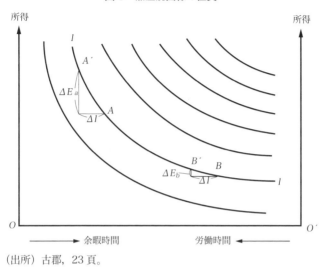

（出所）古郡，23 頁。

5.　最適な労働時間（図 8）

　1 日は 24 時間。労働時間 8 時間→余暇時間 16 時間。縦軸に実質所得（W /P），横軸に余暇時間。実質賃金率　＝　実質所得 / 労働時間。予算線と無差別曲線の接戦の傾きが実質賃金率を示す。

6.　労働供給曲線

(1)　個人の労働供給曲線

　実質賃金率の上昇で労働時間が減少する場合と増加する場合がある。これは個人の所得と余暇の選好構造，すなわち無差別曲線の位置や形状，資産の有無等で生ずる。

(2)　所得効果と代替効果（図 9）

　賃金の変化に対する労働者の対応は所得効果と代替効果の 2 つに分けられる。
　賃金上昇すると所得が増加。所得が増加すれば，より多くの余暇を持とうとする。すると労働時間が減少する。→所得効果（所得増による賃金線の右へ平行移動）。
　賃金の上昇は余暇の価格を高める。その上余暇は働けば得られる所得を犠牲

図9　代替効果と所得効果

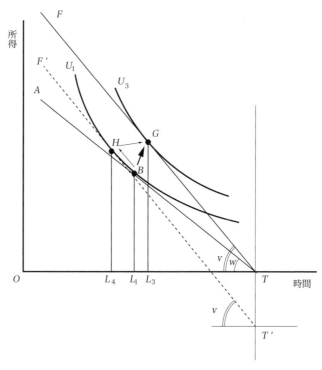

（出所）古郡，23頁。

にするので，賃金上昇により余暇は相対的高価になり労働の選択が強まる。→
代替効果（同一効用曲線上のシフト）。

7．ヒックスのバック・ベンド（後屈）曲線（図10）

　実質賃金率が低い水準の時は賃金上昇ならば労働時間上昇，しかしながら実
質賃金率がある程度の水準になると労働より余暇を選択（つまり労働時間下降）。

図10　後屈型の労働供給曲線

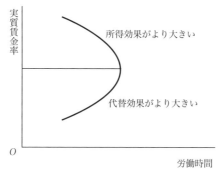

（出所）古郡，24 頁。

（引用文献）

1.　古郡鞆子『働くことの経済学』有斐閣，1998 年（2004 年，6 刷）。

2.　清家篤『労働経済』東洋経済新報社，2002 年（2015 年，8 刷）。

3.　三谷直紀編著『労働供給の経済学』ミネルヴァ書房，2011 年。

4.　永野仁『労働と雇用の経済学』中央経済社，2017 年。

第4節　労働需要

1．派生需要

　企業の第一目的である財の生産で，その過程で人間の雇用が必要になる。ロボットを使用すれば，労働者はいらないことになる。その意味で，派生需要となる。

2．労働需要の3要素

①生産量

　資本設備の規模，労働者数等の資本と労働の投入量に依存。

②生産技術

　省力化された生産方式で，飛躍的生産増大に繋がる。

③生産要素の相対価格

　労働者を雇うより機械化によりコスト低減。国内生産より海外生産の方がコストパフォーマンスが良い。

3．生産関数（図11 生産力曲線）

　生産量　＝　f（資本，　労働）

　縦軸に生産量，横軸に労働投入量。資本一定で，労働投入量を増加されると，生産量がどう変化するか。

　ケース1　逓増，　ケース2　逓減，　ケース3　一定。

4．限界生産力逓減の法則（図12）

　労働を1単位投入すると，追加生産量は低下する。

5．短期の労働需要

　企業の労働需要は労働の限界生産力（技術的情報）に財市場と労働市場の競争条件（価格情報）に加わって決まる。

図 11　生産力曲線

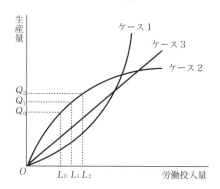

(出所) 古郡，38 頁。

図 12　企業の労働需要

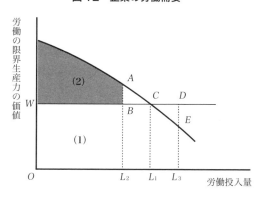

(出所) 古郡，38 頁。

6.　市場形態 (完全競争市場)

　完全競争市場は 4 つないし 5 つの条件を満たしている。①需要者，供給者とも多数，②財は同質である，③情報の完全性，④市場の参入・退出が自由，及び，⑤売り手・買い手が独立に行動する。詳細は巻末付録（完全競争市場と不完全競争市場）参照。

7.　独占的市場での労働需要 (図 13)

　財市場が独占的なら完全競争に比べ，労働需要が常に小さいので，労働の限界生産力の価値以下の賃金が支払われるが，企業の社会的イメージをよくするため，競争的な賃金率より高い賃金を支払うこともある。

図 13　独占的な企業の労働需要

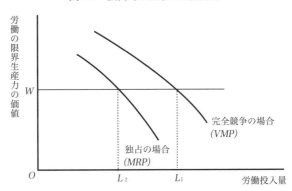

（出所）古郡，38 頁。

（引用文献）

1.　高橋泰蔵・増田四郎編『体系経済学辞典（第 6 版）』東洋経済新報社，1984 年。
2.　古郡鞆子『働くことの経済学』有斐閣，1998 年（2004 年，6 刷）。
3.　清家篤『労働経済』東洋経済新報社，2002 年（2015 年，8 刷）。
4.　三谷直紀編著『労働供給の経済学』ミネルヴァ書房，2011 年。

第 5 節　外国人労働と人手不足

　我が国では, 近い将来, 生産年齢人口が経済成長の足枷となる「人口オウナス (onus, 重荷)」の時代が到来する。そうしたなか人手不足を解消するため, 外国人労働者の受け入れを拡大する為, 改正入管難民法が導入された。それまで, 発展途上国への技術移転を目的とした技術実習生や, 1 日 4 時間, 週28 時間以内のアルバイトが許可される留学生が, 実質的な労働力になってきた。実習生が不法滞在者になるなど, 外国人の受け入れ制度としては歪んでおり, 是正が必要だった。

1.　改正入管難民法 (2019 年 4 月 1 日施行) と他国の先例

　日本で働く外国人労働者は,「活動に基づく在留資格」と「身分・地位に基づく在留資格」の 2 つに分けられる。当該改正法は, 外国人労働者の在留資格「特定技能 1 号」と「特定技能 2 号」を創設。比較的簡単な仕事に就く 1 号の在留期間は最長 5 年で, 家族は帯同出来ない。2 号は「熟練した技能」を使って働くことを想定しており, 配偶者と子を帯同できるほか, 事実上の永住を可能とする。EU の右翼政権の擡頭からくる不協和も, 英国の離脱問題も原因は外国人労働者の流入から派生したことを忘れてはならない。独は1960 年代にトルコを中心に大量の労働者を受け入れた。「独は労働力を呼び寄せたが, 来たのは人間だった」という言葉がある。数年後, 労働者を送り返すつもりだった。勿論この政策は機能しなく, 400 万人のトルコ人が独に残った。トルコ人は独社会に溶け込まなかった。韓国は少子高齢化が進む前から外国人労働者を受け入れた。2004 年に雇用許可制を導入した。人手不足は解消されたが, 外国人労働者の需要は増加している。企業は外国人労働者への依存度を強め, 供給不足が不法滞在者の拡大に繋がっている。期間限定で在留を認める制度でも長期的には移民の問題に直面する。特定 2 号では実質的に永住を是認したからなおさらである。外国人労働者の受け入れはどれだけ慎重を期しても当局の思惑どおりいかない。外国人

労働者の受け入れにより, 日本社会が期待する人材不足は緩和される。一度受入れれば増え続ける。ニーズは多様化し, やがては労働力市場全体に影響を与え続ける。

2.　新入管法の残された課題

　当該法は, スケルトン法で骨格しか示されておらず, 不十分である。実際の施行細目は, 厚生労働省の施行法令で詰めることになっている。大きく5つの課題からなる。①受入態勢, ②技能や日本語の検定, ③雇用条件, ④社会保障, ⑤自治体負担への国のバックアップ体制。①は受け入れ業種と人数の正式決定, 受け入れ停止の判断基準の明確化, 特定2号での受け入れを, どの業種で始めるか。②は求める技能や日本語のレベルをどう設定するか。試験はどこの国で, いつ実施するか。語学力の向上をどう支援するか。1990年の入管法改正により, 3世までの日系人（多くはブラジル人）とその家族は事実上, 就労の自由が制度化されたが, 彼らにも日本語検定するのか。③は, 日本人と同等以上の給与をどう担保するか。多くの技能実習生が失踪。不在滞在の防止策は。悪質ブローカーを排除する仕組みの具体策。都市部に人材が集中する可能性。地方への誘導策は。④は, なりすまし受診への対応。外国人労働者の扶養家族に対する公的医療保険の適用は。⑤は, 不納欠損の問題。住所変更をせず引越する外国人が多く, 未納の住民税等の徴収を放棄せざる得ない。住民税は前年の収入に基づくため, 帰国すると, 徴収不可になる。小中学校のバイリンガル教員や日本語指導助手等の給与は自治体負担。

3.　外国人労働者の経済効果（図14参照）
（小崎敏男他編著『キャリアと労働の経済学』）

　図で, 縦軸に賃金率を横軸に雇用量をとる右下がりの労働需要曲線(D_0D_1)と垂直な労働供給曲線 (S_0) が描かれると仮定。そこでの国内総生産は, 台形D_1ONE_0 で示される。生産者側は$D_1W_0E_0$ であり, 労働者側はW_0ONE_0である。ここで, 労働力不足で, 外国人労働者を受け入れると, 労働供給曲線はS_0からS_1へと

図14　外国人労働者の受入れの経済効果

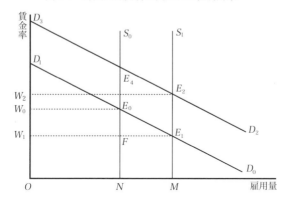

（出所）小崎敏男他編著『キャリアと労働の経済学』より223頁。

右側にシフト。その結果，賃金はW_0からW_1に低下する。雇用量はNMの増加。受入れ後の国内総生産はD_1OME_1となり，E_0NME_1の国内総生産の増加を見る。この増加分は，外国人労働者の賃金総額$FNME_1$を控除したE_0FE_1が純粋な国内総生産の増加分（外国人労働者受入れによる余剰＝移民余剰）である。

外国人労働者受入れによる余剰の純増加部分E_0FE_1は，国内の生産者余剰の増加分。一方国内の労働者の受取りは，OW_0E_0NからW_1ONFとなり，$W_0W_1FE_0$だけ減少。受入れ後，企業側が国内労働者の賃金低下相当分と外国人労働者受入れによる生産者余剰分だけ，生産者余剰が増加する一方，国内労働者の賃金低下が生じることになる。これが外国人労働者受入れの短期的な効果である。他方，長期的には外国人労働者の受入れで利益が増えた企業が，その余剰分を国内で再投資すれば，労働者需要曲線はD_0D_1からD_2D_3へ上方シフトし，国内雇用者の賃金増加や雇用増加を生み出す。

（引用文献）

１．小崎敏男他編著『キャリアと労働の経済学』日本評論社，2011 年。

表3　主要国の失業率及

	ILO(1982年決議)の定義・概念	日本	韓国	アメリカ
1. 失業者の 　データ 　収集方法	・経済活動人口データの収集のための設計においては，可能な限り，国際基準を取り入れる努力をしなければならない	実地調査による収集		
		・労働力調査 （標本調査）	・経済活動人口調査 （標本調査）	・Current Population Survey （標本調査）
2. 調査時期 　及び期間	・1週間又は1日のような特定の短期間（調査期間）に関して測る	・毎月1回 ・1週間（月末）	・毎月1回 ・1週間（15日を含む）	・毎月1回 ・1週間（12日を含む）
3. 調査対象 　年齢	・一定年齢以上の全ての人	・15歳以上	・15歳以上	・16歳以上
4. 失業者の 　定義	・仕事を持たず（就業者でない） ・現に就業が可能で （調査期間中に就業が可能） ・仕事を探していた （最近の特定期間に仕事を探す特別な手だてをした） ☆　失業者の求職の定義にかかわらず調査期間後のある時点から就業の手はずを整えた者で，現在は仕事がなく，現に就業が可能な者は失業者とみなされなければならない ☆　一時レイオフの場合は，国情によっては，求職の規定を緩和して適用してもよい。その場合には，非求職で失業に区分される一時レイオフ者を別掲しなければならない	・就業者でなく ・調査期間中に就業可能で ・調査期間中（過去1週間）に求職活動を行った者 ☆　仕事があればすぐ就ける状態で過去に行った求職活動の結果を待っている者も失業者とする	・就業者でなく ・調査期間中に就業可能で ・過去4週間以内に求職活動を行った者 ☆　30日以内に新たな仕事を始める予定の者も失業者とする ☆　過去に求職活動を行ったが，不可避の理由で調査期間中に求職活動を行えなかった者も失業者とする	・就業者でなく ・調査期間中に就業可能で ・過去4週間以内に求職活動を行った者
5. 失業率の 　算出方法	$\dfrac{\text{失業者}}{\text{労働力人口}} \times 100$	同左	同左	同左
分母人口	・就業者＋失業者 ☆　無給の家族従業者は，調査期間における就業時間にかかわらず，就業者に含まれるとみなさなければならない ☆　軍隊の構成員は，就業者に含めなければならない	・就業者＋失業者	・就業者＋失業（軍人を除く）	・就業者＋失業者 （軍人を除く） ☆　就業時間が15時間未満の無給の家族従業者は就業者から除外
分母人口 　　のデータ 　　収集方法	————————	・労働力調査	・経済活動人口調査	・Current Population Survey
6. 公表機関		・総務省統計局	・統計庁	・労働省労働統計局

〔引用文献〕『労働力調査年報　平成27年（2015）』総務省統計局，58-59頁。

び失業者の調査について

カナダ	イギリス	ドイツ	フランス	イタリア
実地調査による収集				
・労働力調査 （標本調査）	・労働力調査 （標本調査）	・労働力調査 （標本調査）	・労働力調査 （標本調査）	・労働力調査 （標本調査）
・毎月1回 ・1週間 (15日を含む)	・3か月を1単位とし，13分割した調査区を毎週調査 ・各1週間	・3か月を1単位とし，13分割した調査区を毎週調査 ・各1週間	・3か月を1単位とし，13分割した調査区を毎週調査 ・各1週間	・3か月を1単位とし，13分割した調査区を毎週調査 ・各1週間
・15歳以上	・16歳以上	・15歳以上	・15歳以上	・15歳以上
・就業者でなく ・調査期間中に就業可能で ・過去4週間以内に求職活動を行った者 ☆ レイオフ中の者は求職活動要件に関係なく失業者とする ☆ 4週間以内の就業が内定している待機者も求職活動要件に関係なく失業者とする	・就業者でなく ・2週間以内に就業可能で ・過去4週間以内に求職活動を行った者 ☆ 2週間以内の就業が内定している待機者も求職活動要件に関係なく失業者とする	・就業者でなく ・2週間以内に就業可能で ・過去4週間以内に求職活動を行った者 ☆ 2週間以内の就業が内定している待機者も求職活動要件に関係なく失業者とする	・就業者でなく ・2週間以内に就業可能で ・過去4週間以内に求職活動を行った者 ☆ 2週間以内の就業が内定している待機者も求職活動要件に関係なく失業者とする	・就業者でなく ・2週間以内に就業可能で ・過去30日以内に求職活動を行った者 ☆ 3か月以内の就業が内定しており2週間以内に就業可能な待機者も失業者とする
同左	同左	同左	同左	同左
・就業者＋失業者 （軍人を除く）	・就業者＋失業者	・就業者＋失業者	・就業者＋失業者	・就業者＋失業者
・労働力調査	・労働力調査	・労働力調査	・労働力調査	・労働力調査
・統計局	・国家統計局	・統計局	・国立統計経済研究所	・国家統計局

第6節 失業と日本経済

1. 失業の定義(表3)

日本の総務省統計局の「失業者」は①仕事がなく，②すぐ仕事に就け，③仕事を探している人。マクロ的には，労働市場の需給不均衡の1形態が失業。

2. 労働市場における「失業」

失業とは何か。労働市場の図で確認することにする（図15）。

図15 失業の定義

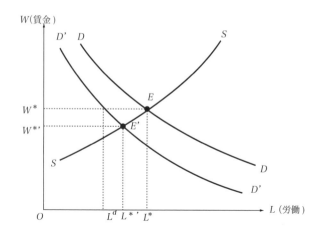

縦軸に賃金率，横軸に労働を採った労働市場の図。右下がりの労働需要曲線 DD と右上がりの労働供給曲線 SS が描かれている。2つの曲線 DD と SS の交点（均衡点）E で労働の需給は均衡し，市場均衡賃金 W^* と市場均衡雇用量 L^* が決まる。ここで，不況のため労働需要曲線 DD から $D'D'$ へシフトしたと仮定。不況の生産調整で，企業は同じ賃金でも少ない労働しか需要しなくなったわけである。新しい市場均衡点は労働供給曲線 SS と新しい労働需要曲線 $D'D'$ との交点 E' に移動し，新しい市場均衡賃金 $W^{*'}$，市場均衡雇用量 $L^{*'}$ となる。

賃金が W^* のまま変わらなければ，労働供給も L^* のままである。一方，労働需要の方は，シフト後の労働需要曲線 $D'D'$ の下での賃金 W^* の時の労働需要量であるから，L^d に留まる。労働供給量 L^* で労働需要量は L^d であるから，L^* と L^d の差に当たる人数が，働く意思を持っていても雇ってもらえない人数ということになる。すなわち次式の U が失業ということになる。

$$L^* - \quad L^d \quad = \quad U$$

3.　失業の形態とその解決策

　①構造的失業（需要不足失業）→労働需要曲線 DD から $D'D'$ へのシフト。不況により労働需要の不足のため発生する現象。有効需要を増やせば解決。

　②摩擦的失業→全体の労働需要は不変で労働需要曲線がシフトしない場合でも発生する現象。北海道の炭鉱が閉鎖し，失業者が発生。一方北九州で大手自動車会社が新しい工場を立ち上げ求人が発生。失業問題が職種変換や地域移動や人数がうまくフィットすれば過不足なく解決する。

　③自発的失業→求職者が自己の限界生産力に相当する賃金を受け入れないで，より良い賃金を希望し就職しない場合。高い賃金で解決。

　④非自発的失業→現行の賃金で働きたいと希望するが就職しない場合。自己の希望する賃金を下げれば解決。

　⑤自然失業率仮説

　ケインズ理論の欠点を補った。長期のフィリップス曲線が垂直になるケース。

4.　失業統計(図 16)

　失業率，非自発的失業数，自発的失業数，男女比較。

5.　失業に関する経験則・現象・法則

　①失業者と景気変動（図 17）

　日本の 1955~2000 年。不景気の時，失業者が増えるのは当然であるが，ラ

図16　失業率と失業理由別失業者数の動き

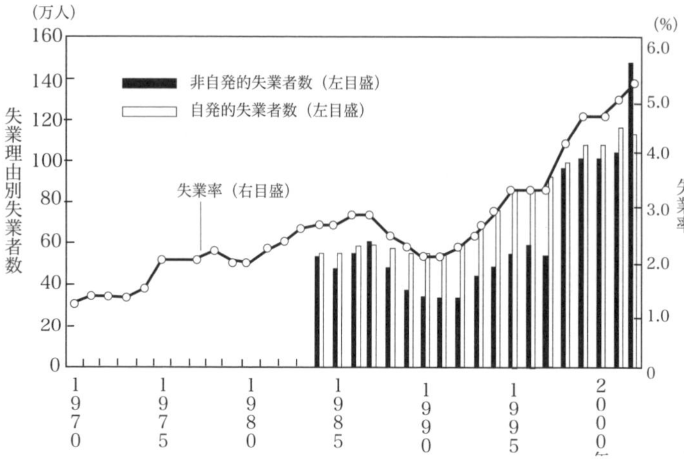

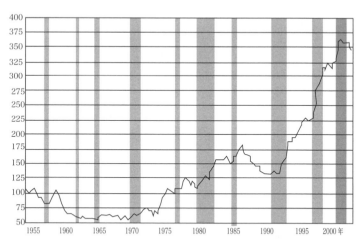

（出所）総務省統計局『労働力調査年報』各年版から作成。

図17　失業者数（季節調整済）と景気変動

（出所）生産性労働情報センター（2004）『活用労働統計』より転載。

グがある。

　図のグレー部分は景気後退期で，グレーの左端が景気の山頂，右端が景気の谷。つまり白い部分は左端の景気の谷から右端の山頂に向かって登る景気上昇

期。しかし，景気が良くなっても，失業率は暫く上昇し続け，半年後から下降。
逆に景気後退期になっても失業者は直ぐに増えず，やはり半年くらいから上昇。
失業者数の変動は景気変動に対して一定のラグがある。

　②フィリップス曲線（失業率と名目賃金率の関係）（図18）

　縦軸に名目賃金率，横軸に失業率をとる。ニュージーランドの経済学者フィ
リップス（W.Phillips）が1861-1957年間の英国の失業率と名目賃金率上昇率
に右下がりの関係を見出した。失業率が高い時は名目賃金率は低く，逆に失業
率の低い時には名目賃金率は高い。

　③トレードオフ曲線（失業率と物価上昇率）（図19）

　米国のサミュエルソン＝ソローはフィリップス曲線の縦軸を名目賃金率か
ら物価上昇率に変えた時，失業率と物価上昇率の関係に二律背反の関係を見出
した。失業率抑制すれば，物価抑制は成立せず。物価抑制すれば，失業抑制は
不成立。失業率の高い不況期に財政・金融政策を緩めると，物価が上昇。景気
の過熱を抑えるため（物価上昇を抑えるため）に財政・金融政策を引き締めると

図18　フィリップス曲線

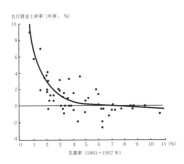

（出所）Philips, A.W.（1958），"The
　　　Relation between Unemployment
　　　and the Rate of Change of
　　　Money Wage Rates in the United
　　　Kingdom, 1861-1957", *Econimica*,
　　　Vol.25, No.100.

図19　トレードオフ曲線

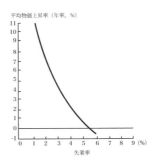

（出所）Samuelson, P. and R.Solow
　　　（1960），"Analytical Aspects
　　　of Anti-Inflation Policy，"
　　　American Econimic Review,
　　　Vol.50, No.2.

景気は悪くなり失業者が増える。米国の 1960 年頃はよく当てはまった。

　④オークンの法則（失業率と GNP 増加率）

　オークン（A.M.Okun）は 1947-60 年の米国の失業率の 1 ％の減少が GNP
の 3 ％の増加と関連付けられる。浜田・黒坂（1985）によると，日本のオー
クン係数が極めて大きいことを実証し，これを労働保蔵のためとしている。
Kurugman（1995）が，日本のオークン係数は 6 であり，米国の 2 を大きく上
回ると検証した（脇田成『日本の労働経済システム』107 頁，脚注 2 ）

　⑤ UV 曲線（失業者数と欠員数の関係）（潜在成長率，デフレ・ギャップ）

　縦軸に失業者（unemployment）数，横軸に欠員（vacancy）数を採って図示。
摩擦的・構造的失業と需要不足失業の分析手法。縦軸に失業率，横軸に欠員率
をとる。左上は需要不足失業率↑で景気後退。右下は需要不足失業率↓で景気
拡大。

（引用文献）

1.　樋口美雄『労働経済学』東洋経済新報社，1996 年（2011 年，13 刷）。
2.　古郡鞆子『働くことの経済学』有斐閣，1998 年（2004 年，6 刷）。
3.　清家篤『労働経済』東洋経済新報社，2002 年（2015 年，8 刷）。
4.　三谷直紀編著『労働供給の経済学』ミネルヴァ書房，2011 年。
5.　井出多加子『グローバル時代の日本の働き方』銀河書籍，2015 年。

第7節　賃金とその決定

　労働市場の取引は，労働サーヴィスの売り手と買い手の鞘当てで決まる。労働サーヴィスの均衡労働価格（賃金）と均衡労働数量（労働量）が決まる。

1．労働市場の均衡(図20)

　①縦軸は賃金率，横軸は労働量。均衡賃金が決定。均衡賃金の上は超過供給，下は超過需要。

　労働市場における労働需要曲線（D_0）と労働供給曲線（S_0）を示している。

○賃金率が高い水準なら労働需要が少ないが低い水準では労働需要が多い。

　→労働需要曲線は右下がり。

○賃金率が高ければ高いほど労働供給が増えるので，労働供給曲線は右上がり。

財価格は一定であるので，2つの曲線を貨幣賃金（従って実質賃金）を表す。

労働市場が超過需要なら賃金率(価格)は上昇。逆に超過供給なら賃金率は下落。

図20　賃金決定のメカニズム

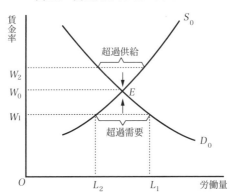

図21 労働供給の増加と均衡点の移動

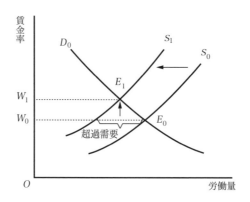

図22 労働需要の減少と均衡点の移動

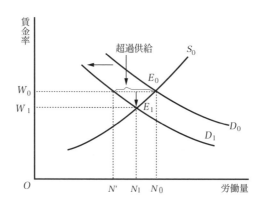

2. 労働供給の増加及び労働需要の減少による均衡点の移動

☆労働人口減少→労働供給曲線の左平行移動（図21）。→超過需要（労働不足）
　→賃金上昇。反対に，☆労働人口増加は右シフト（逆の動き）。

☆景気後退→労働需要曲線の左シフト（図22）。→超過供給→賃金下落。反対
　に☆技術進歩による場合，労働需要曲線の右シフト（逆の動き）。

3.　労働需給の変化と均衡点の移動(図23, 図24)

　均衡賃金は，労働の需要曲線と供給曲線が共に変化した場合はどう変化する
のか。(1)労働需要曲線が左にシフト，次に労働供給曲線が右にシフトした
場合。つまり，労働需要の減少と労働供給の増加の場合。均衡賃金率は2度に
渡って下落する。(2)労働需要曲線と労働供給曲線が共に左にシフトした場合。
つまり労働需要の減少と労働供給の減少する場合。需要の減少が供給の減少よ
り大きければ，揺り戻しがある。しかし供給の減少が需要の減少を上回る時は
当初の賃金率を上回る。

図23　労働需給の変化と均衡点の移動

(1) 労働需要の減少と労働供給の増加　　　(2) 労働需要の減少と労働供給の増減少

図24　不安定な労働市場

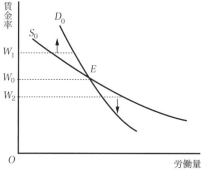

　労働供給曲線が右下がりである不安定の労働市場の場合，均衡賃金率はどう変化するか。

　市場の賃金率が均衡賃金率より高い場合，超過需要が発生し，企業の賃金引き上げ競争を招き，賃金率は更に均衡点から益々離れて上昇。逆に均衡賃金率より低い場合，超過供給が発生し，労働者側が賃金引下げる競争に走り，賃金は更に下落。この場合，労働者が売り急ぎをしないで済むように失業保険制度，賃金低下の歯止めとしての最低賃金制度等が必要。

4.　実際の賃金決定因子及び制度・慣習

①労働組合の影響（図25）

　労組の賃金要求が通る（Wu）と，失業者が発生する（N_S―N_u）場合がある。

②最低賃金制（図25）

　最低賃金制度によって（N_o―N_u）になり，企業は最低賃金以下で労働者を雇用出来なくなり，生産性の高い労働者を雇用せざるをえないことになり，生産性の低い労働者は排除される可能性がある。

③春闘

　日本は独自の賃金決定交渉で，毎年春に大手企業側とその労組が賃金交渉し，その決定が国全体の賃金体系に影響を与える(脇田成『日本の労働経済システム』23頁)。

図25　労働組合や最低賃金が労働市場に与える影響

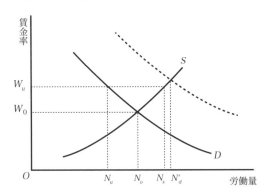

(引用文献)

1. 古郡鞆子『働くことの経済学』有斐閣，1998 年（2004 年，6 刷）。

2. 清家篤『労働経済』東洋経済新報社，2002 年（2015 年，8 刷）。

3. 脇田成『日本の労働経済システム』東洋経済新報社，2003 年。

4. 三谷直紀編著『労働供給の経済学』ミネルヴァ書房，2011 年。

第8節　賃金格差と日本経済

1.　賃金体系(図26)

(1) 現金支給と福利厚生費

　賃金は現金給与と現金給与以外の福利厚生費があり，現金給与は定期給与と臨時給与に別れる。定期給与には所定内給与と所定外給与があり，所定内給与は更に基本給と諸手当からなる。所定内給与は，労働協約や就業規則によって定められた所定内労働時間に対する給与であり，所定外給与は所定外労働（基準外労働）に対する給与（残業手当等）に相当。残業手当はその率が決まっているから，定期給与に含まれる。臨時給与は夏や冬のボーナス等である。

　基本給は算定方式によって，年齢給，勤続給，職務給，職能給（能力給），これらを組み合わせた総合決定給に別れる。

　現金給与以外の給与は法定福利厚生費（社会保険）と法定外福利厚生費（住宅手当等）と退職金等からなる。

図26　賃金体系

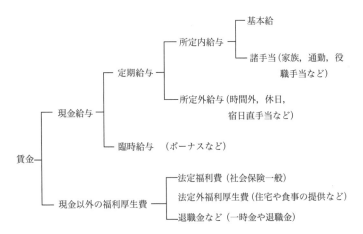

(2) 給与明細

　俸給支給額は加給額（扶養，調整，住宅，通勤等）と控除額（共済関連，所得税，住民税等）を加味する。

2.　格差の諸側面と発生因

　市場に競争原理が働いているならば，一物一価の法則によって同じ商品に対して同じ市場価格がつく。これを労働に関して言えば，同一労働に対して同一賃金が成り立つ筈である。もしそうでないとすれば，格差が存在することになる。

(1) 賃金格差の諸側面

　賃金格差には企業内と企業間に顕著に表れるものがある。

①年齢別賃金格差（図 27）

　年齢別の賃金格差は企業規模が大きいほど大きい。しかし若年層は中小企業の方が大企業より大きい。

図 27　企業規模別にみた年齢別賃金格差

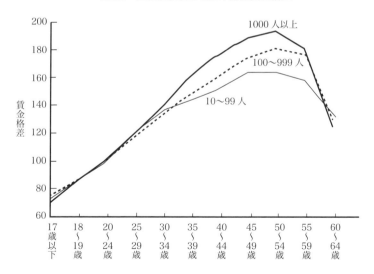

（注）製造業男性生産労働者の所定内給与。20 ～ 24 歳の平均賃金＝ 100
（出所）労働省『賃金センサス』1995 年。

図 28　職種別，労歴別，性別にみた年齢別賃金格差

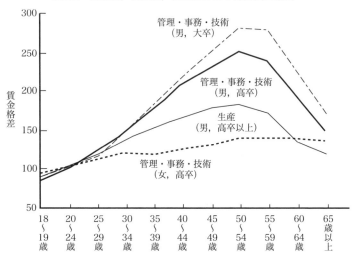

(注)　製造業生産労働者の所定内給与。20 ～ 24 歳の平均賃金＝ 100

(出所)　労働省『賃金センサス』1995 年。

図 29　年齢別賃金格差（会社規模別）の動向

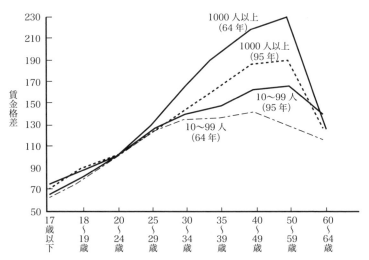

(注)　製造業男性生産労働者の所定内給与。20 ～ 24 歳の平均賃金＝ 100

(出所)　労働省『賃金センサス』1995 年。

②職種別賃金格差（図28）

年齢別賃金格差は，生産労働者より管理・事務・技術労働者，高卒より大卒，女性より男性で急勾配。

③雇用形態別賃金格差（正社員とパートタイマー）

1995年の時点で，正社員の賃金の7割前後がパートタイマーのそれ。

④企業規模別賃金格差（図29）

1995年賃金格差とその30年前のそれは大企業ほど大幅に小さくなっている。

⑤産業別賃金格差

賃金格差は産業間にも見られる。概して軽工業より重工業が高い。

⑥地域別賃金格差

京阪神・中京地区が高く，東北・南九州等では概して低い。

⑦国際比較の賃金格差（図30）

図30　年齢別賃金格差の国際比較

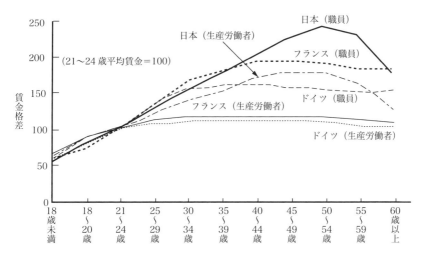

（注）製造業男性生産労働者の所定内給与。日本の賃金は月間定期給与（1993年），その他の国の賃金については，生産労働者の時間当たり実収賃金（1972年）。管理・事務・技術労働者は月当たり実収賃金。

（出所）労働省『賃金センサス』。EC, Structure of Earning in Industry, 1972.

　どのような国でも，年齢別賃金格差は，生産労働者より管理・事務・技術労働者で大きくなっている。

(引用文献)

1.　樋口美雄『労働経済学』東洋経済新報社，1996 年（2011 年，13 刷）。

2.　古郡鞆子『働くことの経済学』有斐閣，1998 年（2004 年，6 刷）。

3.　清家篤『労働経済』東洋経済新報社，2002 年（2015 年，8 刷）。

4.　三谷直紀編著『労働供給の経済学』ミネルヴァ書房，2011 年。

第9節　労働者差別と日本経済

1．経済的不平等と差別

　労働市場で起こる種々の格差が差別によるものか判断するのは難しい。先ず何を持って差別というのか。

　①差別の定義

　二人の労働者の間に生産性の違いがあれば，一方は人的資本として他方に劣ることになるので労働市場で低く評価される。これは当然のことである。これを逆に言えば，経済の世界では同一労働同一賃金の筈である。労働市場における差別は，生産性の同じ労働者を違う「尺度」で測って賃金やその他の待遇で異なる扱いをすることである。

2．差別の諸側面

　①賃金差別

　生産性以外の要素で賃金格差を設ける時を指す。例えば，我が国において，戦前で同じ師範卒であっても男訓導（教師）の給与の三分の一が女訓導のそれであった。

　②雇用差別

　個人やグループが他の個人やグループとは相違した採用状況や失業状態において生ずる。例えば戦前において，同じ大卒でも，帝国大学出（神戸大も含む）と私大では賃金格差があった。

　③職業差別

　職業差別は，同じように有能な労働者がある職種から除外される時生ずる。例えば，女性には伝統的に「女性の仕事」があった。多くの女性が，その分野で活躍した歴史を持っている。看護師（かつては看護婦と呼ばれた）のような仕事は女性の限られたものとするならば，これは男性排除の逆差別である。現在では、男性の看護師が誕生している。

3.　差別の理論

　「差別」は経済的・社会的な多数派と少数派の間の力関係から生ずる。多数
派が「正当」とする理論は差別嗜好理論と呼ばれている。

　①差別嗜好理論（図31）

　これはベッカー（G.S.Becker）が国際貿易の理論を援用した差別理論。国際
貿易では原則として自由貿易を推進しているが，ある種の国内産業に「嗜好」
を持ち，経済効率より優先して，関税や数量割当をして自由貿易を遮る。

図31　差別嗜好理論

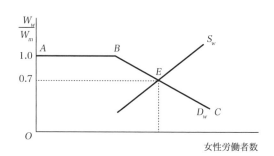

　差別嗜好は，差別者（例えば男性）が被差別者（同女性）との間に，物理的
或いは社会的に一定の距離を置きたいと想っている時に起こる。図31は，あ
る種の競争市場での男女間の賃金格差を描いた図である。差別の心理的コスト
を差別係数（d）とする。$d=0$なら，企業の嗜好がなく賃金格差がない。dが
無限大である企業は，女性の賃金がどんなに低くても女性を雇用しない。男子
労働者賃金（W_m）と女子労働者（W_w）とすると，$W_m = W_w + d_0$

　縦軸に当該格差を（W_w / W_m），横軸に女性労働者の人数とする。男性労働
者の人数と賃金は所与。　屈折需要曲線（D_w）は企業を差別係数の低いものか
ら見る高い順に左から右に並べて描いている。水平部分の需要曲線は差別嗜好
のない企業を指す。右下がり部分は差別嗜好を持つ企業を指し右に下がるに連
れてdは大きくなる。この地部分はW_w / W_m　は1.0より小さくなり右に進め
ば更に小さくなる。一方女性労働者の供給曲線は，賃金格差が縮小するほど供

給が増加して右上がりとなる。需給の均衡点は賃金格差係数と女性労働者数が決定する。図では男女間の賃金格差係数は0.7であり，市場賃金は男性1000円，女性700円。需要曲線 ABE の部分は女性労働者を雇用するが，EC 部分は男性労働者のみを雇用。

4.　差別是正の制度的試み

　①アファーマティヴ・アクション（affirmaive action）（米国）→『10ヵ国語経済用語辞典』

　同じ能力を持つ多数派と少数派（アフリカ系米国人や女性）がいた時，少数派に一定の採用枠を確保する制度。無能な少数派の人を採用し，有能な多数派の人を不採用にするという逆差別を生む弊害も生じた。本来なら不合格なのに，黒人に扮した白人が合格することを諷した米国映画があった。

　②男女雇用機会均等法→「第11節　女性労働者と日本経済」参照。

(引用文献)

1.　古郡鞆子『働くことの経済学』有斐閣，1998年（2004年，6刷）。
2.　清家篤『労働経済』東洋経済新報社，2002年（2015年，8刷）。
3.　三谷直紀編著『労働供給の経済学』ミネルヴァ書房，2011年。

第10節　若年非正規労働者とサービス産業

　ここでは，若年労働者の多くは非正規労働者でもあり，又サービス産業に従事していることから，非正規労働者とサービス業を取り上げた。

1.　非正規労働者の増加

　①正規労働者→特定の企業や団体に採用され期間を定めずに雇用契約を結んだ人達で休日を除き定常的に毎日一定時間働いている者。

　②非正規労働者→期間を定めた雇用契約や不規則で短期間労働の雇用契約を結んで働く者，或いは正規労働者とは雇用形態の異なる人達。

2.　日本の非正規労働者

　非正規労働者は，一時的・縁辺的・補助的な労働力と見られていたが，産業構造の変化，女性の社会進出，企業の経営戦略等を背景に1970年代の後半から急速に増加。今では多くの企業，特にサービス経済化の進んでいる先進国の諸産業にとって不可欠の労働者。

　①パートタイマーの定義→週間労働時間が35時間未満の短期間雇用者（非農林業）。パートタイマーに分類された者に正規労働者同様，雇用期間を定めず雇用されて週間35時間以上働くものもある。

　②フリーターの定義→就業意思があって定職に就かずに臨時に働く者（表4）。

　③ニートの定義→就業意思がない，無就業者（表5）。

　④派遣労働者の定義→労働者派遣法に定められた労働者派遣業に従事する者。労働者派遣法（1985年）→自己の雇用する労働者を，当該雇用関係の下に，かつ，他人の指揮命令を受けて，当該他人のために労働に従事させること（労働者派遣）。

3.　米国のコンティンジェント労働者

　米国労働統計局定義→ contingent work →労働者個人が明示的にも，暗黙

表4　「フリーター」の主要な定義一覧

機関等	年	呼称	定義
厚生労働省 (旧労働省)	1991	フリーアルバイター (フリーター)	15-34歳で ①現在就業している者については勤め先における呼称が「アルバイト」または「パート」である雇用者で (i) 男性については継続就業年数が5年未満の者, (ii) 女性については未婚の者 ②現在無業の者については家事も通学もしておらず「アルバイト・パート」の仕事を希望する者
厚生労働省 (旧労働省)	2000	フリーター	15-34歳で ①現在就業している者については勤め先における呼称が「アルバイト」または「パート」である雇用者で (i) 男性については継続就業年数が1-5年未満の者, (ii) 女性については未婚で仕事を主にしている者 ②現在無業の者については家事も通学もしておらず「アルバイト・パート」の仕事を希望する者
厚生労働省	2003	フリーター	15-34歳の卒業者で女性については未婚の者とし, ①現在就業している者については勤め先における呼称が「アルバイト」または「パート」である雇用者で ②現在無業の者については家事も通学もしておらず「アルバイト・パート」の仕事を希望する者
厚生労働省	2010	パート・アルバイト及びその希望者	男性は卒業者, 女性は卒業者で未婚の者のうち,以下の者。 ①雇用者のうち「パート・アルバイト」の者 ②完全失業者のうち探している仕事の形態が「パート・アルバイト」の者 ③非労働力人口で, 家事も通学もしていない「その他」の者のうち, 就職内定しておらず, 希望する仕事の形態が「パート・アルバイト」の者
		非正規の職員・従業員及びその希望者	上記定義において「パート・アルバイト」を「非正規の職員・従業員」に置き換えた もの。
内閣府	2002	フリーター	15-34歳の若年 (ただし, 学生と主婦を除く)のうち, パート・アルバイト (派遣等を含む) および働く意思のある無職の人
労働政策研究・研修機構	2005b	周辺フリーター	学生でなく, 既婚女性でもないアルバイト・パート雇用者で, 年間就労日数が99日以下か, 週労働時間が21時間以下の者

(出所) 資料を用いて筆者が作成。フリーター→ free Arbeiter (独)〔大辞泉〕[和製外来語]定職につかないで, アルバイトをしながら気ままに生活しようとする人。

のうちにも長期間の雇用契約を持たずに従事している仕事。Ex. contingent fee 成功報酬 [10ヵ国語経済・ビジネス用語辞典 137 頁 84]。

表5 「ニート」の主要な定義一覧

機関等	年	呼称	定義
厚生労働省	2004	若年無業者	15-34歳で，非労働力人口のうち，卒業者かつ未婚であり，通学や家事を行っていない者
厚生労働省	2005	若年無業者	15-34歳で，非労働力人口のうち，家事も通学もしていない者
内閣府	2005	無業者	高校や大学などに通学しておらず，独身であり，ふだん収入になる仕事をしていない，15歳以上35歳未満の個人（予備校や専門学校に通学している場合も除く）
		求職型	上記無業者のうち就業希望を表明し，求職活動をしている個人
		非求職型	上記無業者のうち就業希望を表明しながら，求職活動はしていない個人
		非希望型	上記無業者のうち就業希望を表明していない個人

（注）内閣府（2005）は無業者の分類を表しており，このうち「ニート」に相当するのは「非求職型」
　　　と「非希望型」である。（NEET：就学，就業，職業訓練のいずれもしない若者）

（出所）資料を用いて筆者が作成。ニート→ Not in Employment, Education or Training

4. 非正規労働者増加の背景

①産業構造の変化と非正規労働者

経済構造が，モノの生産からサービスの生産へ。産業のサービス化が非正規労働者を増加させた。サービス産業の特徴として在庫がない。サービス産業については拙著参照（近代化以降の「サービス」の経済的意味合い『経済分析手法』木村武雄他著，237頁）。

製造業より「卸売・小売業，飲食業」，サービス業で非正社員の割合が高い。非正社員のなかで最も多いのはパートタイマーで3割以上，チェーンストアでは，非正社員が8割に及ぶところもある。

②非正規労働者の供給

非正規労働者には女性特に主婦が多い。女性のライフサイクルの変化で，少子化の結果末っ子を持つ年齢が若年化→主婦のパートへの供給。

③非正規労働者の需要

　企業は熾烈な国際競争化で打ち勝つ為にコスト削減が命題。非正規労働者は福利厚生（退職金，社会保険，雇用保険等）の負担がない。労務費の節約には最適の労働力。問題点としてどういうものが考えられるか。非正規労働者の増加が働く側の合理的選択の結果であれば望ましいが，企業側の都合のよいもので労働者が不本意な選択を強いられているとすれば問題である。

5.　非正規労働者の労働条件

　①非正規労働者の賃金

　非正規労働者の賃金は正規労働者の 6 割前後で賃金格差がある。正規労働者は各種手当（家族手当，住宅手当，役職手当，業績手当等）を得ているので格差はさらに拡大。福利厚生（雇用保険，健康保険，厚生年金），勤続年数加算，定期昇給，退職金も殆どないのが現状。

　②初職が非正社員だった人は，生涯非正社員の比率が非常に高いと言われている。女性の場合，初職に就く段階で非正規だった割合は 53% に上り，男性でも 35% を占めている。

　③大卒後正規労働者として雇用された女性労働者が，一旦，結婚・出産等で退職後職場復帰した時，非正規労働者になる場合が非常に多い。

6.　サービス産業論

（サービス産業とは何か。経済学史における「サービス」の変遷）

（1）サービス（service）とは

　英語の語源辞典によれば，service はノルマン人の英国征服以前所謂 OE[700-1100] の後期は，「神への奉仕」，1200 年頃，「召使の仕事」，1300 年頃「ミサ，礼拝」，1380 年頃「給仕」，1590 年頃「兵役」，1941 年頃から「サービス業」の意味が敷衍された。つまり，最初キリスト教世界で，神への全体帰依，封建制度の過程で，神から雇主へ，近代国家形成過程の兵役から，国家への全体服従と転化していった。この過程では，役務の対価としての貨幣は，全面に出てこなかった。第 2 次大戦後，経済の発展とともに，第三次産業のサービス業（産業）が確

表6 近代以前の service の意味の変遷

サービスの名称	神への奉仕	召使（奉公）	軍務
サービスの対象	神	主人	国家
サービスの内容	全面的	全面的	全面的（絶対忠誠）
	絶対帰依	家事全般（通常住込）	命をも捧げる
受給者の上下関係	神が上	主人が上	国家（国王）が上
サービス有償	無償	一定の期間契約	徴兵制の場合
		主人とともに移動	薄給
需要側の選択権	無	無（雇用者側の配慮があるまで）	無（拒否の場合，刑法適用）

固たる職業として確立されていった(表6参照)。

(2) サービスの定義

現在日本で発行されている辞典等をもとに定義を確認すると，「サービス」とは，奉公，奉仕，給仕，接待を示す語で，また，生産，製造以外の労働に拘わる機能する労働の汎称でもある。用役，用務とも訳される。

「サービス業」とは日本標準産業分類の一つであり，旅館・下宿等の宿泊設備貸与業，広告業，自動車修理等の修理業，映画等の興行業，医療・保健業，宗教・教育・法務関係業，その他非営利団体等に服務。

(3) 経済学での「サービス」

サービスは「財(財貨)，サービス」と対比される。財は空気中に一定の空間を占める物体であり，サービスは目には見えないが，金と交換できる役務である。財は，例えばリンゴとか自動車とか空気中に一定の空間を占める物体である。それに対して，運輸サービス・保険サービス等は経済学上の「サービス」である。

マルクス経済学では，生産概念で捉えている為，財のみを国民生産に算入し，所謂「サービス」は国民生産に算入しなかった。近代経済学では，国民生産概念には，「財・サービス」とセットで考える。貿易収支では「財の輸出入」，貿易外収支では財以外のサービス収支を取り扱う。

（4）産業の分類での「サービス業」（産業）

　SNA の経済活動別分類のうちのひとつ。市場で生産コストをカバーする価格で販売すること（利潤の獲得）を目的に財・サービスを生産する事業所から構成される。民間企業の事業所が中核となるが，類似の財・サービスを生産するものは，価格が生産コストをカバーしなくも，産業に含める。例えば，公社，公団，郵便事業，資金運用部，輸出入銀行，公庫，日本銀行等。他に家計の持ち家住宅も含める（「産業」：金森久雄他編『経済辞典(第3版)』有斐閣，2000年）。

表7　近代化以降の「サービス」の経済的意味合い

	サービス	財
名称	貨幣と交換される役務提供一般	貨幣と交換されるもの
形	無形	有形
在庫	無	有
生産と消費	同時性（非可逆性）	異時点
コ・プロダクション	有（その提供に顧客も参加）	無
提供の過程	重要性（例，食堂の雰囲気や眺望）	無
提供者との不可分性	有	無
変動性	有	無
サービスの対象	ユニバーサル（金が出せる人は誰でも）	ユニバーサル＊1
サービスの内容	部分的・個別的（時間帯による変動）	部分的・個別的
需供者の上下関係	上下関係無	上下関係無
有償	有償	有償
需要側の選択権	有（消費者主権）	有（消費者主権）
サービスの定義 （商業サービス限定的）	①他人の為に行う②人の③活動であって④独立に取引の対象となるもの（今枝昌宏＊2）	

＊1：「ユニバーサル」とは①社内サービスではなく，一般の客対象。②顧客対応で人が提供するもの。③飲食サービスは料理だけでなく店の雰囲気や景観も対象。④時間帯で違う価格帯になる。

＊2：今枝昌弘『サービスの経営学』東洋経済新報社，2010年，23頁。サービスは，他人の為で，自己の為のものはサービスとは呼べない。つまり，社内サービスやグループ内サービスは，経済原理が働かないからである。

　コーリン・クラーク(Colin Grant Clark 1905 〜 1989) の分類では，

　第1次産業 農業，牧畜業，水産業，狩猟業等の採取産業，

　第2次産業 製造業，建設業等の加工業(クラークは，鉱業もこれに含める)，

　第3次産業 商業，運輸通信業，金融・保険，公務・有給家事サービス等，第1次産業，第2次産業以外のあらゆるサービス業を一括した総称。

　クラークは電気・ガス・水道業を第2次産業に含めたがこれらを第3次産業に含める場合が多い。そして，クラークによれば，経済が発達すれば，産業の高度化を伴い，第1次産業から，第2次産業へ，そして第3次産業のサービス産業への比率が高まるとされた。

　「サービス産業」は，物的生産でなく，流通，金融，知識や情報等の形のない無形財を生産し，或いはその他特定の用役の提供を行う産業。これは更に卸・小売業，金融・保険・不動産業，運輸・通信業，電気・ガス・水道・熱供給業，サービス業，公務の各業種に分類される。

　「サービス業」は，日本標準産業分類による大分類の一つ。個人または法人に対して用役，専門的知識等の提供を行うもの。対個人サービス，対事業所サービス，医療，教育，弁護士，公認会計士，分類されない専門サービス業，その他のサービス業に分類される。近年対個人サービスでスポーツ，レジャー，観光，レンタル等，対事業所サービスで市場調査，広告代理店，ビル・メンテナンス社，物流社等が成長を続けている。

　「サービス経済」は，財の採取や生産に関係する第1次産業や第2次産業に対して，第3次産業はサービス産業と呼ばれる。産業構造の高度化に従って，サービス経済の比率は増加する。サービスは労働生産性が低い，生産と消費が同時である，貯蔵できないので在庫が存在しない等の特別な性質を持つ。

　「サービス経済化」は 第3次産業（サービス産業）の就業者の比率或いはこの産業の名目生産額の比率が増加することをいう。更に製造業の内部において加工部門に対して調査，商品開発，デザイン，広告等の部門の比率が増加することもいう。高付加価値の商品においてはこれらの部門が競争力を強化させるといえる。

　「サービス価格」は，有形財の場合と違って，無形財であるサービスは，心理的・感覚的効用をした商品であり，コスト把握が困難という特性を持つ。サービス価格が適正価格であるかどうかは，買手の満足度に対して決まる。

　「サービス価格指数」は企業間で取引されるサービス価格動向を調べるために日本銀行が作成，公表している価格指数。1996 年時点での採用品目数は 74 あり，電子計算機リース，事務所継続賃貸料，電話等の通信料金，銀行手数料，損害保険料等である。卸売物価指数のサービス版である（金森久雄他編『経済辞典（第3 版）』有斐閣，2000 年）。

（引用文献）

1．古郡鞆子『働くことの経済学』有斐閣，1998 年（2004 年，6 刷）。
2．清家篤『労働経済』東洋経済新報社，2002 年（2015 年，8 刷）。
3．廣松毅他『経済統計』新世社，2006 年。
4．小峰隆夫『日本経済の基本」第 3 版』日本経済新聞社，2006 年。
5．三谷直紀編著『労働供給の経済学』ミネルヴァ書房，2011 年。
6．木村武雄・江口充崇『経済分析手法』五絃舎，2012 年。
7．木村武雄『10 ヵ国語経済・ビジネス用語辞典』創成社，2014 年。
8．全労連・労働総研編『2017 年国民春闘白書』学習の友社，2016 年。

第11節　女性労働者と日本経済

1．女性労働者の推移と変動要因（表8）

　女性の職場進出の水準を示すものとして，労働力率（＝労働力人口/15歳以上人口）がある。この指標の長期的推移を見ると，1960年の55%から75年49%まで低下，その後上昇90年50%に達した。その後横這いで推移し，2007年には49%である。

　女性の労働力率の推移を年齢別に見たのは表8である。この変化をグラフ化すると，M字の形状を示す。これは，結婚，出産，育児等の理由で退職し，育児が一段落すると再び職場復帰することを示している。この形状を示すのは日本に限ったことである。他の先進国には見られない現象である。

　長期的な女性の労働力率の上昇の背景としては，労働需要と労働供給の双方の影響がある。

表8　年齢階層別労働力率（女性）

（単位：%）

年齢区分	日本			アメリカ	ドイツ	フランス	イギリス
	1990	2000	2007	2006	2005	2005	2006
年齢計 (15-64歳)	50.1 (57.1)	49.3 (59.8)	48.5 (61.9)	– (69.3)	– (66.8)	– (64.1)	– (70.3)
15-19歳	17.8	16.6	16.2	43.7	26.8	11.5	55.6
20-24	75.1	72.7	69.5	69.5	66.3	55.3	71.1
25-29	61.4	69.9	75.8	75.2	73.4	78.7	77.0
30-34	51.7	57.1	64.0	73.6	74.3	79.5	75.9
35-39	62.6	61.4	64.3	74.6	78.7	82.0	75.4
40-44	69.6	69.3	72.0	77.1	83.4	82.9	80.2
45-49	71.7	71.8	75.6	77.2	82.9	83.2	81.4
50-54	65.5	68.2	70.8	74.7	78.2	77.3	77.0
55-59	53.9	58.7	60.8	66.7	64.4	53.4	64.3
60-64	39.5	39.5	42.2	47.0	23.0	13.4	33.0
65-	16.2	14.4	12.9	–	–	–	–

（注）1．年齢計の（ ）内の数値は15-64歳である。
　　　2．アメリカは，15歳のところは16歳である。

（出所）総務省「労働力調査」および労働政策研究・研修機構『国際労働比較』（2008年）

　労働需要面から見ると，第三次産業における雇用機会拡大が女性への雇用需要の拡大となって現れた。卸小売業（飲食店を含む），金融保険業，医療福祉業，サービス業は女性の占める割合が大きい分野でもあり，パートタイム労働といった短期就業形態，一方で主婦層に適した就業形態でもある。他方，労働供給面から見ると，①出生率の低下と育児負担の減少，②学歴水準の向上と社会参加意欲の高まり，③家事労働を軽減する洗濯機・掃除機・冷蔵庫等の電気器具の発達や冷凍食品，紙おむつ，ベビーフード等の普及が女性の社会的進出に寄与した。

　他の先進国のデータ（OECD）を見ると，概ね女性の労働力率が高い国は出生率も高く，逆に女性の労働力率が低い国は少子化に苦しんでいる。女性が活躍する社会が，同時に希望する子供を持つことができる社会だ（村木厚子，『日本経済新聞』2019.1.10 朝刊）。

2.　女性雇用の実態と男女間賃金格差

①女性雇用の現状

　女性労働者の就業実態を，男性と比較してその特徴を見てみよう。従業上の地位別にみると（2015年労働力調査年報），自営業主，家族従業者，雇用者の各自の割合は女性 4.9%（男性 11.2%），4.7%（同 0.8%），89.8%（同 87.4%）。女性において家族従業者の割合が多い。また，女性自営業主の3割程度は内職者であり，他方，男性の内職者は殆ど存在しない。

　産業別就業状況を見ると，第三次産業従事者の割合が多く，8割が卸小売業，サービス業に集中している。職業別就業状況では，事務や技能工・生産工程作業者として従事者が多い。雇用別就業状況では，常勤，臨時雇，日雇の各自の割合は女性 89.6%（男性 94.5%），9.9%（同 4.1%），1.3%（同 1.2%）。女性において臨時雇が多い。正規労働者・非正規労働者別就業状況は女性 43.6%（男性 78.1%），56.3%（同 21.8%）。男性の8割近くが正規労働者であるのに対して，女性は6割近くが非正規労働者である。女性の場合，パートタイム労働や派遣労働者として非正規労働者として働くことが多い。女性の勤続年数も増加して

いる。平均勤続年数は，1980年6.1年から2007年8.7年に，延びている。

②男女間賃金格差の要因

　厚生労働省「賃金構造基本統計調査」により，女性の賃金は長期に渡って男性の6〜7割程度で推移している。医師，教員，弁護士，裁判官といった国家試験や都道府県教育委員会試験合格を必要とする専門職には男女賃金差別はない。戦前において，男性教員1人の給与は女性教員3人分だった。この差は何か。民間での男女間で就業している産業や企業規模，学歴格差，勤続年数，年齢，職種等が異なるのか。これらの要素が等しい場合に果たして格差が存在するのか。日本の「ジェンダー・ギャップ指数」が144ヵ国中111位（2016年度版）。2015年国税庁調査によると，男女賃金格差は，（平均給与）男性521万円，女性276万円を前年差242万円から3万円広がっている。その原因を探ると（2017年『国民春闘白書』），①女性の6割占める女性非正規の賃金が下がったこと。前年比3千円減。その結果，女性の賃金は，男性の賃金が前年比6万1千円増に対して3万8千円増に留まっている。②女性の非正規は13万人増加し1，345万人（「労働力調査」2015年平均）。③女性が第一子の妊娠出産を契機に離職する比率は5割と高いこと。職場復帰しても元の賃金より低い非正規労働者になる可能性が高い。④女性労働者の役職比率は12.5%と依然低いこと。⑤医療福祉の労働者は女性が多く占めているが，保育士・ヘルパー等，他産業と比べて10万円程度低い賃金であること。この職種が更に増えたことにより女性が平均賃金を引き下げることになったこと。

3.　男女雇用機会均等法

　1945年国連憲章に男女平等の実現が盛り込まれている。しかし男女平等の達成実現への本格的な動きは1975年国連婦人年以降で，79年国連総会で，「婦人に対するあらゆる形態の差別の撤廃に関する条約（女性差別撤廃条約）」を採択し，日本は80年に同条約に署名した。我が国は1985年「雇用の分野における男女の均等な機会及び待遇の確保等女性労働者の福祉の増進に関する法律（男女雇用機会均等法）」を制定，翌年施行。

4.　コース別雇用管理

　男女雇用機会均等法の施行により，男女不問の求人，男女同一初任給の増加，男女別定年制の廃止，女性の従来の補助的業務から，適性に応じた活用に転換等。コース別管理は，基幹的業務に従事し住居の移動を伴う転勤のある総合職と，定形型補助的業務に従事し転職のない一般職に分けて管理。実態として，総合職を望まない女性が多く，結局男性が総合職，女性が一般職を選択することになり，コース別雇用管理制度は形を変えた男女差別であるとの指摘がしばしばされた。

(引用文献)

1.　古郡鞆子『働くことの経済学』有斐閣，1998 年（2004 年，6 刷）。
2.　清家篤『労働経済』東洋経済新報社，2002 年（2015 年，8 刷）。
3.　笹島芳雄『労働の経済学』中央経済社，2009 年。
4.　三谷直紀編著『労働供給の経済学』ミネルヴァ書房，2011 年。
5.　全労連・労働総研編『2017 年国民春闘白書』学習の友社，2016 年。

第12節 高齢者雇用と日本経済

1. 高齢者の就業と雇用

　高齢者の高い就業意思にも関わらず，その雇用を阻んでいるのは何か。それを種々の側面から分析してみることにする。

2. 高齢者の労働力率の推移（図32，図33）

　高齢者の労働力は1960年代から，趨勢的に低下傾向。この背景要因は2つある。一つは労働力構造上の問題。農業を中心とした自営業者の減少。もう一つは労働者の労働供給そのものの減退。公的年金の充実が整いつつあったこと。1970年代中盤以降，厚生年金の一人当たり受給額は飛躍的増加。これが雇用者の引退可能性を高め，労働力率を下げた。

3. 高齢者の労働供給の決定要因

　①所得と余暇のどちらを選択するか。

図32　男子高齢者（60～64歳）の労働力率の趨勢

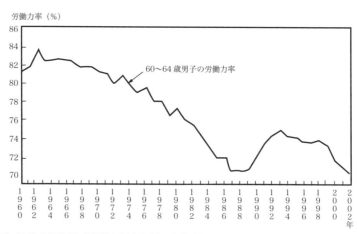

（出所）総務省統計局『労働力調査年報』各年版。

図 33　高齢者の労働力率と 1 人当たり平均実質受給額の対比

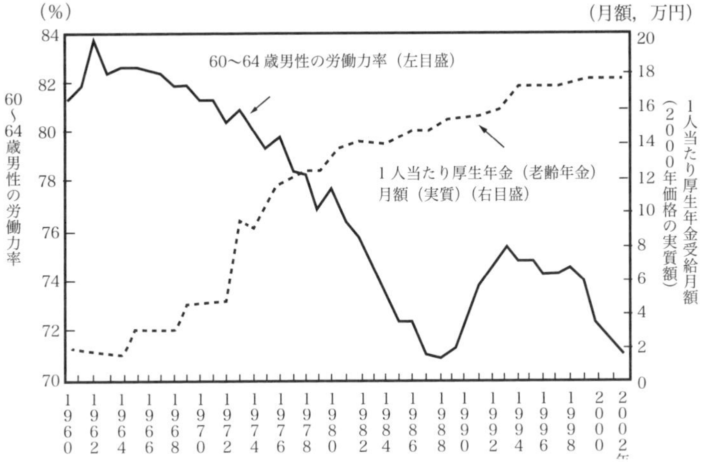

（出所）社会保険庁『事業年報』各年版，総務省統計局『消費者物価指数』各年版。

　②働く場合に得られる賃金水準

　③働かなくても得られる非勤労所得

　④労働時間の自由度といった賃金以外の，労働需要側の提示する雇用制度
　　要因

　①は健康状態がよくないほど余暇を選択。高等教育を受けたほど，その教育
投資を回収しようと，所得獲得にはしる。

　②の賃金水準は健康状態や学歴の要因と密接な関係。

　③は高齢者にとって，年金所得が最大関心。年金取得は勤労意欲を低下させる。

　④は定年退職の経験と大都市圏居住の要素。定年退職を契機の就業をやめる
人は少なくない。大都市圏の居住者は雇用機会が多く，就業する確率が高い。

4.　高齢者への労働需要の厳しい実態

　30 人以上の従業員のいる企業の 9 割が定年制を実施。

　60 歳代前半の求人は 1 割未満。

5.　ラジアー理論

　ラジアーの理論。働き盛りに低賃金で働いた分を中高年の高い賃金で埋め合わせる仕組みの下では，収支バランスを合わせるには定年退職が必要。年功序列賃金制度には，定年制の他年功的昇進制度も補完している。

図 34　ラジアー理論

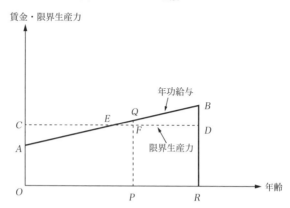

（出所）清家篤『労働経済』東洋経済新報社，164 頁。

　図 34 はラジアー理論を説明する図である。縦軸には年功型賃金とその限界生産力（個人の企業への貢献度），横軸には年齢をとっており，実線 AB はある労働者の年功給与カーヴを，点線 CD はその限界生産力カーヴを示す。労働者は原点 O（例えば大卒なら 22 歳）で入社し，R（例えば 60 歳）で定年になるものとしよう。この図からわかるように，年功給与体系というのは，若年では企業への貢献より安い給与（賃金の AE の部分）を獲得し，その代償として中高年になったら貢献より高い給与（年功賃金の EB の部分）を取得する仕組みである。ラジアー（E.P.Lazear）は△ ACE で企業に供託金を預け，それを△ EBD で引き出す仕組みであると説明している（企業は採用時の期待どおりに定年まで真面目に働いているかどうかのモニタリング・コストがかかる）。この供託金がモニタリング・コストを下げることがミソである。労働者がサボタージュして，途中で首になったら，この供託金の一部が未回収になる。図からわかるように，供託金は定年まで勤めあげてはじめて全額回収される。例えば P の時点で解雇され

ると, □*FQBD* 分の供託金は返済されない。こうした年功制給与体系と同じ効果を齎すものとして定年退職時に支払われる多額の退職金がある。退職金は給与の後払い的性格をもつので, 途中で解雇されると定年まで勤め上げることに比べて満額貰えなく, 損をする。

(引用文献)

1. 古郡鞆子『働くことの経済学』有斐閣, 1998 年（2004 年, 6 刷）。
2. 清家篤『労働経済』東洋経済新報社, 2002 年（2015 年, 8 刷）。
3. 笹島芳雄『労働の経済学』中央経済社, 2009 年。
4. 三谷直紀編著『労働供給の経済学』ミネルヴァ書房, 2011 年。

第2章　国際システム

　ここでは国際システムに関して，ノーベル経済学賞の受賞者の業績を中心に
展開することにする。まずミードの国際収支論と日本や世界の直接投資，その
延長上にあるタックスヘイブンを採り上げた。次にオリーンの貿易理論と為替
理論を解説した。マンデルのオープン経済論とユーロ・システム。ユーロ・シ
ステムの導入条件を日本経済に当てはめた場合はどうか。ヒックスの IS・LM
分析理論。これを日本の財政・金融政策を当てはめた場合はどうか。クズネッ
ツの近代経済成長論と日本経済。ルイスの労働移動論と日本の高度成長期を採
り上げた。トービンの q 理論とそれを使用した日本経済の効率性を検討する。
ベッカーの人的資本論とそれを用いて日本企業の制度を分析する。世界企業と
日本では，その競争力を多面的に採り上げる。国際協定と日本で，関税自主権
の確立の歴史や TTP・日欧 EPA 等を採り上げ，通商条約での日本の国益確保
の歴史を検証することにする。

第1節　ミードの国際収支理論と日本の直接投資

1. ミードの国際収支理論

　ジェームズ・エドワード・ミードはケインズ・グループの俊英で，ケインズ
の遺志を受け継ぎ第2次世界大戦後の英国経済や世界経済についての指針提
示に尽力した。彼は 1907 年イングランド生まれ，オックスフォード大学に学
び，「サーカス」と呼ばれる『貨幣論』研究グループをロビンソン夫妻等と共
に結成した。30 年卒業後同大学講師，37 年まで勤務。38 年国際連盟経済部
部員としてジュネーブに赴いた。第2次世界大戦が勃発するとロンドンに戻
り，40 年内閣経済部経済補佐官。46 年同部部長，翌 47 年ロンドン大学教授。

57 年ケンブリッジ大学教授。77 年国際貿易・国際資本移動の理論的研究により B.G. オリーンと共にノーベル経済学賞を受賞。95 年 12 月 22 日逝去。ケインジアンらしく，ミードも市場原理に基づく経済主体の行動を分析するというよりはマクロ経済学的なテーマ，福祉や品行，厚生に対する関心が高かった。第 2 次世界大戦後，英国経済建て直しの政策立案過程で経済成長に注目し，戦後の彼の研究テーマとなった。51 年の『国際収支』（『国際経済政策論』第 1 巻）では国際資本移動の側面から国際収支理論を展開。55 年の『貿易と厚生』（同書第 2 巻）では厚生経済学に社会的厚生の増加という新しい概念を与えた。61 年の『経済成長の理論』により，新古典派経済成長論への先駆的貢献に対して 77 年ノーベル経済学賞受賞。

　ミードは国際貿易の国内生活水準に対する影響を研究した。「経済学者として初めて，自らが名付けた「国際均衡（external balance : 対外均衡）」と「国内均衡（internal balance : 対内均衡）」のどちらを達成するかによって経済政策の目的を分類した」（マリル・ハートマッカーティー著，田中浩子訳『現代経済思想』日経 BP 社，2002 年，424 頁）。国際均衡は国際支払いの均衡に関するもので，輸入への支払額および海外からの長期投資の買入額が，輸出の受取額および海外投資家への長期投資の売却額に等しい状態を指す。国内均衡は国内経済の状況，具体的には完全雇用と物価の安定が達成された状態を指す」（前掲書，424 頁）。ミードは国際均衡については金融政策によって解決することに反対し，金融政策は国内の必要性に基づき，単独で決定されるべき，とした（前掲書，425 頁）。1978 年に『直接税の構造と改正』として出版されたミード報告は，ミードの下に英国の指導的立場にある税制の専門家を総動員して作成されたもので，英国の税制を検討し，現行税制の不備を指摘して，経済効率を高め，しかも公平な税制を提案したものであったが，税務行政的には非現実的な提案であった。（図 1 参照）

図1　国際収支統計の新旧発表形式

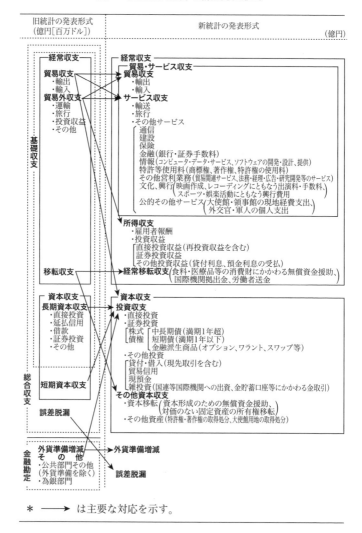

＊ ──→ は主要な対応を示す。

（出所）日本銀行国際収支統計研究会『国際収支のみかた』日本信用調査, 1966 年 27 頁。

表 1　国際収支

── 日本の国際収支（02・03年）──						
国際収支（兆円）	2002	2003	国際収支⑫	〔⑧＋⑨〕	balance of payments	
経常収支	13.4	17.3	経常収支⑧	〔⑤＋⑥＋⑦〕	current balance	
貿易・サーヴィス収支	6.4	9.6	貿易・サーヴィス収支⑤	〔③＋④〕	trade/service balance	
貿易収支③	11.6	13.3	貿易収支③	〔①－②〕	trade balance	
輸出	50.1	55.4	輸出①		export	
輸入	38.5	40.1	輸入②		import	
サーヴィス収支	-5.2	-3.7	サーヴィス収支④		service balance	
所得収支	8.0	8.5	所得収支⑥		income balance	
経常移転収支	-1.0	-0.8	経常移転収支⑦		current trasfer payment	
資本収支	-5.0	20.5	資本収支⑨		balance of capital account	
直接投資収支	-2.4	-2.6	直接投資収支		direct capital	
証券投資収支	-14.6	-3.5	証券投資収支		portfolio investment	
外貨準備増減	-8.2	-34.3	外貨準備増減⑩		foreign currency reserve	
誤差脱漏	-0.1	-3.6	誤差脱漏⑪		errors and ommisions	
			⑫＋⑩＋⑪＝0			

（出所）日本銀行ホームページ。

2.　直接投資

　IMF は直接投資を，「居住者による，非居住者である直接投資企業（子会社，関連企業，支店）に対する，永続的権限の取得を目的とする国際投資」と定義づけ，株式等の取得を通じた出資については，出資比率 10% 以上を直接投資の対象としている（日本もこれに準ずる）。従って，他国企業の資産，株式の取得において，出資比率が 10% 未満の場合，国際収支統計上，直接投資には区別されない。こうした出資比率 10% 未満の M&A は，対外ポートフォリオ投資（Foreign Portfolio Investment：FPI）の中の対外ポートフォリオ株式投資（Foreign Portfolio Equity Investment：FPEI）に分類される。FPI は資産運用を目的に，外国企業の株式，債券，金融派生商品（デリバティブ）に投資することであり，その中で，外国企業の株式購入・売却を通じた資産運用が FPEI である（図 2 参照）。

3.　グリーンフィールド投資 -green field investment-

　海外に進出する際，現地の既存企業の買収，合併等に因らず，まったく新規に拠点を設立して行う方法をいう（有斐閣『経済辞典（第 3 版）』）。

図2 FDI・FPEI・FPI の概念図

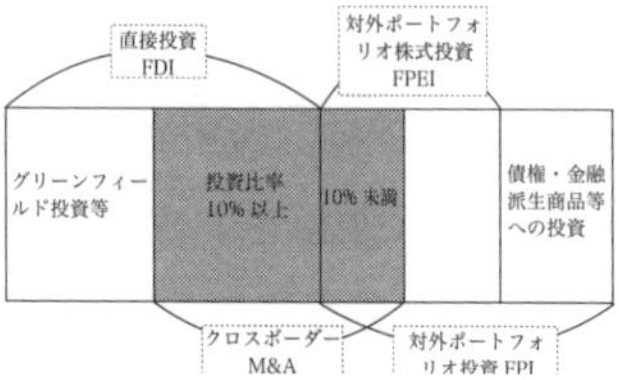

4. 対外直接投資

　出資者に専属する企業，子会社，支店の設置・拡張および既存企業の完全取得，新設または既存企業への参加，5 年以上の長期貸付を対外直接投資としている（OECD の資本自由化規約）。

5. 世界の直接投資

　2014 年の世界の対内直接投資（国際収支ベース，ネット，フロー）は，前年比 16.3% 減の 1 兆 2,283 億ドルに減少した（UNCTAD）。米国からの大規模な投資の引き揚げが主因。1 位は中国 1,285 億ドル（シェア 10.5%），2 位香港 1,032 億ドル（同 8.4%），3 位米国 923 億ドル（同 7.5%），4 位英国 722 億ドル（同 5.9%），5 位シンガポール 675 億ドル（同 5.5%），6 位ブラジル 624 億ドル（同 5.1%），7 位カナダ 538 億ドル（同 4.4%），8 位オーストラリア 518 億ドル（同 4.2%），9 位インド 344 億ドル（同 2.8%），10 位オランダ 302 億ドル（同 2.5%）。そして日本は，台湾 28 億ドル（同 0.2%）に次いで 27 位 20 億ドル（同 0.2%）である。この数字は UNCTAD（国連貿易開発会議）の区分に基づく先進国 39 ヵ国・地域の下位である。

　また世界の対外直接投資は，前年比 3.7% 増の 1 兆 3,540 億ドルであった。1 位米国 3,369 億ドル（シェア 24.9%），2 位香港 1,427 億ドル（同 10.5%），3 位中国 1,160 億ドル（同 8.6%），4 位日本 1,136 億ドル（同 8.4%），5 位ドイツ 1,122 億ドル（同 8.2%），6 位ロシア 564 億ドル（同 4.2%），7 位カナダ 526 億ドル（同 3.9%），8 位フランス 428 億ドル（同 3.2%），9 位オランダ 408 億ドル（同 3.0%），10 位シンガポール 406 億ドル（同 3.0%）。

図 3　世界の主要タックスヘイブン

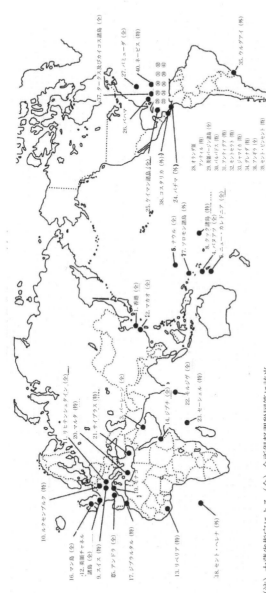

37. タークス及びカイコス諸島（全）
27. バミューダ（全）
40. ネービス（特）
26. バハマ
25. ケイマン諸島（全）
38. コスタリカ（外）
24. パナマ（外）
28. オランダ領
　アンティル（特）
29. 英領バージン諸島（全）
30. バルバドス（特）
31. アンティグア（特）
32. モントセラト（特）
33. ジャマイカ（特）
34. アルバ（特）
36. アネギラ（全）
39. セント・ビンセント（特）
41. アルバ（特）
5. ナウル（全）
17. ソロモン諸島（外）
8. クック諸島（特）
6. バヌアツ（特）
7. ニュー・カレドニア（全）
35. ウルグアイ（外）
4. 香港（全）
12. マカオ（全）
3. バーレーン（全）
14. リベリア（全）
22. モンゴル（特）
23. セーシェル（特）
11. リヒテンシュタイン（全）
20. マルタ（特）
21. キプロス（特）
10. ルクセンブルク（特）
16. マン島（特）
2. 英領チャネル諸島（全）
9. スイス（全）
15. アンドラ（特）
17. ジブラルタル（特）
19. モナコ
1. リベリア（外）
18. セント・ヘレナ（外）

（注）大蔵省指定による（全）全所得軽課税国等に該当。
　　　　　　　　　　　　（外）国外所得課税国等に該当。
　　　　　　　　　　　　（特）特定事業所得課税国等に該当。

（出所）犬飼貴博『タックスヘイブン活用の実際』日本実業出版社、1987 年。
〔引用文献〕中村雅秀『多国籍企業と国際税制』東洋経済新報社、1995 年、136 頁。

6. タックス・ヘイブン(図3参照)

　タックス・ヘイブンについて米国の内国歳入庁 (IRS) は「秘密主義を促進し，アームス・レングスでない取引に保護を与える国」と定義している。

　1977年 IRS は，典型的なタックス・ヘイブンを5つに分類した。1) 実質的には無税または完全な免税を認める国・地域。バハマ，バミューダ，ケイマン諸島およびニューヘブリデスが該当。2) 税公課はあるが極めて低率な国・地域。スイス，英領バージン諸島，ジブラルタル等。3) 国内源泉所得には税公課があるが外国源泉所得には免税が認められている場合。香港，リベリア，パナマ等。4) 持株会社等特定の企業に税誘因あるいはその他の特典を認めるもの。ルクセンブルク，オランダ領アンチルス等。5) 特定の活動にのみ免税或いは他の特典を認めるもの。シャノン自由港，アイルランド等。

　タックス・ヘイブン・カンパニーは (1) 投資会社，(2) 持株会社，(3) 自家保険会社，(4) 無体財産権保有会社，(5) 海運会社設立と船籍移転に分けられる。(1)は多国籍企業傘下各社の余剰資金を集中し，証券投資を行うためのもの。(2)は持株会社を当地に設立し，各子会社から受け取る配当を留保して本国における課税を回避するもの。スイス，ルクセンブルク等がある。(3) は低税率国に自家保険会社を設立し，親会社が当該自家保険会社に保険料を支払う形を採って課税所得を高税率国で減額し，低税率国への移転を図る。バミューダが該当する。(4)は低税率国に設立した会社に特許その他の無体財産権を集中保有させて，ロイヤルティを留保させる。(5) は低税率国に海運会社を設立し，同時に船籍を当該会社設立国に移転するもの。

　日本では，内国法人がタックス・ヘイブンに名目だけの子会社等を置いてこれに利益を留保させている場合，一定の要件の下にその外国子会社等の留保所得をその親会社である内国法人の所得に合算して課税する。その外国子会社等に課された外国法人税がある時は，その内国法人でみなし外国税額控除の適用が認められている。この合算課税5年以内にその外国子会社が利益配当等をした場合には，課税済みのみ未処分所得のうちその配当等に対応する部分の金額を損金算入で調整できる。

(引用文献)

1.　小林威「ミード報告」『財政学を築いた人々——資本主義の歩みと財政・租税思想』ぎょうせい, 1983 年。

2.　櫻井雅夫『新国際投資法』有信堂, 2000 年。

3.　高橋元監修『タックス・ヘイブン対策税制の解説』清文社, 1979 年。

4.　中村雅秀『多国籍企業と国際税制』東洋経済新報社, 1995 年。

5.　ノーベル賞人名事典編集委員会編『ノーベル賞受賞者業績事典 (新訂版)』日外アソシエート, 2003 年。

6.　M. ハートマッカーテイ, 田中浩子訳『現代経済思想』日経 BP 社, 2002 年。

7.　ミード, 北野熊喜男他訳『経済学入門　分析と政策』東洋経済新報社, 1952 年。

8.　ミード, 山田勇監訳『経済成長の理論』ダイヤモンド社, 1964 年。

9.　ミード, 大和瀬達二他訳『経済学原理 1, 2 ~ 1966 年。

10.　ミード, 渡部経彦他訳『理性的急進主義者の経済政策』岩波書店, 1977 年。

11.　ミード『直接税の構造と改正 ~ (通称ミード報告), 1978 年。

12.　ミード, 柴田裕他訳『公正な経済』ダイヤモンド社, 1980 年。

13.　J. E. Meade, "Exchange-Rate Policy, " in *Readings in Money, National Income and Stabilization Policy*, Warren L. Smith et al., eds., Homewood (Ⅲ) : Richard D. Irwin, 1970.

14.　J. E. Meade, "The International Money Mechanism, " *Reading in Macroeconomics*, M. G. Mueller, ed., NY: Holt Rinechart & Winston, 1966.

15.『ジェトロ貿易投資白書 2015 年版』2015 年。

16.『ジェトロ貿易投資白書 2004 年版』2004 年。

17.『ジェトロ貿易投資白書 2002 年版』2002 年。

第2節　オリーンの貿易理論と日本の貿易

　ベルティル・オリーン（1899.4.23-1979.8.3）は1899年4月23日，スウェーデン，クリパンに生まれ，16歳でルンド大学に入学，数学，統計学，経済学を学び，1919年ストックホルム商科大学を卒業，ハーバード大学留学後1924年，ストックホルム商科大学で博士号取得。同年コペンハーゲン大学教授，29年，ストックホルム商科大学教授に就任。また，38年から70年までは国会議員も勤め，44-45年商務大臣，44-67年，野党自由党総裁，55-70年まで，北欧理事会スウェーデン代表，56-65年同主席代表を務める。77年国際貿易，国際資本移動の理論的研究により，E.ミードと共にノーベル経済学賞受賞。79年8月3日，ストックホルムで逝去。享年80歳。

　オリーンは29年『賠償問題一論考』で第一次世界大戦の賠償問題について分析，ドイツに課せられた賠償について，ドイツの負担が重すぎるとするケインズと対立，一大論争を起こした。この論争は近代の一国主義的な国際収支に関する理論を考える上で重要なものとして評価されている。1933年，オリーンは "Interregional and International Trade"（『地域貿易と国際貿易』）を発表。この作品の中でオリーンは，オリーンと師であり，リカードの比較優位説を徹底的に検証したヘクシャーの博士論文を継承し，国際取引に関する経済理論を構築した。この理論は貿易理論に関する標準的モデルとして使用される国際分業のパターンの決定に関する定理であり，ヘクシャー＝オリーンの定理として知られている。オリーンは多数市場の存在を仮定し，各国国内での生産要素の移動を考慮した，相互依存価格理論を一般均衡分析の手法を用いて展開した。

1.　ヘクシャー・オリーン・サミュエルソンの定理

　自由貿易が行われると，生産要素の自由な移動が行われるときと同様な，賃金，地代，利潤など生産要素の価格の均等化が生じるという命題。ヘクシャーの1919年の論文をもとに，オリーンが1933年に発表した見解が，のちにラー

ナー，サミュエルソンらによって定式化され，証明された（長谷田彰彦『完全体系　経済学辞典』富士書店 1994 年，240 頁）。相対的に豊富な生産要素を用いる商品を輸出し，逆に希少な生産要素のそれを輸入する（ヘクシャー・オリーンの定理）。

　このヘクシャー・オリーン・モデルのその後の主要な展開は以下のとおりである。

　リプチンスキーの定理：生産要素価格を一定として，生産要素量が変化した時の生産の変化を表したものである。労働力が増加すると資本集約財の生産は増加するが労働集約財の生産は減少する。

　ストルパー・サミュエルソンの定理：逆に，財の価格が変化した時の生産の変化を表したものである。労働集約財の価格が上昇すると労働力の相対的価格は上昇し，資本集約財の価格が上昇すると資本の相対的価格は上昇する。

　このようにして，市場価格と財の生産を取り扱うミクロ経済学は，一国の問題だけでなく，二国間の問題にも有効であることをオリーンたちは示したのである（依田高典『改訂現代経済学』）。

2.　為替理論

(1) 価格弾力性と貿易収支

　貿易収支が為替レート切下げにより改善される可能性は，輸出入需要曲線の傾きが緩やかであるほど大きくなる。つまり輸出入財への需要の価格弾力性（価格が 1% 変化した時に需要量が何 % 変化するかを示す無名数）が比較的高いとき，輸出入量の切下げに対する反応は大きくなり，貿易収支の赤字は縮小（黒字は増大）する傾向にある。逆に，輸出入財への需要の価格弾力性が比較的低ければ，輸出入量の切下げに対する反応は小さくなり，貿易収支の赤字が増大（黒字は縮小）する可能性が強まる。

　1）弾力性アプローチ（輸出入の関係に着目した弾力性アプローチ）：為替レートの変化が貿易収支に与える影響についてのもっとも伝統的アプローチであり，輸出入需要の価格弾力性に基づく。ひとつの貿易財の生産に特化する日本（自

国）と米国（外国）からなる世界を想定し，自国財の価格（P_X）は円建て，外国財の価格（$P_m{}^*$）はドル建てで固定する。この仮定は両国の供給の価格弾力性が無限大であり，供給量は需要のみにより決定されるとする。自国の貿易収支（J）は自国財の輸出量を X，外国財の輸入量を M とし，

　　J ＝ $P_X{}^*$X－$P_m{}^*$M……（1-1），但し上付添字 * は価格がドル建てを示し，自国財のドル建て価格は先の仮定から，

　　$P_X{}^*$ ＝ （P_X/E）……（1-2），ここで E は名目為替レート（ドルの円価格）であり，E の上昇は円の切下げ（減価）を意味する。（1-1）は，日本の貿易収支をドル建ての輸出額からドル建ての輸入額を控除したもの。自国財の輸出は，外国での自国財への需要で決まるとする。

　　X ＝ X〔（P_X/E），……〕……（1-3），ここで〔　〕内の……は，所得水準等自国財価格以外の要因を指すが，それらはみな一定とする。（1-3）式は，自国財の輸出需要がそのドル建て価格の負の関数である。したがって自国財の円建て価格が一定であるとき，円切下げ（E の上昇）は，そのドル建て価格の下落により，日本からの輸出が増大する。ドル建て価格を縦幅，輸出量を横幅にしたグラフでは，この輸出需要曲線は右下がり，次に価格弾力性が無限大であるという仮定により，輸出供給曲線は水平に描かれる。したがって，円切下げは自国財をより低いドル価格で無制限に購入できるので，供給曲線は下方移動する。

　一方，自国の輸入は外国財への需要により決定する。

　　M ＝ M〔（E・$P_m{}^*$），……〕……（1-4），ここで（1-3）式と同様に価格以外の要因は一定と置く。（1-4）式は，外国財の輸入需要がその円建て価格の負の関数。したがって，外国財のドル建て価格が一定であるとき，円切下げは，その円建て価格を上げて，外国財の輸入を減少させる。ドル建て価格を縦軸，輸入量を横軸にしたグラフではこの輸入需要曲線は右下がりで，円切下げはその下方に移動させる。なおドル建て価格を縦軸とした場合，輸入の供給曲線は水平となり，ドル価格が固定されている限り為替レートの変化にしても移動はしない。

　2）マーシャル＝ラーナー条件：先の例では，貿易財価格は生産国通貨で固定される（供給の価格弾力性は無限大）という仮定での，切下げで貿易収支が改善する必要な弾力性の条件を「マーシャル＝ラーナー条件」とする。仮定が限定的なため，マ条件がそのまま現実に適用するとは考えられないが，為替レートと貿易収支との関係を考慮する際，基本的枠組みとして有益な概念である。

　(1-1) 式に (1-2) 式を代入し，その全微分を取ると，次の式が導出される。

$$dJ = (P_X/E)\, dX - P_m^*dM - (P_X X/E^2)\, dE \cdots\cdots (1\text{-}5)$$

ここで輸出需要の価格弾力性を ε_x〔$\equiv -(dlnX/dlnPX^*) > 0$〕，輸入需要の価格弾力性を ε_m〔$\equiv -(dlnM/dlnP_m) > 0$〕と置くと，(1-5) 式は次のようになる。

$$dJ = 〔P_x^*X\,(\varepsilon_x - 1) + P_m^*M\varepsilon_m〕\, dlnE \cdots\cdots (1\text{-}6)$$

ここで当初の貿易収支をゼロ（$P_x^*X = P_m^*M$）と置くと，為替レート切下げにより，貿易収支が正の変化をする条件は，

$$(dJ/dlnE) = (\varepsilon_x + \varepsilon_m - 1) > 0 \quad 或いは \quad \varepsilon_x + \varepsilon_m > 1 \cdots\cdots (1\text{-}7)$$

即ち，輸出と輸入の価格弾力性の和が 1 より大きい場合は，為替レートの切下げが貿易収支を改善へ導く。弾力性アプローチの応用として J カーヴ効果がある。

　3）アソープション・アプローチ：貯蓄・投資の関係に着目した分析手法で，1950 年代にシドニー・アレクサンダーを中心とする IMF のエコノミスト達により提唱された。貿易収支（あるいは経常収支）は国内生産と国内消費の差に等しいという事実に着目したことによる。アソープション (A) とは，民間消費，民間投資そして政府支出という国民所得 (Y) の 3 要素を集合した概念。$Y = A + B$ ……(1-8)，但し，$B = (\equiv E - M)$。E, M は輸出量と輸入量の名目値。B はサーヴィス貿易や要素受取・支払を考慮すれば，貿易収支とも経常収支とも解釈できる。

　(1-8) を転換すると，$B = Y - A$ …… (1-9)，(1-9) 式は，貿易収支が国内生産と国内消費の差額を示している。したがって，貿易収支の赤字は A が Y を凌駕しているから生じるので，A を減じるか Y を増加させればよい。伝統的ケインズ経済学では，前者を「支出削減政策」，後者を「支出切り替え政策（需要を

外国財から自国財へ転換する）」と呼ぶ。しかし完全雇用の世界ではYを政策により増加できないので，貿易収支の調整は主としてAの動向如何による。

　では切下げの効果はどうか。（1）切下げは一般的に交易条件を悪化させ，国民の実質所得を減らし，消費を抑制する。（2）切下げは物価水準を上げ，通貨や債券といった名目資産の実質価値を下げる資産効果を通じて，消費を抑制する。一部の実証研究では資産効果が微々たるものなので，切下げによる消費抑制現象の貿易収支改善効果は，限定的かつ一時的である。

3.　為替レートの決定要因

　1）購買力平価説：長期的な均衡為替レートは内外通貨の一般的購買力の比率によるとする説。20世紀初頭，スウェーデンの経済学者グスタフ・カッセルによって提唱された。長期的な均衡為替レートは内外通貨の一般的購買力の比率によって決定される。通貨の一般的購買力は一般物価水準の逆数であるから，日本と米国の一般物価水準を各自 p，p*，為替レートを e（1ドル＝e円）とすれば，均衡レートは e ＝ p/p* となる。相対的に物価上昇率の低い（高い）国の通貨の相対価値は上昇（下落）することになる。

　2）アセット・アプローチ：中・短期均衡為替レートは内外の金融資産の選択（金利差・為替レート）とする。近年の国際的資本取引の活発化を反映して，内外金融資産の選択が為替レートを決定するというのがこの理論である。

4.　クローサーの国際収支の発展段階説

　体制転換において重要なのが為替の信用である。為替は国家の経済力を示し，他国からの信用を反映する。国家の発展段階にそった分析をクローサーが行っている。彼によれば発展段階は，第1段階：未成熟の債務国，第2段階：成熟債務国，第3段階：債務返済国，第4段階：未成熟の債権国，第5段階：成熟した債権国，第6段階：債権取崩し国に分けられる。

　第1段階「未成熟の債務国」は，経済発展の初期段階で，開発に必要な投資財は輸入により調達され，国内貯蓄は充分とはいえないので，必要な資本は海

表 2　国際収支の発展段階－イギリス、アメリカ、西ドイツ、日本

発展段階	財・サービス収支 収支	投資収益 収支	経常収支	長期資本収支 収支	戦前(上段)戦後(下段)	イギリス 期間(年)	イギリス 経常収支/名目GNP	アメリカ 期間(年)	アメリカ 経常収支/名目GNP	西ドイツ 期間(年)	西ドイツ 経常収支/名目GNP	日本 期間(年)	日本 経常収支/名目GNP
I．未成熟の債務国	－	－	－	＋	前							(1868-1880)	－
II．成熟した債務国	＋	－－	－	＋	前			(1871-1890)	(▲0.6)			(1881-1914)	－
					後							1955-1964	▲0.2
III．債務返済国	＋＋	－	＋	－	前	(1851-1890)	(3.8)	(1891-1910)	(0.7)			(1914-1920)	(7.2)
					後							1965-1969	0.8
IV．未成熟の債権国	＋	＋	＋＋	－－	前	(1891-1925)	(3.4)	(1910-1940)	(2.4)				
					後			1946-1970	0.6	1951-1970	1.3		
V．成熟した債権国	－	＋＋	＋	－	前								
					後	1948-1982	0.3	1971-1981	0.4	1971-1982	0.5	1970-1983	0.7
VI．債権取崩し国	－－	＋	－	＋	前	(1926-1944)	(-2.6)						
					後								

(出所) 経済企画庁『昭和59年度　経済白書』。
〔引用文献〕小峰隆夫『最新日本経済入門 (第2版)』日本評論社、2003年、193頁。

外に仰ぐことになる。したがって経常収支は赤字，長期資本は流入超過となる。第2段階「成熟した債務国」は，輸出産業の発達に連れて財貨サーヴィス収支は黒字化するが，過去の債務の利子返済が続く為，経常収支は赤字が続く。第3段階「債務返済国」は，輸出がさらに拡大し経常収支は黒字化するが，それまで累積していた対外債務を返済し始めるため，長期資本は流出超過となる。第5段階「成熟した債権国」は，依然として投資収益は黒字であるが，貿易収支は輸出産業が発達してくるに連れて財貨・サーヴィス収支は黒字化する一方，過去の債務の利子支払いが継続する為経常収支は赤字が続く。第6段階「債権取崩し国」は，財貨・サーヴィス収支は遂に赤字化するが，過去に累積した債権の存在により投資収益は黒字であり，経常収支も黒字である。

5. 相互需要の原理

　二国間の貿易の交易条件は，相互に相手の輸出品に対する輸入需要が均等する点で定まるという，ミル，マーシャルの理論。

　ミルは，リカードの比較生産費説を批判し，「国際交易の条件は国際需要の方程式に依存するとし，交易条件そのものの決定は二国間の相互需要に依存するという現代貿易論の原型を提出した。相互需要の原理は交易条件の決定論であり，国際価値論と呼ばれている。

（引用文献）

1.　高木信二『世界経済の政治学』同文舘，1991 年。
2.　小峰隆夫『日本の経済発展（第 3 版）』東洋経済新報社，2002 年。
3.　西川俊作『日本経済読本（第 16 版）』東洋経済新報社，2004 年。
4.　長谷田彰彦『経済統計で見る世界経済 2000 年史』柏書房，2004 年。
5.　トーマス・カリアー，小坂恵理訳『ノーベル経済学賞の 40 年（上・下）』筑摩書房，2012 年。

第 3 節　マンデルのオープン経済論とユーロシステム

　今日，国際貿易を積極的に行ってる経済のことをオープン経済というが，このオープン経済に深く関わる学者がロバート・A・マンデルである。彼は1932 年カナダのオンタリオ州生れ。1956 年 MIT（マサチューセッツ工科大学）で博士号をとり，シカゴ大学などで教鞭をとった。1999 年ノーベル経済学賞を受賞。彼の功績は，(1) ヒックスの IS=LM 分析をオープン経済体系に適用し，為替制度の相違ならびに資本取引規制の有無によって金融政策と財政政策の効果が異なることを示したことと，(2) ある特定の各国が独自の通貨や金融政策を放棄して共通通貨を保有するのが適している経済条件を明示したことである。(2) の理論は欧州通貨制度における通貨統合の妥当性を判断する基準として適用され，「最適通貨圏理論」と呼ばれている。

1.　マンデル＝フレミング・モデル

　マンデル＝フレミング・モデルは，輸出や輸入が盛んなオープン経済における IS=LM 分析の適用であることはすでに述べたとおりである。基本的なマンデル＝フレミング・モデルは，自国の経済規模がマクロ経済全体に影響を与えないという理由により，価格が硬直的な短期，資本移動が完全に自由な状態，外国金利や外国の財価格を所与とする小国の開放経済を仮定する。資本移動は自国と外国の金利格差の変化に反応して変動し，貿易収支の動向は自国と外国の相対価格の変化に依存すると想定する。

　国際取引は，為替の変動相場制・固定相場制により状況が大幅に変化する。各国間の通貨交換比率を固定する固定相場制では自国通貨と外国通貨のバランスは中央銀行の通貨交換によって行われるが，変動相場制では外国為替市場における交換比率の変化によって行われる。つまり，中央銀行は，固定相場制では自国通貨のバランスを維持するための外貨を必要に応じて売り買いするが，変動相場制では，売り買いはない。

　固定相場での金融政策をみてみよう。中央銀行が公開市場操作を通じて貨幣供給を増やすと国内利子が低下して資本が海外へ流出する。外国通貨への需要が高まると自国通貨の金利切り下げ圧力が生じ，中央銀行は自国通貨と交換に外貨準備を取り崩して市場へ放出する。こうして外貨準備が減少する結果，国内で流通する自国通貨残高が減少し，貨幣供給はもとの水準まで減少する。結局，国内所得は元の状態に戻り，金融政策は経済調整手段として無効であることがわかる。

　次に固定相場での財政政策をみる。中央政府が財政支出を増加させると，財・サーヴィスに対する総需要が高まり，貨幣需要が増加し国内金利が上昇する。国内金利の上昇は外国との金利格差を生み，国外資本が国内に流入する。外国通貨に比べて自国通貨への需要が高まり，金利切り上げ圧力が生じる。こうした圧力を抑制して固定平価を維持する為に，中央銀行は外国通貨と交換に自国通貨を市場に放出する。これにより市場に出回る自国通貨の流通残高が増加し，貨幣供給が増えることで国内所得は上昇し国内金利は元の水準に戻る。財政政策は有効であることがわかる。

　今度は変動相場での金融政策をみてみよう。資本が海外に流出すると自国通貨の為替レートは減価する。この結果，純輸出が拡大するので，純需要が増えて国民所得は増加することになる。変動相場制の場合には中銀は外国為替市場に介入しないので，外貨準備を取り崩す必要がないことから，貨幣供給は減少しない。したがって金融政策は有効となる。

　次に変動相場での財政政策をみる。国際資本が流入することで自国通貨の為替レートは増価する。この結果，純輸出が低下して財・サーヴィスに対する総需要が低下するので国民所得は元の水準に戻ってしまい，財政政策は有効に機能しない。

　このようにマンデル＝フレミング理論は固定相場制と変動相場制では，正反対の結果となる。

2. 最適通貨圏理論

　ある特定の各国が独自の通貨や金融政策を放棄して共通通貨を保有するのが適している経済条件を明示し，欧州通貨制度における通貨統合の妥当性を判断する基準として適用された「最適通貨圏理論」が成立する条件として，マンデルは，貿易の取引費用が低いこと，相対価格に関する不確実性が低いことを挙げている（白井早由里「時代を先取りした天才的資質」『経済セミナー』1999年12月号（No.539），40-41頁）。

　また，EUの単一通貨ユーロは，最適通貨圏理論の実践の場でもある。最適通貨理論は，ロバート・マンデルの有名な理論であるが，賃金の伸縮性と労働の自由な移動が前提となっている。しかしながら，EU域内では，この2つの条件は，国家の主権がからむ問題でもあり，必ずしも満たされていないのが現状である（木村武雄『EUと社会システム』創成社，2008年，126頁）。

表3　国内不均衡と国際収支不均衡の組合せと財政・金融政策の政策混合

	需要不足 （デフレ） $D < Z$	供給不足 （インフレ） $D > Z$
国際収支黒字	(1) 内需拡大 財政支出拡大 （減税） 金融緩和政策	(2) 財政支出抑制（増税黒字） 金融緩和政策 （貨幣供給増加， 利子率引下げ）
国際収支赤字	(3) 財政支出拡大 （減税赤字） 金融引締め政策 （貨幣供給抑制，利子率引上げ）	(4) 内需抑制 財政支出抑制 （増税） 金融引締め政策

　D：総需要

　Z：総供給能力

（出所）丸尾直美『入門経済政策（改訂版）』，498頁。

3. ポリシー・ミックス・モデル(図4, 表3参照)

　変動相場制における金融政策では，国際収支を均衡させる政策は国内均衡と経済の均衡成長にとって好ましい場合もあるが，そうでない場合もあり，そのときは金融政策と財政政策を合わせた政策をとることがある。これをポリシー・ミックスという。マンデルはこのジレンマを解決する策としてマンデルのポリシー・ミックス・モデル（図4）を提案した。横軸に金融政策を代表するものとして利子率をとり，縦軸に財政政策を代表するものとして財政支出抑制と増税による財政黒字の程度をとっている（丸尾直美『入門経済政策』(改訂版) 中央経済社，1993 年）。

図4　国内均衡と国際収支不均衡の同時達成の為の財政政策と金融政策の政策混合

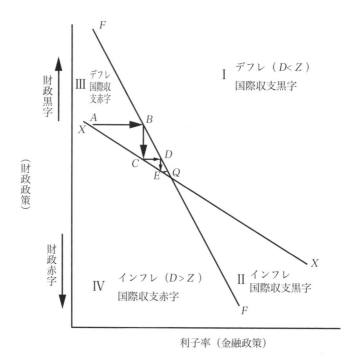

（出所）丸尾直美，前掲書，499 頁。

　図 4 で,たとえば,ある国の状態が A 点 (デフレで国際収支赤字) にあるとする。その時は,国際収支の赤字に対して,利子率の引き上げを行い,デフレ対策に財政黒字減少を行う為,減税と財政支出を拡大させ,矢印の方向に進み,国内・国際均衡点の Q 点へ向かうことが提示される。

4.　貿易の利益と各種貿易政策

　ミクロ的分析にはいり,小国の貿易の利益をみてみよう。ここで言う小国は輸入量が少なく,世界価格に影響を与えないケースである。図 2 において,S, D は各自国内の供給曲線, 国内の需要曲線。P^*, P_w は各自国内の均衡価格と世界価格。A は国内の均衡点, B は世界価格と国内の供給曲線の均衡点, C は世界価格と国内の需要曲線の均衡点。P_1, P_2 は各自国内の需要曲線と国内の供給曲線の切片を示す。その際, 貿易が無い場合の消費者余剰と生産者余剰の合計は, 三角形 P_1AP_2。貿易が行われ, 各種の貿易政策がないなら, 販売価格は世界価格で, 消費者余剰と生産者余剰の合計は三角形 ABC だけ増加する。次に各種の貿易政策の事例研究を示す。

(1)　関　税 (図 5 参照)

　図 5 において, 世界価格 P_w に P^*-P_w だけの関税を賦課すると, 市場価格は P^* となり, 輸入を完全に排除できる。また, T だけ関税をかけると, この財の

図 5　貿易の利益

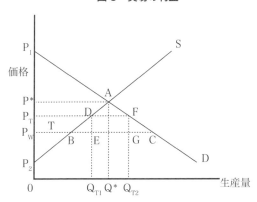

価格は P_T になり，国内生産量は Q_{T1} となる。無関税の場合と比べて，生産者余剰は四角形 $P_T P_W BD$ だけ増加。関税収入は四角形 DEFG。消費者余剰は四角形 $P_T P_W CF$ だけ減少し，総余剰は三角形 BDE 及び三角形 CFG を合わせた分だけ減少する。

(2)　輸入割当

$Q_{T2} - Q_{T1}$ だけ輸入割当する場合を想定する。この際，国内価格は関税 T を賦課した場合と同じ価格 P_T となる。結局，関税と輸入割当は同じ効果。但し，関税の場合による収入は政府収入となるが，輸入割当の場合，業者に入る。

(3)　輸出税（図6参照）

図6は図5と同じ国内の需給バランスを設定する。貿易がない場合の国内

図6　輸出税

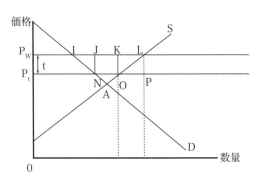

図7　輸出補助金

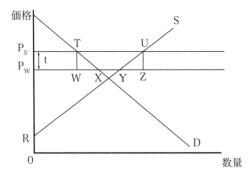

均衡点は A である。国際価格 P_W が企業の販売価格。この時輸出量は IL。国内の人は高い価格で購入せざるを得ない。今，t だけの輸出税を課すと，企業の販売価格は国際価格 P_W より t だけ低い価格 P_T で販売。この時輸出量は OP だけ減少。四角形 JKNO は輸出税収。消費者余剰は四角形 $P_t P_W NI$ だけ増加で，生産者余剰は四角形 $P_T P_W LO$ だけ減少。結局，三角形 IJN＋三角形 KLO の分だけ総余剰の減少がある。OP に相当するだけの輸出数量制限した時の効果は輸出税の場合と同じ。輸出量は NO に減少するが，四角形 JKNO の分が業者の収入となる。

(4) 輸出補助金（図 7 参照）

図 7 は図 5 と同じ国内の需給バランスを設定する。今，輸出補助金付与後の世界価格を P_S とし，t だけの輸出補助金を与えるとする。国際価格は P_W となる。輸出補助金がない場合の国内価格は世界価格と同水準。国内需要量は $P_W X$，輸出量は XY。輸出補助金後の国内需要量は $P_S T$ に減少するが，輸出量は TU に増加。補助金総額は四角形 TUWZ になる。消費者余剰は四角形 $P_S P_W TX$ だけ減少。生産者余剰は四角形 $P_S P_W UY$ だけ増加する。しかし，TUWZ の補助金の分を考慮すると，三角形 TXW＋三角形 UYZ の分だけ総余剰は減少する。結局，この政策は消費者の犠牲で生産者に利益を付与する政策である。

5. ユーロ・システム

(1) 単一通貨統合条件

欧州連合のユーロ・システムは 1999 年 1 月に 11 ヵ国で導入された。マーストリヒト条約が定める単一通貨への参加条件は次の 5 つである。

①インフレ率の安定＝過去 12 ヵ月間の消費者物価上昇率（前年同月比）の平均で，最もよい実績を残した 3 ヵ国の水準を 1.5％以上上回らない。

②政府財政借入の持続性＝一時的，例外的な環境を除き，一般政府財政赤字（GDP 比）を 3％以下にするか，或いは 3％に近づける。

③公的債務の規模＝一般政府債務(GDP 比)が 60％を上回らないようにする。比率が充分に減少しているか，満足すべきペースで基準に近づいている場

合は 60% 以上であっても容認する。

④為替レートの安定＝最低 2 年間，通貨が ERM（為替相場メカニズム）の為替変動帯の中を正常に機能し，他の加盟国通貨に対して切下げをしていない。

⑤金利の安定＝政府長期債（10 年物）利回りがインフレ率で最も実績をあげた 3 ヵ国の水準を 2% 以上上回らない。

（マーストリヒト条約第 109J 条及び付属文書）

(2) ＥＵ通貨統合の主要基準の達成度（ＥＵ加盟国と欧州協定締結国）

次に 1999 年導入の通貨統合の主要基準の達成度合いの各国別一覧表を掲げる。

表 4　EU 通貨統合の主要基準の達成度（EU 加盟国と欧州協定締結国）

(1)EU 諸国	①インフレ率(%)CPI	②財政支出(GDP の-3% 以内)			③長期債務(GDP の60% 以内)			④為替レート,ERM参加の是非	⑤長期金利,98 年1月,政府長期債券利回り (%)
	1998年1月	1995 年	1996 年	1997 年	1995 年	1996 年	1997 年		
ドイツ	1.4	-3.5	-3.8	-2.7	58.1	60.3	61.3	YES	5.6
フランス	1.2	-5.0	-4.1	-3.0	52.9	56.3	58.8	YES	5.5
イタリア	1.8	-7.1	-6.8	-2.7	124.9	123.0	121.6	YES	6.7
イギリス	1.8	-5.6	-4.4	-1.9	47.3	49.3	53.4	NO	7.0
スペイン	1.8	-6.6	-4.4	-2.6	65.3	69.5	68.8	YES	6.3
オランダ	1.8	-4.0	-2.3	-1.4	79.7	78.8	72.1	YES	5.5
ベルギー	1.4	-4.1	-3.4	-2.1	133.5	130.0	122.2	YES	5.7
スウェーデン	1.9	-7.9	-2.5	-0.8	78.2	78.6	76.6	NO	6.5
オーストリア	1.1	-5.3	-3.9	-2.5	69.3	69.8	66.1	YES	5.6
デンマーク	1.9	-1.9	-1.6	0.7	72.2	69.9	65.1	YES	6.2
フィンランド	1.3	-5.2	-2.6	-0.9	58.5	58.0	55.8	YES	5.9
ギリシャ	5.2	-9.2	-7.6	-4.0	111.8	110.7	108.7	YES	9.8
ポルトガル	1.8	-4.9	-4.0	-2.5	71.7	70.8	62.0	YES	6.2
アイルランド	1.2	-2.4	-1.0	0.9	84.8	76.4	66.3	YES	6.2
ルクセンブルク	1.4	0.1	-0.1	1.7	5.4	5.9	6.7	YES	5.6
EU 平均	1.6	-5.2	-4.4	-2.4	72.1	73.2	72.1		6.1
目標値	2.7	-3.0	-3.0	-3.0	60.0	60.0	60.0		7.8

備考：下線部は基準値達成。
（出所）IMF, World Economic Outlook May 1997, p.27 及び欧州委員会。
〔引用文献〕木村武雄「EU の東方拡大」『富士論叢』43 巻2 号19 頁。

(引用文献)

1. 丸尾直美『入門経済政策改訂版』中央経済社，1993 年。

2. 木村武雄『経済体制と経済政策』創成社，1998 年。

3. 白井早由里「時代を先取りした天才資質」『経済セミナー 』(No.539) 1999 年 12 月号，40-41 頁。

4. ロバート・A・マンデル，渡辺太郎，箱木侃澄，井川一宏訳『新版国際経済学』ダイヤモンド社，2000 年 (Robert Mandell, *International Economics*, New York：Maemillian Company, 1968)。

5. ロバート・A・マンデル，竹村健一訳『マンデルの経済学入門』ダイヤモンド社，2000 年 (Robert A. Mandell, *Man and Economics*, New York：McGraw-Hill, 1968)。

6. ロバート・A・マンデル，柴田裕訳『新版マンデル貨幣理論』ダイヤモンド社，2000 年 (Robert A. Mandell, *Money Theory*, Pacific Palisades (CA)：Goodyear Publishing 1971)。

7. 酒井邦雄他著『経済政策入門第 2 版』成文堂，2011 年。

第4節　ヒックスと IS・LM 分析

　J. R. ヒックスは，1904 年 4 月 8 日，イングランド・ウォーリックシャーに生まれ，ブリストルのクリフトン・カレッジを経て 1922 年オックスフォード大学ベイリオール・カレッジに入学。1926 年同大学卒業後ロンドン大学講師となる。ここで経済理論を学び，L. ロビンスの指導のもと，1929 年から一般均衡理論の講義をするようになった。1930 年から，L. ロビンス，N. カルドア，A. ラーナー，F.A. ハイエク，らと共同研究を行い，このなかからのちの『価値と資本』につながるアイデアが芽生える。1935 年ケンブリッジ大学講師，38 年マンチェスター大学教授，46 年オックスフォード大学ナフィールド・カレッジ・フェローを経て，52 年同大学教授。64 年ナイト（爵位）授与。65 年同大学名誉教授。72 年経済の一般均衡論と福祉理論の発展への寄与によりノーベル賞受賞。89 年 5 月 20 日逝去。亨年 85 歳。

1.　IS・LM 理論

　ヒックスは労働経済学者として出発したが，32 年に『賃金の理論』を出版し，ここで限界生産力理論の適用，代替の弾力性など新しい概念を導入，1936 年オックスフォード大学で開催された計量経済学会でケインズ『雇用・利子および貨幣の一般理論』を IS・LM 理論を用いて説明し，ケインズ経済学の標準的解説を与えた。IS・LM 理論は投資 I（利子率の関数）と貯蓄 S（国民所得の関数）の均衡によって描かれる IS 曲線と，L（貨幣の需要量）と M（貨幣の供給量）の均衡によって描かれる LM 曲線から，その交点として利子率と国民所得の値を導出できることを示した理論。IS・LM 理論は，ケインズの考えと乖離しているという指摘もあり，このため厳密にケインズの理論を解釈しようとするポストケインジアンからは「ヒックスの理論」（IS-LM 理論）はケインズ経済学ではなくてヒックス経済学である」と指摘されている。なおヒックスは著書『価値と資本』（"Value and Capital", 1939）の中で，無差別曲線の理論やこれを用い

た効用最大化の理論，一般均衡の静学的安定性の条件，予想の弾力性概念による一般均衡理論の現代化と，補償変分，等価変分などの消費者余剰の概念の明確化による新厚生経済学の確立に尽力した。

　IS-LM 理論の概要は以下のとおり。

（財市場の均衡）（図 8）
1）利子率と投資の関係（第 2 象限）　　　　$I=I\ (r),\ I'\ (r) < 0$
2）貯蓄と国民所得の関係（第 4 象限）　　　$S=S\ (Y),\ S'\ (Y) > 0$
3）貯蓄と投資の関係（第 3 象限）　　　　　$I=S$
4）IS 曲線の導出（第 1 象限）
（金融市場の均衡）（図 9）
1）投機的動機の貨幣需要と利子率の関係（第 2 象限）
$$L_2=L_2\ (r),\ L_2'\ (r) < 0$$
2）取引的動機の貨幣需要と国民所得の関係（第 4 象限）
$$L_1=L_1\ (Y),\ L_1'\ (Y) > 0$$
3）貨幣量と取引的動機の貨幣需要及び投機的動機の貨幣需要の関係　（第 3 象限）
$$\bar{M}=L_1 + L_2$$
4）LM 曲線の導出（第 1 象限）

（金融市場と財市場の結合）
1）投資家の心理変化による投資増加　　→　　IS 曲線の右方シフト
2）貯蓄意欲の増大　　→　　IS 曲線の左方シフト
3）貨幣供給量の減少　　→　　LM 曲線の左方シフト
4）貨幣の流通速度の増加　　→　　LM 曲線の右方シフト

（引用文献）

1. Hicks, John Richard, *The Theory of Wages*, 1932, London : Macmillan.2nd edn, London : Macmillan, 1963 （内田忠義訳『新版・賃金の理論』東洋経済新報社，1965 年）

2. Hicks, John Richard, *Value and Capital : An Inquiry into Some Fundamental Principles of Economic Theory*, 1939, Oxford:Clarendon Press, 2nd ed., 1946 （安井琢磨・熊谷尚夫訳『価値と資本 1・Il』岩波書店，1951 年，改訂版，1965 年）

3. Hicks, John Richard, *The Social Framework*, 1942, Oxford:Clarendon Press, 4.ed., 1971 （酒井正三郎訳『経済の社会的構造』同文舘，1951 年）

4. Hicks, John Richard, *A Contribution to the Theory of the Trade Cycle*,

1950, Oxford:Clarendon Press（古谷弘訳『景気循環論』岩波書店，1951 年）

5. Hicks, John Richard, *A Revision of Demand Theory*, 1956, Oxford : Clarendon Press（早坂忠・村上泰亮訳『需要理論』岩波書店，1958 年）

6. Hicks, John Richard, *Essays in World Economics*, 1959, Oxford : Clarendon Press（大石泰彦訳『世界経済論』岩波書店，1964 年）

7. Hicks, John Richard, *Capital and Growth*, 1965, Oxford:Clarendon Press（安井琢磨・福岡正夫訳『資本と成長 1 . Ⅱ』岩波書店，1970 年）

8. Hicks, John Richard, *Critical Essays in Monetary Theory*, 1967, Oxford : Clarendon Press（江沢太一・鬼木甫訳『貨幣理論』オックスフォード大学出版局，1969; 東洋経済新報社，1972 年）

9. Hicks, John Richard, *A Theory of Economic History*, 1969, Oxford : Clarendon Press（新保博訳『経済史の理論』日本経済新聞社，1970）

10. Hicks John Richard, *Capital and Time:a neo・Austrian theory*, 1973, Oxford : ClarendonPress（根岸隆訳『資本と時間』東洋経済新報社，1974 年）

11. Hicks John Richard, *The Crisis in Keynesian Economics*, 1974, Oxford : Basil Blackwell（早坂忠訳『ケインズ経済学の危機』ダイヤモンド社，1977 年）

12. Hicks John Richard, *Economic Perspectives : Further Essays on Money and Growth*, 1977, Oxford : Clarendon Press（貝塚啓明訳『経済学の思考法』岩波書店，1985）

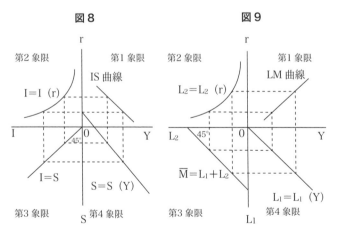

r：利子率，Y：国民所得，S：貯蓄，I：投資，L₁：取引動機の貨幣需要
L₂：投機的動機の貨幣需要，M：貨幣供給

第5節　クズネッツの近代経済成長論と日本

1.　クズネッツと経済成長理論

　ケインズ経済学が開拓したマクロ経済学分野において一国経済の分析や，経済成長，景気循環などの研究が発展した。この分野ではケインズやマルクスを批判的に検討し，独自の景気循環論を提唱したシュムペーターが著名であるが，本講で取り上げるクズネッツやレオンチェフら，ロシア・ソ連から亡命した経済学者の統計分野における貢献も大きい。S.S. クズネッツは 1901 年ロシアに生まれ，22 年米国へ移住。26 年コロンビア大学で博士号を取得（テーマは「景気循環」）。全米経済研究所研究員を経てペンシルヴァニア大学教授，ジョンズ・ホプキンズ大，ハーヴァード大教授を歴任し，71 年ハーヴァード大名誉教授。49 年米国統計学会会長，54 年米国経済学会会長。1971 年経済，社会構造と発展過程の研究に関する貢献に対してノーベル経済学賞が授与された。85 年7 月 9 日，マサチューセッツ州ケンブリッジの自宅で逝去。

　クズネッツの主要な業績や理論は次のとおりである。

　1）クズネッツの経済学における功績は国民総生産（GNP）の概念を確立したことにある。彼は経済成長や国民生産についての研究に専心し，1930 年，25 年周期でおこる景気循環「クズネッツ循環」を発見した。また「近代経済成長過程のなかでは，所得分布は初め不平等化し後に平等化に転ずる」（南亮進『日本の経済発展』東洋経済新報社，2002 年，278 頁）という「クズネッツの逆 U字型仮説」を提唱した。それによれば「初期の不平等化は，近代工業の成長によって農工間格差が拡大するためであり，後期の平等化は，農業労働の都市移住によって農工間格差が縮小し，しかも農業の比重が減少するため」（南，前掲書，278 頁）としている。また近代経済の特徴については（1）人口と 1 人当たり生産が共に急成長すること，（2）産業構造が急速に変化し，人口の都市化が生ずること，（3）以上の変化が一時的ではなく，長期に渡って持続すること，としている（南，前掲書，4 頁）。

2）主要著書として『国民所得と資本形成 1919–1935』(1937 年)，『所得と貯蓄における所得上位層の割合』(1953 年)，『近代経済成長の分析』(1966 年) などがある。

3）論争：ケインズの「1 人当たり所得の増加によって貯蓄率が上昇する」という考え（絶対所得仮説）に対しクズネッツは米国の貯蓄率は長期的にみて一定であるとして，批判した。

2.　クズネッツの経済成長分析と日本

　古いデータになるが，クズネッツが 1971 年に著した "Economic Growth of Nations : Total Output and Production Structure"（中山伊知郎他編『日本経済事典』講談社，110-113 頁）によって，近代化の開始時から 1967 年ころまでの先進国の経済成長率を見てみよう（表 5，6）。

　表 5 から，10 年当たり人口 1 人当たり生産物に着目すると（表の右端），経済成長率の低い国は豪, 和蘭, 英（10-12%）で, 高い国はスウェーデン, 日本（29-32%）, その他（14-23%）となる。10 年当たりの経済成長率 10%, 20%, 30% は，1 年当たり換算で 1 %, 1.8%, 2.7% となり，その差は 1.7% で，先進国間において大きな差はないといえる。

　人口の成長率（増加率，表 5 の右から 2 番目）に着目すると，米国, 豪州, 加州など，新たに「発見」された大陸の国々が著しく増加し，旧大陸（欧州）は停滞を示している。

　総生産 10 年当たりの経済成長率（表 5 の右から 3 番目）に着目すると，日本（48.3%），米国（42.4 %），加州（41.3%），豪州（36.4%）からベルギー（20.3%），英国（23.7%），仏（21.8%）と開きが明瞭になる。

　これら 3 部門の間に相関関係は見受けられないが，日本の成長率 48%（年当たり 4 %）に注目すると，明治期から戦前まで 1 年当たり成長率は約 4% であり，第 2 次世界大戦期に経済成長が止まり，それを挽回するために戦後高度成長 10% が実現されたので，総合的に明治期から 1967 年ころまでの経済成長をみると，この戦後の成長率 10% は戦前の 4% という経済成長へ回帰する

表 5 先進国の長期的成長率

	期間	年数	10 年当り成長率（%）		
			総生産物	人口	人口一人当り生産物
イギリス	1765-85 ～ 1963-67	180.5	23.7	10.1	12.4
フランス	1831-40 ～ 1963-66	128.5	21.8	3.2	18.1
ベルギー	1900-04 ～ 1963-67	63	0.3	5.3	14.3
オランダ	1860-70 ～ 1963-67	100.5	27.7	13.4	12.6
ドイツ	1850-59 ～ 1963-67	110.5	31.0	10.8	18.3
スイス	1910 ～ 1963-67	55	26.3	8.8	16.1
デンマーク	1865-69 ～ 1963-67	98	32.5	10.2	20.2
ノルウェー	1865-69 ～ 1963-67	98	31.4	8.3	21.3
スウェーデン	1861-69 ～ 1963-67	100	37.4	6.6	28.9
イタリア	1895-99 ～ 1963-67	68	31.4	6.9	22.9
日本	1874-79 ～ 1963-67	88.5	48.3	12.1	32.3
アメリカ	1834-43 ～ 1963-67	125.5	42.4	21.2	17.5
カナダ	1870-74 ～ 1963-67	93	41.3	19.0	18.7
オーストラリア	1861-69 ～ 1963-67	100.5	36.4	23.7	10.2

（出所）Kuznets, S., *Economic Growth of Nations : Total Output and Production Structure*, 1971.

図 10 アジアにおけるクズネッツの逆 U 字仮説

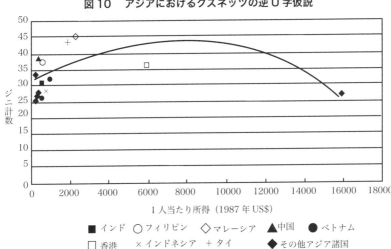

（出所）ジニ係数は世界銀行『世界開発報告』各年版より算出，1 人当たり所得は，World Bank, *World Tables, 1995.*

〔引用文献〕原洋之介『アジア経済論』31 頁。

（クズネッツの逆 U 字仮説）。

　なお，経済成長を近代以後と近代以前でみてみると，生産力が相対的に低い近代以前のデータは近代以後との比較には適用できないことはいうまでもない。

3. クズネッツの経済分析からみた経済成長格差

　近代経済成長の開始時期のデータについては表 6 を参照されたい。各国とも 200 ドルから 500 ドルと高水準から近代化が開始されたのに対し，日本の70 ドルは，今日の発展途上国の 100 ドルよりも低い水準だったといえる。

　次に表 7 から，近代経済成長の開始時に着目すると，1967 年当時，先進国と発展途上国（後進国）の所得格差は大きかった。当時発展途上国の平均所得を 100 ドルとすると先進国のそれは 1900 ドルで，19 倍になった。 その理由は，次のとおりである。

　戦後の経済成長率に限ってみると，先進国も発展途上国も 100 年にわたる長期的成長率に比べると著しく高く，また国民総成長率も先進国と発展途上国

表6　先進国の初期条件

	1965 年の人口一人当り生産物（ドル）	近代経済成長の開始時期（年）	近代経済成長の開始時期における人口一人当り生産物（1965 年のドル）
イギリス	1，870	1765-85	227
フランス	2，047	1831-40	242
ベルギー	1，835	1865	483
オランダ	1，609	1865	492
ドイツ	1，939	1850-59	302
スイス	2，354	1865	529
デンマーク	2，238	1865-69	370
ノルウェー	1，912	1865-69	287
スウェーデン	2，713	1861-69	215
イタリア	1，100	1895-99	271
日本	876	1874-79	74
アメリカ	3，580	1834-43	474
カナダ	2，507	1870-74	508
オーストラリア	2，023	1861-69	760

（出所）表 5 に同じ。

表 7　先進国と後進国の成長率

		絶対水準			年成長率（%）		
		1954-58	1959-63	1964-68	1954-58〜59-63	1959-63〜64-68	1954-58〜64-68
国内総生産	先進国	785	953	1229	3.9	5.2	4.6
（1963 年 10 億ドル）	後進国	151	190	238	4.7	4.6	4.7
人口（100 万人）	先進国	603	639	678	1.2	1.2	1.2
	後進国	1237	1391	1569	2.3	2.5	2.4
人口一人当り国内総生産	先進国	1301	1491	1812	2.8	4.1	3.4
（1963 年ドル）	後進国	121	136	152	2.3	2.1	2.2

（注）

1) 先進国に含まれる国：ヨーロッパの非共産国（キプロス，トルコを除く），カナダ，アメリカ，日本，オーストラリア，ニュージーランド，フィジー，イスラエル，南アフリカ。

2) 後進国に含まれる国：東アジア・東南アジアの非共産国（日本を除く），中東（イスラエルを除く），アフリカ（南アフリカを除く），ラテン・アメリカ（キューバを除く），その他のオセアニア。

（出所）Kuznets, S., "Problems in Comparing Recent Growth Rates for Developed and Less Developed Countries", *Economic Development and Cultural*, January 1972.

図 11　アジア諸国における投資率と経済成長率

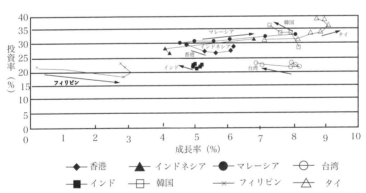

（出所）Asian Development Bank, *Key Indicators* より算出。1980 年より利用できる最新のものまで，基本的に 10 年間の平均値をプロットしている。

〔引用文献〕原洋之介編『アジア経済論』33 頁。

のあいだでそれほど差はない。

　人口成長率をみると，発展途上国のそれは極めて高く，これが人日1人当たり生産物の成長率を低くさせている原因となる。結果的に先進国と発展途上国の所得格差を拡大させたのである。ここから，1人っ子政策が正当化される。しかしながら，将来的には，大きな社会問題を引き起こした。1人っ子同士が結婚したなら，合計4人の親の老後を見なければならなくなるからである。また，若い人は将来の教育費を心配して，子供をもつことに悲観的になっている。未富先老（変得有銭之前先変老）（Getting old before being rich）の危惧の念を抱くようになった。

（引用文献）
1. クズネッツ，塩野谷祐一訳『近代経済成長の分析(上・下)』東洋経済新報社，1968年。[Simon Smith Kuznets, *Modern Economic Growth:Rate, Structure and Spead*, New Haven, Connecticut and London :Yale University Press, 1966.]
2. クズネッツ，西川俊作他訳『諸国民の経済成長総生産高及び生産構造』ダイヤモンド社，1977年。[S. S. Kuznetz, *Economic Growth of Nations : Total Out Put and Production Structure*, Cambridge, Massachusetts:Harvard University Press, 1971.]
3. 原洋之介編『アジア経済論』NTT出版，1999年。
4. 南亮進『日本の経済発展（第3版）』東洋経済新報社，2002年。
5. ノーベル賞人名事典編集委員会編『ノーベル賞受賞者業績事典（新訂版）』日外アソシエート，2003年。

第6節　ルイスの二重経済論と日本

　発展途上国経済について二重構造的発展モデルを提唱したウィリアム・アーサー・ルイスは，1915年，当時英国領であった西インド諸島セントルシア島で生まれ，29年セント・メリー・カレッジ卒業後，下級官吏となった。33年ロンドン大学入学後，同大学講師，博士号取得（40年，ロンドン大学）を経て，48年マンチェスター大学教授。59年西インド大学副総長，63年プリンストン大学ジェームズ・マディソン記念政治経済学講座教授。同時に，英国政府植民省の臨時長官，ガーナ等，アフリカ各国の経済顧問なども兼任した。79年経済開発論研究の先駆的業績により，黒人として初のノーベル経済学賞を受賞。91年6月15日バルバドス島の自宅で逝去。

　1937年ロンドン大学を卒業したルイスは，産業組織を研究，間接費に対するより現実的なアプローチを示し，それに基づいて産業内の価格体系を詳細に調査した。49年これら一連の産業構造分析に関する論文を集めた『間接費経済分析に関する論文集』を出版。以後，研究テーマの関心は次第に経済発展へ移り，54年論文「労働の無制限供給下の経済発展」を発表。開発途上国における経済の二重構造的発展をルイス・モデルと呼ばれるモデルにより理論化し，一躍脚光を浴びた。79年開発途上国の経済発展論に関する一連の研究に対してノーベル経済学賞が贈られた。

　ルイス・モデルを簡潔に説明すると「規模に関して収穫一定の生産関数の下では，賃金率が一定である限り，利潤極大技術に対応した資本生産高比率は一定にとどまる。すべての利潤は貯蓄され投資にまわされるので，利潤率は資本ストックの増加率と等しくなる。もし労働力の増加が資本ストックを下回るならば，やがてすべての労働が完全雇用される「転換点」が訪れる。この点から経済は異なったシステムに移行する」（絵所秀記『開発経済学とインド』日本評論社，2002年，213頁）というものである。

　たとえば東アジア諸国の発展の過程では，生産と雇用の比重が農業から工業へ

推移している。この過程をルイス・モデルが模写している。多くの途上国経済は，昔ながらの伝統部門（零細な家族農業）と新たに持ち込まれた近代部門（都市の工業）からなる「二重経済」である。当初その国の労働者全員が農業に従事していると仮定する。農業労働は限界生産性にあり，労働投入が増加すると生産は減少する。この時賃金は慣習により生存水準により決められており，村の作物を農業全員で分け合っている。これ以下の収入では生きていかれず農村が崩壊する。限界的な労働者の生産性がゼロにもかかわらず，すべての人が雇用されているのは，この村が利潤原理でなく共生原則に則って運営されているからである。近代工業が導入されると，そこでの労働は利潤極大条件，即ち「労働限界生産性＝賃金」を満たすように雇用される。工業労働の限界生産性はこの部門の労働需要曲線に等しい。一方，労働供給は，農村に余剰労働が残っている限り，最低賃金で幾らでも雇うことが可能である。この時，特定の労働者だけが農業から工業へ移動する。工業の発展に伴って，労働移動の増加が起こると国全体の農業生産は減少しはじめる。人口を不変とすれば，食料が不足気味になり，食料価格が上昇し，賃金もそれに合わせて上昇しはじめる可能性がある。この問題を克服してさらに工業が拡大すると，やがて労働移動がさらに増加し限界点を越える。この時，農業の限界生産性は賃金に等しくなる。工業が農業からこれ以上の労働者を雇用するためには，賃金水準が農業の限界生産性曲線に沿って上昇しなくてはならない。かくして余剰労働は完全に消滅する。この点を「転換点」と呼ぶ（以上大野健一『東アジアの開発経済学』有斐閣アルマ，1997年22頁を要約）。

　ルイスの転換点については様々な議論がある。ルイスは，経済発展の初期は過剰労働で特徴づけられる段階があると考えた。この段階で賃金は，古典派と同様生存水準で決定されるので，彼の理論は「古典派的接近」と呼ばれる。一方経済発展のどの段階でも過剰労働は存在せず，賃金は新古典派の限界生産力説によって説明されるというのが「新古典派的接近」と呼ぶ。経済発展論にはこの2つの理論が対立している。ルイスは1958年の論文で，日本経済はここ10年ぐらいの間に転換点に達するであろうと予想した。この説に対して反論

もあるが, 南亮進は 1960 年転換点説を採用している (南亮進『日本の経済発展 (第 3 版)』東洋経済新報社, 2002 年, 213 頁)。

　農業部門の限界生産性が制度的賃金を上回るか否か。即ち転換点以前において, 賃金は限界生産性より高いが, 転換点以降は賃金は限界生産性によって決定される。(1) 賃金・限界生産性比率, (2) 労働供給の賃金弾力性 (近代部門への労働供給増加率 / 近代部門賃金上昇率), (2) は戦前は 1.69 〜 4.91 の範囲, 戦後は 0.78 〜 0.86 の範囲, 従って戦前では限界生産性を上回る賃金が支払われたが戦後はそれが逆転した。(2) は戦後は 59 年までは 1.3 で, 1959 〜 1964 年は 0.1 である。日本の場合, 1960 年前後が「転換点」と実証され, 社会的観察とも一致する (渡辺利夫『開発経済学 (第 2 版)』日本評論社, 1996 年 (初版 1986 年), 72 頁)。

(引用文献)

1.　W. Arthur Lewis, *Theory of Economic Growth*, NY・Harper and Row, 1965.

2.　ルイス, 石崎昭彦他訳『世界経済論』新評論, 1969 年。

3.　ルイス, 原田三喜雄訳『国際経済秩序』東洋経済新報社, 1981 年。

4.　ルイス, 益戸欽也他訳『人種問題のなかの経済』産業能率大学出版部, 1988 年。

5.　W. Arthur Lewis, "Economic Development with Unlimited Supplies of Labor, " *Paradigmas in Economic Development*, Rajani Kanth, ed., Armonk (NY) :M. E. Sharpe, 1994.

6.　W. プレイト他編, 佐藤隆三他訳『経済学を変えた 7 人』勁草書房, 1988 年。

7.　渡辺利夫『開発経済学 (第 2 版)』日本評論社, 1996 年 (初版 1986 年)。

8.　大野健一『東アジアの開発経済学』有斐閣アルマ, 1997 年。

9.　南亮進『日本の経済発展 (第 3 版)』東洋経済新報社, 2002 年。

10.　ノーベル賞人名事典編集委員会編『ノーベル賞受賞者業績事典 (新訂版)』日外アソシエート, 2003 年。

図12　ルイスの二重経済モデル

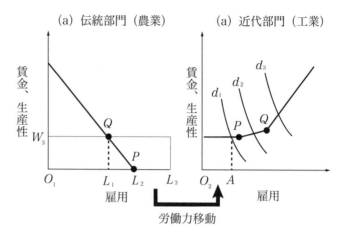

(a) 伝統部門（農業）　　　(a) 近代部門（工業）

〔引用文献〕大野健一『東アジアの開発経済学』有斐閣，1997年，23頁。

第 7 節　トービンの q 理論と日本

　ジェイムズ・トービンは 1918 年，米国イリノイ州に生まれた。ハーヴァード大学に入学後 J.M. ケインズの『雇用・利子及び貨幣の一般理論』を読み経済学に専心する。39 年同大学を卒業後，同大学院に進学。40 年修士。42 年米国海軍将校として 46 年まで勤務。同年ハーヴァード大学ジュニア・フェローになり，47 年博士号（同大学）取得。50 年エール大学准教授を経て，55 年同大学教授，および同大学コウルズ経済研究所所長に就任。同年 1. B. クラーク賞受賞。58 年米国計量経済学会会長，71 年米国経済学会会長を歴任。その間，61 年から 62 年に掛けて米国第 35 代，故ケネディ大統領の経済諮問委員会委員も務める。81 年金融市場と歳出, 雇用, 生産, 価格との関係の分析によりノーベル経済学賞受賞。2002 年 3 月 11 日逝去。

1.　トービンの q

　投資家がリスク回避的であって，安定資産が存在する時，危険資産の最適組合せは，投資家の効用関数とは独立に決定される。この「分離定理」は，1950 年代にトービンによって示された。この定理は資産価格決定理論を考慮する際，重要な意味を持っている。彼は投資家のある特定の効率的な資産選択と，その投資家の総資産における証券と現金の配分を関連付けた。つまり，リスク回避型の投資家，リスク許容型のそれぞれに向けた複数の効率的資産選択を，どちらのタイプにとっても効率的なひとつの資産選択に置き換えた。日本の場合を例にとって説明すると,「市場には 3 種類の資産しかないと仮定。それらは (1) マイクロソフト（MS）株，(2) NTT 株，そして (3) 国債とし，それらの時価総額が，300 兆円，200 兆円，500 兆円とする。ある投資家はリスク回避度が市場全体の平均と同じと考えれば，各資産の保有比率は，市場の時価総額と同じ比率となる。その人が 1,000 万円の資産を (1)300 万円，(2) 200 万円，(3) 500 万円を投資をする。一方別の投資家は市場全体の平均値より高く，1,000

万円の総資産のうち (3) に 600 万円投資するなら，(1) 240 万円，(2) 160 万円を投資するだろう。いずれの投資家についても，(1) と (2) の保有比率は 3 対 2 になっている」(野口悠紀雄他『金融工学』ダイヤモンド社，2000 年，50，51 頁) となる。

　ケインズ理論によりその発展が促進された経済成長論は，R. ハロッドと E. ドーマーによりハロッド＝ドーマー・モデルとして定式化された。このモデルでは資本と労働の間の代替性は仮定されていなかったが，これに対して J. トービン，R. M. ソローらは，資本と労働の代替性が存在する成長モデルを構築した。また初期の経済成長モデルでは貨幣的要因は軽視されたが，55 年論文「動学的集計モデル」を発表，新古典派の経済成長モデルに貨幣的要因を導入した。その後，貨幣が均衡成長経路にどのように効果を与える等を研究した。58 年論文「危険に対する行動としての流動性選好」において，不確実性下における資産保有者の資産選択の際の危険回避行動を分析した。これによりケインズが『雇用・利子及び貨幣の一般理論』の中で展開した流動性選好理論を資産選択理論へ発展させた。またこの論文は，不確実性下での経済モデルの構築に甚大な影響を与えた。61 年ケネディ大統領の経済諮問委員になると，ケインズ経済学と新古典派経済学を総合したニューエコノミックスによる経済政策を主張した。69 年に発表した論文「貨幣理論に対する一般均衡アプローチ」では q 理論と呼ばれる投資理論を展開，新古典派的投資理論の欠陥を補った。81 年これら一連の業績に対してノーベル経済学賞が贈られた。

　投資理論には，限界効率，加速度原理，ストック調整モデル，調整費用モデルに加え，トービンの q 理論がある。実物的な投資の世界における調整は，通常の金融資産取引のように瞬時に金利裁定が行われる世界とは基本的に異なることに着目し，実物資産が取引される資本財市場（調整費用が大きい）と金融資産が取引される金融市場（調整費用は殆ど存在しない）を明白に峻別したところに基本的な立脚点を持っている。ここでいう「調整費用」とは，ある一定の設備投資をして生産能力を拡大する時に，成長率を高くしようとすれば余分に掛かる追加的諸経費のことで，たとえば，短期間に設備を 2 倍に拡大しようと

すると，専門知識を持つ技術者を大量に育成したり，販売網の拡充，組織の大幅な改造等をする場合に余計に掛かる費用を指す。トービンの q とは「企業の市場価値」と「現存する企業資本ストックを現在の市場価格でそっくり購入する費用」の比率である。q=（企業の市場価値）/（現存資本を買い換える費用総額）。「企業の市場価値」は，株式市場での企業の株価の総額（即ち，一株当たりの株価に発行株式を乗じたもの）と債務の総額を合計したもの。企業の投資の視点からは q が 1 より大きい時，現存の資本設備は過小設備で，投資が必要。q が 1 より小さい時は現在の資本ストックは過大となる。投資家の立場からは，前者の場合つまり，企業の市場価値が資本ストックの価値よりも大きい時，市場がこの会社の成長力を現在の資本ストックの市場価値以上に評価している。今この会社に投資を行えば，1 単位余分に行う時，それに要する費用よりも，そこから得られる予想利益の方が大きいので，投資家にとり有利と判断される。あくまで現行の時点での資料なので，将来のことは誰も予想できない。q 理論は「平均概念」に基づいているが，投資により直接的に関与するのは「限界概念」に基づく q でなければならない。企業は「追加的な」投資をすべきか否かについて決定を迫られているのであって，会社を解散して新たにすべての資産を買い換えるべきかについての決心を迫られた訳ではないからである。林文夫により，ある条件の下での「平均の q（トービンの q）」と「限界の q」が一致することが証明された（中谷巌『マクロ経済学（第 4 版）』日本評論社，2000 年，386 頁より要約）。

2.　日本経済とトービンの q

　日本経済におけるトービンの限界 q と平均 q の時系列を観察してみる。高度成長期が終わりを告げる 1971 年から 73 年の間には，限界 q は 2 を越えており，企業家は設備投資から高い収益を得られると予想していたことが分かる。第一次石油危機の到来とともに，収益性は大幅に低下する。75 年には限界 q は 1.07 と僅かに 1 を越える水準まで低下。75 年を除く 74 ～ 91 年までの期間，限界 q は 1.26（83 年，91 年）から 1.51（80 年）の間を推移する。ところ

が 92 年以降，限界 q は急速に低下しており，98 年には 0.55 と 1 を大きく割り込んでいる。一方平均 q は，80 年代中頃迄は 1 前後で推移しており，その範囲は，0.81（83 年）か 1.33（73 年）である。しかし，87 年から 90 年に掛けて平均 q は急上昇しており，90 年には 1.81 にまで至っている。その後は，再び 1 前後を推移。90 年代に入り，限界 q が急降下したのとは対照的に，平均 q はそれほどの落ち込みを示していない。限界 q と平均 q の相関係数は 0.24 とそれほど高くない。これは，バブル以降，株式市場における企業の評価が，利潤率に基づく設備投資の収益性から乖離したことを反映しているかもしれない。因みにバブル期以降を除いて 71 年から 86 年までの期間に限定して，両者の相関係数を計算すると 0.82 まで上昇する（小川一夫『日本経済：実証分析のすすめ』有斐閣，2002 年，139 頁）。

（引用文献）

1. トービン，間野英雄他訳『国民の為の経済政策』東洋経済新報社，1967 年。
2. トービン，矢島欽次他訳『インフレと失業の選択』ダイヤモンド社，1976 年。
3. トービン，浜田宏一他訳『マクロ経済学の再検討』日本経済新聞社，1981 年。
4. Fumio Hayashi , " Tobin's Marginal Q and Average Q A Neoclassical Interpretation, " *Econometrica*, 1982.
5. W. ブレイト，佐藤隆三他訳『経済学を変えた 7 人』動草書房，1988 年。
6. 中村洋一「需要・所得面からみた日本経済の姿」，貝塚啓明他監修『日本経済事典』日本経済新聞社，1996 年。
7. 中谷巌『マクロ経済学（第 4 版）』日本評論社，2000 年（初版 1981 年）。
8. 野口悠紀雄他『金融工学』ダイヤモンド社，2000 年。
9. 小川一夫他『日本経済：実証分析のすすめ』有斐閣ブックス，2002 年。
10. M. ハートマッカーティ，田中浩子訳『現代経済思想』日経 BP 社，2002 年。
11. ノーベル賞人名事典編集委員会編『ノーベル賞受賞者業績事典（新訂版）』日外アソシエート，2003 年。

第 8 節　ベッカーの人的資本論と日本

　1930 年，米国ペンシルヴァニア州ポッツビルに生まれ，51 年プリンストン大学卒業，シカゴ大学大学院に進み，53 年修士号。55 年博士号（シカゴ大学）取得。54 年シカゴ大学助教授に就任。57 年コロンビア大学に移り，助教授，准教授を経て，60 年同大学教授。66 年 J.B. クラーク賞受賞。69 年シカゴ大学に戻り，70 年同大学教授。92 年ミクロ経済分析の領域を人間の行動様式や相互作用といった非市場分野に迄敷衍したことによりノーベル経済学賞受賞。恩師は T.W. シュルツ。ベッカーは人的資本の分析を行い，64 年『人的資本』を出版。教育が経済発展に与える影響を考察した。71 年『経済理論』を上梓。経済学的アプローチをあらゆる人間行動に応用し，経済分析の領域を拡大したことに対して，92 年ノーベル経済学賞受賞。2014 年 5 月逝去。

　ベッカーによる社会的要因の経済分析は，犯罪や結婚などにその特徴が表れている。彼は，結婚を政府の干渉を最小限に止めながら，社会厚生を増進するもう一つの自由な意思決定として捉える。また犯罪については他の社会的行動と同様に，期待便益や費用に対するある特定な個人の合理的な反応だと捉える。

1. ベッカーの人的資本分析

　ベッカーの代表的な研究は，人的資本（human capital）の分析と，その意義の解明にある。その経済効果は以下のとおりである。

　①企業独自の人的投資は，当該従業員の資格や熟練度を高め，企業の生産向上に寄与する。しかし，他社の生産には役立たないので，ヘッド・ハンティングされることはない。

　②企業自身にも役に立つ人的投資なので，その従業員を継続的に雇用する。職業訓練した分，賃金も上がり，企業に継続雇用させる誘因を持っている。

　③職業訓練投資は当該企業が負担するので，その分だけ賃金が低くなる。定年まで雇用する形態の為訓練後はもとの賃金体系に戻る。

④年金体系も職業訓練期間中も勤務期間としたものと見なしている。

2.　日本の終身雇用，年功序列の労働慣行に類似性

　ベッカーの人的資本分析は，かつて日本の大企業において主流であった終身雇用，年功序列の賃金体系と類似するものであった。すなわち，①長年勤務することにより，それにみあった高い賃金が支払われる，②生計費は年齢に応じて多く必要になるので，それに応じた賃金が支払われる，③長期間勤務により熟練度が増すので，それに応じて賃金も高くなる，というものである。

3.　犯罪の経済学

　ベッカーは経済合理性による社会問題の解明を試みた，その代表が犯罪の経済学である。犯罪を企む者の心理は，犯罪によって期待される収益と，逮捕されるリスクとの比較によって決定されると捉え，経済効果から考慮すれば刑罰の重さよりも逮捕・有罪の可能性に重点をおいた方が合理的である，とした。長い間この犯罪における経済合理性に意義が認められていたが，1980年ころ，犯罪におけるインフォーマルな部門にスポットが当てられるに及び，その意義は薄れていった。

4.　ヴァウチャー・システムの教育・福祉サーヴィス

　ベッカーは公共サーヴィスについて，ヴァウチャー・システムを推奨している。その利点は，①サーヴィスの負担能力に関係なく配布される，したがって低所得者でもニーズに応じて公平にサーヴィスを購入できる，②需要者に選択の自由がある，③供給者の競争による効率化を促す事ができるというものである。しかし供給者が倒産した場合など，サーヴィスの継続性に問題が出てくる。日本では要介護に応じた介護受給権を得て，自己選択で介護サーヴィス業者を選択（購入）する形になっており，ヴァウチャー・システムの利点①から③が該当する。

5.　教育と賃金(図 13)

①教育投資（もし大学教育を高い賃金を得る為の投資と考えると）

　教育投資と賃金の関係をモデル化したものである。縦軸は賃金と教育投資の費用，横軸は年齢を示している。曲線 A は大学教育を受け 22 歳で就職する者の賃金ファイル，曲線 B は高校卒業と同時に就職し 60 歳で退職する者の賃金ファイルを表している。図の（1）に当たる部分は授業料や教科書代等教育の為の直接的費用。図の（2）は大学に進学しないで働けば得られたであろう賃金。これは大学進学によって放棄した放棄所得（機会費用）と呼ばれる。大学教育の為の費用はこの 2 つの部分の合計である。A と B の 2 つの曲線で囲まれた（3）の部分は大学教育への投資から生ずる収益を表している。この収益は就業年数が長いほど大きくなる。大学進学を決める為に，収益と教育投資を比較する。投資費用は最初の 4 年間に支出され，収益は後の長い期間に渡って発生するから，費用と収益を同じ現在時点で比較しなければならない。

②教育と賃金の関係の諸説

（a）人的資本理論説→教育は労働の生産性の向上に寄与すると考える。この生産性上昇は，企業が高学歴者に高い賃金を払う論拠。

（b）スクリーニング理論（選抜機能）説→高等教育，特に銘柄大学の卒業生

図 13　教育投資の費用と収益

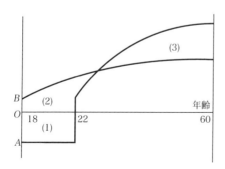

A ＝大学卒業後就職する者の賃金プロファイル
B ＝高校卒業後就職する者の賃金プロファイル

であることは，企業にとっては応募者の能力や質を選別する（スクリーニング）手段であり，応募者にとっては賃金の高い仕事に就く為の切符であるかもしれない。

(引用文献)

1.　ベッカー，佐野陽子訳『人的資本』東洋経済新報社，1976 年。

2.　ベッカー，鞍谷雅敏他訳『ベッカー教授の経済学ではこう考える　教育・結婚から税金・通貨問題まで』東洋経済新報社，1998 年。

3.　Gary Becker, "Altruiam, Egoism, and Genetic Fitness, "*Journal of Economic Literature* 14, No.3(Sep. 1976).

4.　Gary Becker, *The Economic Approach to Human Behavior*, Chicago: University of Chicago, 1976.［宮沢健一訳『経済理論人間行動へのシカゴ・アプローチ』東洋経済新報社, 1976 年］

5.　樋口美雄『労働経済学』東洋経済新報社, 1996 年（2011 年, 13 刷）。

6.　古郡鞆子『働くことの経済学』有斐閣, 1998 年（2004 年, 6 刷）。

7.　清家篤『労働経済』東洋経済新報社, 2002 年（2015 年, 8 刷）。

8.　三谷直紀編著『労働供給の経済学』ミネルヴァ書房, 2011 年。

第9節　世界企業と日本

　低成長時代からバブル期にかけて，日本の企業は不況時代に対応するための企業努力と競争力をつけるための技術革新を怠らずに努力を続け，その結果ソニーやトヨタなどの世界企業を輩出した。第9節ではこれらの世界企業の変遷を検討する。

1．経済成長率

　1980年代後半から90年代に掛けて日本の経済成長率を展望すると次のとおりである。1）バブル崩壊後日本の経済成長率は年平均4%台から1%台へ急速に低下した。特に電気機械産業など製造業の落ち込みが大きかった。2）その対策として利益に直結した技術開発の必要が望まれた。収益性を見誤ると莫大な損害を蒙る可能性がある。外部との適切な連携による基礎的研究推進の必要性が高まった。3）日本企業は閉鎖的で外部の企業や研究機関との連携に欠けていた。技術革新について特許出願数等は問題ないが技術開発プロジェクトが大企業に偏り，企業内で技術資源や情報を独占する傾向にある。4）日本企業の総資本営業利益率（ROA）と総資本回転率を分析すると1980年以降ほぼ一貫して日本企業の収益力が低下している。日本企業の病的な収益率体質はバブル以前から存在していた。5）日本的な経営の特質がかえって企業成長の足枷となった。長期雇用は経営の不効率性を助長した。品質管理の適応的導入は利益率の上昇にはそれほど貢献していなかった。品質第一主義は時として，コスト，開発期間，環境配慮，製品機能への配慮を欠くことになった。6）その欠点を補うべく，管理会計による分析が重要になった。

2．日本企業の競争力

　日本企業の競争力を確認してみよう。1）ダボス会議を主催している「世界経済フォーラム（WEF）」が毎年発表している『世界競争力報告』2003年版

では，日本は世界 102 ヶ国・地域の順位付けで 11 位となっている。2) IT の分野では，日本の競争力は徐々に上昇している。WEF による IT の分野に限った競争力の順位づけも 11 位となっている。3) 経済財政白書によれば，日本の競争力は 90 年から 2002 年に掛けて 43% 下落したが，その 8 割は円高要因，2 割は労働生産性の伸び率の低下と分析している。4) 日本企業の国際競争力は，製造業，金融，サーヴィス等の業態によって競争力要因が異なる。製造業でも，素材（鉄鋼，石油化学等），機械（産業機械，自動車等），電子（家電，情報，電子部品等）といった各産業での国際競争力のあり様は異なる。(1) 鉄鋼業は需要産業の自動車や家電の海外生産の影響を受け，粗鋼生産減少を余儀なくされ，トップの座も韓国のポスコに奪われた。しかし先端製品での先行性は依然維持している。(2) 石油化学産業はグローバル化が遅れ従来から規模の面で欧米企業に劣っている。液晶等の電子産業向けの特殊な分野も韓国の追撃を受けている。(3) 機械分野において日本企業は，総じて強い国際競争力を維持している。工作機械や金型の普及品では韓国や台湾等のアジア企業の追い上げが著しいが，自動車や電子部品で必要とされる高精度加工用工作機械では依然として優位性を維持している。(4) 自動車産業の場合，最強のトヨタにあっても部品のモジュール化，日本型経営の海外移植，中国で現地生産化等の課題は多いが強い国際競争力は一貫して維持されている。(5) 電子産業の場合は 90 年代に入って先ずパソコンが，そして後半携帯電話が急速に世界市場を形成するのに呼応して，所謂情報通信機器市場の勃興期に世界標準に乗り切れず日本企業の競争力は大幅に低下した。PC，携帯電話，半導体のような先端分野では，新たなデファクトスタンダードやビジネスモデルが誕生したが，スピード経営が求められ，効率的な水平統合型生産システム（設計や組立生産の外部発注）が支持され，垂直統合型生産システムの物作りを得意とする日本企業は意思決定タイミングを誤るという致命的な経営判断ミスを犯した。

〔引用文献〕

1. 『一橋ビジネスレビュー』特集「競争力の検証 日本企業は本当に復活したのか？」2004 年冬（52 巻 3 号）。
2. 加登豊「日本的品質管理を鍛える」『一橋ビジネスレビュー』2004 年冬号，52 ～ 61 頁。
3. 軽部大「データで振り返る日本企業のパフォーマンスと経営課題」『一橋ビジネスレビュー』2004 年冬号，24-35 頁。
4. 元橋一之「「失われた 10 年」に日本の産業競争力は低下したか？」『一橋ビジネスレビュー』2004 年冬号，7-23 頁。
5. 日本経済新聞社『日本経済 100 の常識（2005 年版）』2004 年。
6. 御手洗久巳「日本の国際競争力は落ちたか」『経済セミナー』2005 年，18-21 頁。

図 14　日本企業の国際競争力マップ（相対的位置付け）

（出所）「我が国製造業の生産改革と国際事業展開」（国際協力銀行審査部産業調査リポート）を参考に作成。

〔引用文献〕御手洗久巳「日本の国際競争力は落ちたか」『経済セミナー』2005 年，19 頁。

第 10 節 国際協定と日本

1. 通商協定と日本

　1) 日米修好通商条約と自主権放棄：江戸時代後期，西欧は市場開放と植民地政策を実現すべくアジア諸国に対し通商を迫った。日本も例外ではなく1853 年米国のペリーが浦賀に来港し開国を迫った。安政の五ヶ国条約に始まる一連の通商条約に基づき，日本は 1859 年長崎，神奈川(横浜)，箱館(函館)，1868 年兵庫（神戸），大坂（大阪）等を開港した。関税自主権がなく，貿易港が限定され海港場での取引は自由であったという「不平等」条約で外国貿易を営むことになった。この間の貿易収支は，1860 ～ 65 年出超，1866 ～ 81 年入超，1882 ～ 86 年出超，1887 年以降は 91，92 年を除いて再び入超であった。日本は対外的には銀本位制を採用していたので，1870 ～ 90 年代にかけて銀貨が下落し，そのため生糸・茶等欧米市場向けの輸出にとって有利だった。1897 年金本位の採用により，日本の通貨は国際通貨体制にリンクすることになる。

　2) 関税自主権の部分的回復：1899 (明治 32) 年の関税自主権の部分的回復によって関税率が上昇し 1911 年全面回復が達成された。関税率上昇は第 1次世界大戦中・戦後を除いて 1930 年代初頭まで続いた。関税構造は原料の輸入は 0 ～ 5% の低税率で，完成品の輸入は比較的高い税率を課し，国内の加工製造業を保護するシステムになっていた。戦前の貿易の特徴は，欧米貿易で原料・半製品輸出と工業品輸入という後進国型の構造と，アジア貿易では工業品輸出・一次産品輸入という先進国型のそれとの併存タイプであった。

　3) 1902-1921 年の日英同盟：条約改正と金本位制の確立によって，日本は貿易において欧米列強と対等の位置に立ったが，日清戦争以降の東アジア情勢は日本の対外政策を大きく転換させた。日清戦後経営，日露戦争の戦費調達，日露戦後経営のために国債・地方債等の外債の募集や技術提携による外資の導入が図られ，外資輸入現在高は 1905 年には 14 億円，13 年には約 20

億円に増加し，国際収支は危機的状況になった。第 1 次世界大戦により欧州への物資や東南アジア植民地への代替品供給によって日本の輸出は激増し，特需を迎え国内的には重化学工業が発展し輸入代替化が進展し，債務国から債権国へ転化した。それと同時に大戦は，外国債の購入等日本からの資本輸出を促進し（第 1 次資本輸出期），資本輸出額は 1914 年 5.3 億円から 19 年 19.1 億円に増加し，資本収支も 1915 〜 18 年には計 14.3 億円のマイナスを記録した。

　4）戦間期の貿易：第 1 次世界大戦期が終了し西欧経済が復興すると輸出が停滞し貿易収支は赤字になり，関東大震災復興のため資材輸入増が加わり，入超構造が定着した。1920 年代は第 2 次資本輸入期ともいわれ，財源の確保や正貨流出阻止のために積極的に外資導入が図られた。しかし 1929 年の株価暴落に始まる世界的な不況の拡大で，国際貿易の基調は自由貿易から保護貿易に転換し，日本の輸出は米国向け生糸輸出額の急減により大きな打撃を受けた。しかし，綿織物業を中心とする輸出が「企業努力」により国際競争力を強め，さらに金輸出再禁止以降は高橋財政の低為替政策に支えられて輸出を拡大した。この急拡大は欧米各国との貿易摩擦に発展し，世界の保護貿易化を促進させ，世界貿易を縮小均衡へ導いた。しかし日本の綿織物の輸出は原料である綿花に依存するため，入超構造を転換させるには至らなかった。1930 年代は，満州・朝鮮等の植民地への資本輸出が増加したが，外資導入は為替管理の強化によって難しくなった。1937 年国際収支の危機が表面化したため輸入為替管理令による直接的な経済統制が成された。38 年には指定商品の輸出と原材料輸入権を関連させる輸出入リンク制が導入され，鉱油，鉄鉱石，機械等の軍需資材の輸入が増加し，繊維品輸出は減少。円ブロックの形成により貿易決済は円貨決済圏と外貨決済圏に二分され，対円ブロック貿易における出超，対第三国貿易における入超という構造は外貨不足を誘発し国際収支の危機を招いた。円ブロック経済圏も日満支から次第に南方諸地域を含む「大東亜共栄圏」構想に拡大し，1941 年に米国の対日資産凍結，石油禁輸措置により，その傾向は一層顕著になった。

　5）ガリオア・エロア協定：ガリオア資金（Fund for Government and Relief in

Occupied Areas, 占領地域救済資金）は，第 2 次世界大戦後，米国が占領地域の疾病・飢餓による社会不安を防止し，占領行政を円滑にする目的で支出した救済資金。日本向けは 1945 年 9 月〜51 年 6 月に計上され，食糧・医薬品等の購入に充てられた。エロア資金（Fund for Economic Rehabilitation in Occupied Areas, 占領地経済復興援助資金）は，第 2 次世界大戦後，米国が占領地の経済復興を援助する目的でガリオア予算から支出した資金。対日エロアは 1948 年 7 月〜50 年 6 月に計上され，主に綿花，羊毛等の工業原料の輸入代金に充てられた。ガリオア資金（1949 年以降はエロア資金）援助下で，米国の余剰小麦，余剰綿花が日本へ供給された。当初政府も国民も，これらは「贈与」だと思い込んでいたが，後年になって米国はこれらの援助は「貸与」であると通告し，日本の対米債務として 22 億ドル（7,920 億円）を通告してきた。返済額は交渉の結果，最終的には 1962 年，当時のカネで 4 億 9, 000 万ドル（1,964 億円），年利 2 分 5 厘，15 年賦払いと決まった。

　6）自由貿易協定〔FTA〕と日本：日本との FTA 締結は，シンガポールとは 2002 年 11 月に既に発効している。日本の国内の農業が障害となっていたが，シンガポールは農業国ではないので，懸案事項は少なかった。今後締結に当たって農業問題が焦点となる。日本の農業は 3 つのカテゴリーに区別できる。(1) 国内政策や制度が構造的に絡み合った問題。米が当たる。(2) 日本全体からみれば規模の小さい問題だが，産地や関連団体の政治力が極めて大きいもの。群馬県の蒟蒻イモ等。(3)既にガットによって貿易障害がかなり低い場合。多くの野菜，果物，水産物。通常（1）は WTO 交渉になっている場合が多いので，(2)，(3) の自由化の程度問題に終始する場合が多い（つまり交渉力如何にかかって，政治問題である）。人の移動の問題がある。3 種類の外国人労働者がある。(1) ハイテク技術者，(2) 看護師，介護師等の免許を持った人，(3) 非熟練労働者。(1) は障害はない。(2) はケースバイケース。(3) はごく僅かしか門戸が開かれていない。中国は積極的に東南アジア諸国を中心に FTA 戦略を行っている。

　7）TTP（環太平洋経済連携協定）：2015 年 10 月 5 目，日米豪等 12 ヵ国が

'TTP 大筋合意した。米国が離脱し，2018 年 12 月 30 日 TTP11 が発効した。
次のことが誕生する。

　①世界最大の自由貿易圏が出現する。

　ア）TTP11 は，人口 5 億人で，世界経済のシェアは 13%（2014）。EU（28
　　　ヵ国）は，同 5 億人，23.9 %。ASEAN（10）は，同 6.2 億人，3.2%。
　　　NAFTA（3 ヵ国）は，同 4.7 億人，26.5%。

　イ）医薬品のデータ保護期間は，8 年で合意した。

　　　製薬企業を抱える米国は，12 年を主張したのに対して，豪州は 5 年を
　　　求めていた。日本の国内法は，元々 8 年であった。

　ウ）乳製品の市場開放について，ニュージーランド（NY）が求めていたが，
　　　日米等が受け入れた。

　　　NY 経済の屋台骨を支えるのは，生産性の高い乳製品産業。NY 乳業
　　　大手フォンテラ社の圧力がある。TTP により，日本のバターは，年間 3,
　　　188 トン（6 年目 3,719 トン）の輸入枠が設定された。年間国内需要 7 万
　　　〜 8 万トンの 5% 程度。最近では年間 1 万トン強が国産だけで不足して
　　　おり，この 3 〜 4 割を補うことになる。

　　　現在は外国産バターが国産より高いが，「TTP 枠」だと安くなりそうだ。
　　　国内対策として，2016 年度より，試験的に（牛乳用途を除く）生乳の入札
　　　制度を導入。

　エ）自動車の関税撤廃条件で，部品の 55% を域内調達すれば，輸出にかか
　　　る関税ゼロに。（原産地規則）

　オ）著作権の保護期間を 50 年から原則 70 年に延長。

　カ）国有企業に対する優遇を規制する。国内市場を外国企業に開放。

　キ）ISDS 条項（Investor - State Dispute Settlement）企業の投資先国が投資協
　　　定に違反した場合，企業が国を相手どって投資仲裁を申したてられる条
　　　項。日揮が 2015 年 6 月スペイン政府を「現地企業と組んだ太陽熱による
　　　発電事業に対して，買い取り価格の当初約束を破り，投資家に不利な条件
　　　に追い込んだ」として，世界銀行の傘下の投資紛争解決国際センターに仲

裁を訴えた。TTP では，この仲裁裁定の公開による透明性確保が担保された（日経 2015.8.24 朝刊）。

ク）①輸出工業製品は関税撤廃率 99.9%，②輸入工業製品は関税撤廃率 100%。③輸入農産品は関税撤廃率 81.0%，④輸出農産物は関税撤廃率 98.5%（日本の場合）（日経 2015.10.21 朝刊）。

ケ）③で発効時即時撤廃品目は，ぶどう，キウイ，えび，かに，まぐろ缶詰め等。

コ）①で発効時即時撤廃品目は，NZ，メキシコ，ペルー向け乗用車，②で同，自動車用揮発油を除く石油つまり軽油，重油，灯油，プラスチック原料・製品，化合繊製オーバーコート等を除く繊維・繊維製品は全て。④で，米国・カナダ向け即席麺，イチゴ，日本酒。カナダ，メキシコ向け醤油。

8）OECD および G 20（2015.10.9）多国籍企業の租税回避地対策の国際課税新規則採択。

ア）タックスヘイブン（租税回避地）で稼得した利益にも適切な課税。

イ）特許を子会社に格安で譲渡した親会社に追徴課税。

ウ）子会社への利払いに対する税優遇を制限。

エ）国内に倉庫があるネット通販会社に課税。

オ）税理士に節税策の報告義務。

カ）2 年を目安に二重課税の課税を目途。

（日経 2015.10.9 夕刊）

9）日欧 EPA（2019 年 2 月 1 日発効）（表 8 参照）

10）RCEP（アールセップ）地域的な包括経済連携

　　Regional Comprehensive Econimic Partnership Agreement

①概要

　　ⅰ）人口 23 億人。貿易実績（2019）

　　（輸出）　日本→（他国）　　　33 兆円。

　　（輸入）　他国→日本　　　　　39 兆円。

　　ⅱ）関税　参加国全体で工業品，農林水産物含め 91% の品目で段階的に

表8　日欧EPA

電子商取引や知的財産などのルール整備

■ソースコードの開示要求を禁止　　　　　　　　■著作権物の保護期間を死後70年
　　　　　　　　　　　　　　　　　　　　　　　　　などに延長

■データ送信への関税賦課の禁止

■「シャンパン」「神戸ビーフ」などの　　　　　　■政府調達の対象を相互に拡大
　名称を保護（GI兼備）

EUの関税＝日本の輸出　　　　　　　　　　　　　日本の関税＝日本の輸入

品目	現在の関税	発効後	品目	現在の関税	発効後
しょうゆ	7.7%	即時ゼロ	ワイン	15%または1リットルあたり125円	即時ゼロ
緑茶	無税〜3.2%		ナチュラルチーズ	29.8%	輸入枠内で16年目にゼロ
牛肉	12.8%+100キログラム当たり141.4〜304.1ユーロ		アイスクリーム	21〜29.8%	6年目までに63〜67%削減
水産物	無税〜26%		チョコレート菓子	10%	11年目にゼロ
アルコール飲料	無税〜100リットル当たり32ユーロ		衣類	4.4〜134.%	即時ゼロ
乗用車	10%	8年目にゼロ	かばん, ハンドバッグ等	2.7〜18%	11年目にゼロ

〔引用文献〕日本経済新聞「2019年2月1日朝刊より筆者修正。

　　撤廃。

　iii）ルール　知的財産→投資企業への技術移転要求を禁止。

　　　　　　　　デジタル→国境を超えた自由な流通の確保

　　　　　　　　　基幹機器（サーバー）国内への設置要求の禁止。

　　　　　　　　人の移動→一時滞在許可の義務付け。単純労働者受入義務は

　　　　　　　　設けず。

②発効未定（調印2020年11月15日。調印国の議会での最終承認待ち）

　ASEAN6カ国，その他3カ国の手続き完了時に発効する規定。

③参加国（15）ASEAN10（タイ・インドネシア・フィリピン・カンボジア・ラオス・ミャンマー・ベトナム・マレーシア・ブルネイ・シンガポール日韓中豪ニュージーランド（インドはいつでも加入できる特別規定））

④日本が関わる通商協定

RCEP（15）25兆ドル，日米貿易協定26兆ドル，TPP（11）11兆ドル，日EU・EPA20兆ドル，日英EPA7兆ドル

⑤関税の特筆事項

関税は15カ国全体で撤廃率91%(品目ベース)

☆日本からの輸出（撤廃率83〜100%）

EV用電池素材	中国（現在6%）撤廃時期16年目。
車軸	中国（6%）16年目，韓国（8%）15年目。
牛肉	インドネシア（5%）即時または15年目。
ホタテ	中国（10%）11年目または21年目。
日本酒	中国（40%）21年目。韓国（15%）15年目。

☆日本への輸入（撤廃率81〜88%）

コメや麦，牛・豚肉，乳製品，砂糖製品の「重要5品目」は見直し対象外。

冷凍惣菜	中国産かき揚げ（9%）11年目撤廃。
マツタケ	中国産（3%）11年目。
酒	中国産・紹興酒，韓国・マッコリ（関税共にする1ℓ 42.2円）21年目。

（引用文献）

1. 杉山伸也「貿易と資本移動」西川俊作他編『日本経済の200年』日本評論社，1996年。
2. 西川俊作他編『日本経済の200年』日本評論社，1996年。
3. 林直道『現代の日本経済（第5版）』青木書店，1996年。
4. 南亮進『日本の経済発展（第3版）』東洋経済新報社，2002年。
5. 渡辺健一『日本経済とその長期波動 21世紀の新体制』多賀出版，2003年。
6. 木村福成「自由貿易協定と日本の戦略」『経済セミナー』600号，2005年1月。
7. 『日本経済新聞』2015年8月24日付朝刊，10月9日付夕刊，10月21日付朝刊。
8. 『読売新聞』2020年11月16日付朝刊。

第3章 普遍主義システム

　本章は，欧州ロシアの普遍主義に関して，時代的，国際的な流れの追求を目的とする。まず，ギリシャ思想とキリスト教の大きな流れの背景を解説し，普遍或いは普遍主義の定義を明らかにし，欧州中世における哲学・宗教上の論争を説明する。次に当初は抵抗しつつも，結果的に国内改革の為に，西欧化の潮流を受け入れたロシアについて取り上げる。ロシアにおける西欧化受容は，ピョートル大帝の時代と，ソ連崩壊時の2度あった。この受容は，日本の明治維新と比較することができる。古来からの文化と，西欧文化受容の齟齬が国内の衝突を齎した。そして，明治時代にロシア文学が流行ったのは，そうした国内固有の伝統ある文化を廃棄し，国の発展の為西欧文化を取り入れる苦悩が，日本とロシアとにおいて，共通の体験だったことによる所が大きい。そして，現代でも，イラク戦争を巡って，国連の対決の場となった，「新しい欧州対古い欧州」論争[1]も実は，名を変えた普遍論争だった。

第1節　欧州の普遍主義[2]

1.　ギリシャのテトラド思想とローマのトライアド思想[3]

　西欧は，封建時代，ルネッサンス，市民革命を経て，近代にいたる。しかしながら，ロシアはギリシャ正教というギリシャ文明に浴し，ギリシャ正教を摂取した後，長い封建時代の後，ルネッサンスも市民革命も経ずロシア革命を経て，近代を迎えることになる。そこで，キリスト教・ラテン系思想とギリシャ的思想との，基本的な違いが重要になる(図1参照)。

　ロシアのスラヴ主義者イワン・アクサーコフは欧州を，ローマ・ゲルマン世界とギリシャ・ロシア世界の対立する2世界に分け，西欧はラテン・ゲルマ

ン世界であり，東欧はギリシャ・スラヴ世界であるとし，ロシアは東欧の代表
であるとした[4]。

　ローマ・カトリック（キリスト教）においては，三位一体（父〔天の神〕・子〔キリ
スト〕・精霊〔洗礼者の〕）をはじめとして３つの対神徳（信仰，希望，愛），三重の
三一性としての位階秩序等，その思想体系を「三」（トライアド）が支配している
のに対して，ギリシャ的・異教的思考には，「四」（テトラド）の構造が隅々にま
で浸透している。「熱冷湿乾」を軸としたエンペドクレスの四性論，一から四ま
での数をもとにして「点・線・面・立体」を導きだすピュタゴラスの数的宇宙論，
さらに知恵，勇気，節制，正義の四枢要徳を主張するプラトンの倫理学，そし
てアリストテレスの四原因論等，ギリシャ思想にはその始めから，「四」の着想

図１　欧州の東西断層線，「多様な欧州」の境界線

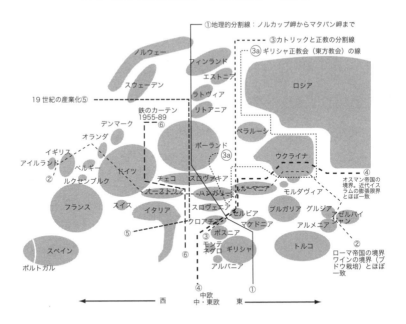

（出所）ノーマン・デイヴィス『ヨーロッパⅠ 古代』共同通信社，2000年，59頁より作図。
Norman Davis, *Europe, A History*, Oxford University Press, 1966, p.18.
〔引用文献〕山内進編『フロンティアのヨーロッパ』国際書院，80頁。

が深く刷り込まれているように見える。

　このギリシャ的な四性の思想に対応して，ラテン西方世界においては，自然界の法則性が，算術，幾何学，音楽，天文学の「四科」によって探究され，更にボエティウスによって，連続量，非連続量，静止量，運動量といった量の基本的区分を基に基礎づけられる「四原質論」に至った。

2.　欧州における普遍，普遍主義 [5]

　普遍とは，遍く広く行き渡っていることを意味する。万物に広く及ぶことであり，論理的には様々な特殊を包括する上位の階層にある名辞を言う [6]。因みに，欧州各国語における表記は，universalis（ラテン語），universal（英），allgemein（独），universel（仏）となる 。

　普遍は論理的には特殊と個に対する概念で，個から共通の性質を取り出していく過程を普遍化乃至概括という [7]。経験的実在性を持つ個を指示する個体概念は，固有名詞と同様に，概念とは認められず，真の概念は普遍のみであるとする考えがある。哲学においては，普遍的なものを探究しようとして，プラトンの「イデア」やアリストテレスの「形相と質料」，カントの「法則」，ヘーゲルの「理念」等に至る。普遍について，全てこの普遍的なものは経験的に直接捉えることが出来ないので，そのような普遍が果して存在するか否かを巡り普遍論争があった。

　欧州における重層的な普遍の確定は，欧州の境界をどこに置くかに大きく依存する（図2参照）[8]。欧州の文化の中心は，法の支配，ヒエラルキー，ローマ・カトリック，合理主義であり，これらが欧州の普遍を形成する。思想として捉えれば，普遍主義となる。因みに，カトリック（catholic）の語源である，ギリシャ語の katholikos には普遍（general, universal）の意味が含まれている。kata- はギリシャ語の「完全に」の意味，holos は「全体の」whole の意味である [9]。

　又カトリックにおける「普遍主義」としては，「（聖書の）普遍主義，biblical universalism，神の救済意志はイスラエルの民だけでなく，他国民をも含むという，イスラエル人の国粋主義反対を説いたヘブライ人預言者たちの教え。とくに預言者ヨナはこの点を強調した」[10] という考え方もあるが，これは聖書の

図2　円の重なり合いとしてとらえた欧州文化（M. Shannan による）

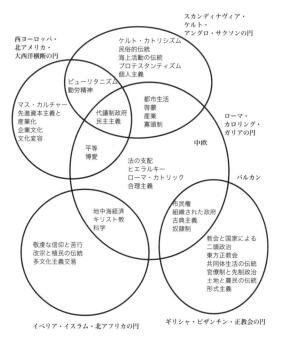

（出所）ノーマン・デイヴィス『ヨーロッパI 古代』共同通信社，2000 年，43 頁より作図。Norman Davis, *Europe, A History*, Oxford University Press, 1966, p.1238.
〔引用文献〕山内進編『フロンティアのヨーロッパ』国際書院，79 頁。

なかの「普遍主義」であり，本小論の哲学的課題とは異なる。

3.　キリスト教の分裂過程（表 1,2 参照）

　西暦 70 年のユダヤ戦争でローマ軍に敗れたユダヤ人がエルサレムから追放されると，原始キリスト教の中の中心だったエルサレム教会も壊滅的な打撃を受け，キリスト教の中心はローマに移った [11]。このようにユダヤ教から生まれたキリスト教は，皇帝崇拝と対立したため当初ローマ帝国内で禁止されていた。しかしながら，燎原の火の如く普及したキリスト教をローマ帝国は，統

表1　ギリシャ正教とローマ・カトリック（1）

ギリシャ正教(東欧ロシア) Greek Orthodox Church		ローマ・カトリック(西欧) Roman Catholic Church
自らからの教義が正統的なキリスト教(オーソドックス)で異端ではない	自称の由来	自らの教義が時代を超え,民族の違いを超え,普遍的(カトリック)なキリスト教
ヘレニズム, ヘブライズム	文化圏	ラテン語文化圏
ギリシャ語	典礼言語	ラテン語
思弁的　形而上的　瞑想的	思想傾向	倫理的　実践的　活動的
コンスティノーブル総主教	宗主権	ローマ教皇
皇帝教皇主義(ケザロパピズム) (皇帝が政治・宗教の両権を掌握)	聖俗分離	政治権力と宗教権力の分離 教皇皇帝主義(使徒継承説, 教皇首位権)
コンスティノーブル→モスクワ 〔15世紀以降(第三ローマ)〕	総本山 (中心)	ローマ (サン=ピエトロ大聖堂)
国家ごと, 民族ごとのギリシャ正教教会は独立した組織	教会組織	ローマ教皇を頂点とする位階制(ハイアラーキ),国際的
聖像禁止令(726〜843) →イコン(聖像画)崇拝, 平板	聖像崇拝	聖像崇拝を布教に利用(ゲルマン族布教の為)
父からのみ発する→ 1438年フィレンツェ公会議でカトリック側と一時妥協後, 破棄。	精霊発出 論　争	父(神)と子(キリスト)より発する(フィリオクエ)→431年エフェソス公会議違反だが済し崩し的に流布
○原始キリスト教の精神を継承 　(義よりも愛, 十字架よりも復活, 罪よりも救い) ○信仰体験・復活祭を重視	教義	○体系的・思弁的な神学が発達(13世紀, スコラ哲学の完成=信仰と理性の統一)
○額, 胸, 　　右肩, 左肩の順	十字架の 切り方	○額中央部(「父」と), 胸中央部(「子」と), 左肩「精霊との」, 右肩(「御名によって」)の順に中指の腹で触れ, 最後に胸中央部で合掌する(「アーメン」)
市販の食パン	聖餐式で 使うパン	ホスチア(イースト菌を使わない平たいパン)
女性聖職者は認めない。聖職者の一部の妻帯は認める。	聖職者	女性聖職者は認めない。聖職者の妻帯は認めない。
正当な理由があれば, 再婚是認	離婚	認めない→英国国教会1534年
否定	煉獄の存在, マリアの無原罪の懐妊, 教皇の優越権(不謬説)	承認
セム系一神教, グノーシス思想, ビザンツハーモニー, イコノクラスム(イコン破壊運動), 世俗に対抗する「内面(良心)の自由」の欠如, 静寂主義, 修道院, 単性論(イエスの神性か人性尊重, 両性論(神性と人性両性の並立),無からの創造, 三位一体論, 善の欠如, 教父哲学, ミッレト制, マスジド(モスク)	キーワード	7つの秘蹟〔洗礼, 堅信, 告解(懺悔), 婚姻, 聖体,品級, 終油〕, 僧職者の婚姻禁止, 事効論(サクラメント自体に有効性), 人効論（サクラメントの効果は人物による)。異端尋問, 異教弾圧, 原罪論,純粋父性への回帰, 呪術からの解放, 肉体の聖化, 聖書福音主義, 免罪符, ウナム・サンクタム

〔引用文献〕『ニューステージ世界史書詳覧』浜島書店，宇都宮輝夫他著『面白いほどよくわかるキリスト教』日本文芸社，小滝透『神の世界史キリスト教』河出書房新社他。

表2　ギリシャ正教とローマ・カトリック（2）

ギリシャ正教	英語	カトリック
イイスス・ハリストス	Jesus Christ	イエズス・キリスト
ローマ総主教	pope	（ローマ）教皇
主教	bishop	司教
司祭	priest	司祭
輔祭（ホサイ）	deacon	助祭
機密	sacrament	秘跡
聖洗	baptism	洗礼
聖体礼儀	Holy Communion	聖体（拝領）
神品（シンピン）	ordination	叙階
奉神礼（ホウシンレイ）	liturgy/worship	ミサ（聖祭）
大斎（ダイサイ）	Lent	四旬節（シジュンセツ）
全地公会議	ecumenical council	公会議
籍身（セキシン）	incarnation	託身
聖神	Holy Spirit	聖霊
生神女（ショウシンジョ）マリア	Blessed Virgin Mary	聖母マリア
天主経	Lord'Prayer	主祷文（シュトウブン）
信経	creed	信条

〔引用文献〕山我哲雄『新装版図解これだけは知っておきたいキリスト教』洋泉社 2011年，他。

治の手段として利用するようになった。キリスト教は，ローマ皇帝の支配下で，アレクサンドリア，エルサレム，アンティオキア，コンスタンティノープル，ローマの5総主教座（五大教会）が分管する形で発展した（7世紀に前3者が回教世界に入った）。帝国内に余りにも広範に敷衍したため教義の統一が必要になった。皇帝は度々全教会会議（公会議）を開催して教義の統一，論争の収拾を図った。森安達也によれば，ギリシャ正教は，東西両教会で合意した757年までの第7回までの公会議で決定された教義を基盤とする，共通の典礼儀式や習慣を持つキリスト教の総称なのである。

（1）ニカイア公会議(325年)と三位一体説(表3参照)

　4世紀にはキリスト教は，ローマ帝国の公認宗教（313年）となり，最終的には国教となる(392年)。

　コンスタンティヌス帝が神学上の論争を収拾するため，ニカイアで召集した

表3　キリスト教公会議

回数(開催年)開催地　主な議題と論点,決定事項,関係人物等
第1回(325)ニカイア(第1回)(トルコ 北西部, 現イズニク) コンスタンティヌス ローマ 皇帝主催(コンスタンティヌス帝はその時キリスト教徒ではなかった) アリウス派「キリストは神に最も似た,最高の被造物だが,創造者の神自体と異質」 アタナシウス派「神とキリストは,その本質において同一」(同一本質論) ○ニカイア信条　→神の子は, 父なる神と同一実体(アリウス派排撃,復活日制定)
第2回(381) コンスタンティノープル(第一回)(現イスタンブール) テオドシウス1世ローマ 皇帝主催(テオドシウス帝の死後, ローマ帝国は東西に分裂) 「精霊」は神自体か,神と区別された,神に従属する別の存在(天使)か。 ○ニカイアの場合と同様の「同一本質説」により,精霊に完全な神性が認められた。 カッパドキア派:父・子・精霊は絶対的な統一一体(ウーシア) →正統教義。(→後の 三位一体説の理論根拠)→アポリナリウス派排撃(379〜395),マケドニオス派排撃
第3回(431) エフェソス(トルコ 西部)　　　ネストリウス派(中国へ伝わり景教) 聖母マリアが生んだのは「神」か「人」か。 ○キリストの神性と人性の両性論確立→マリアは, 真に「神の母」。 対立したネストリウス派「マリアが生んだのは「人」としてのキリストだけ」→排撃
第4回(451) カルケドン(トルコ 西部)単性派(コプト ,アルメニア ,エチオピア ,ヤコブ 派)排撃 ○カルケドン主義(キリストの神性と人性の両性論)が確認された→正統教義。 →単性論(キリストにおいては,人としての性質は神の性質に吸収される)異端排撃 ペテロ(天国への鍵番人)がローマに教会を設置した→ローマが名誉的首位権。
第5回(553) コンスタンティノープル(第2回) 　　三章論争→ネストリウス派排撃
第6回(680〜81) コンスタンティノープル(第3回) 　　キリスト単性論排撃
第7回(787) ニカイア(第2回) 　　受肉(キリストにおいて神が人となった) 論→聖像崇拝承認 第8回(869〜70) コンスタンティノープル(第4回)フィティオス離教 第9回(1123)ラテラノ(ローマの1地区名)(第1回)　叙任権論争の解決 第10回(1139)ラテラノ(第2回)　ブレシアのアルノルドゥスとの教皇分裂 第11回(1179)ラテラノ(第3回)　教皇選挙法 第12回(1215)ラテラノ(第4回)　ワルド派・教会改革・十字軍・化体説 第13回(1245)リヨン(第1回)　神聖ローマ帝国フリードリヒ2世の破門 第14回(1274)リヨン(第2回)　教会再合同・聖地回復 第15回(1311 〜12) ヴィエンヌ　テンプル騎士団・聖地回復 第16回(1414 〜18) コンスタンツ　教会改革・フス火刑 第17回(1438 〜12) フィレンツェ　フス派問題・教会改革・東方正教会との合同 第18回(1512 〜17) ラテラノ(第5回)教会改革 第19回(1545 〜63) トリエント　プロテスタント問題・教会改革・教義の確定 第20回(1869 〜70) バチカン　教皇無謬説 第21回(1962 〜65) バチカン　教会改革

(注)　第8回公会議以降は, ローマ・カトリック教会のみが認める。
〔引用文献〕山我哲雄『これだけは知っておきたいキリスト教』洋泉社, 2011年, 53 頁他。

表4　ユダヤ教とキリスト教

	ユダヤ教	キリスト教
性格	民族宗教　一神教	世界宗教　一神教
信者数	1512万人 （ブリタニカ国際年鑑2007）	21億7318万人 （ブリタニカ国際年鑑2007）
成立世紀	紀元前13世紀	1世紀
創始者	（モーゼ）	イエス
信仰対象	神(ヤハウェ)	神, イエス, 精霊
聖典	ヘブライ語聖書(旧約聖書) タルムード	旧約聖書 新約聖書
儀礼・戒律	厳しい戒律 安息日, 割礼, 食事のタブー(コーシェル)	洗礼, 聖体, 堅信等 精神的規範
特徴	選民思想, 契約	原罪, 贖罪, 愛
行事	過越祭, 仮庵祭, 律法祭	イースター, ペンテコステ, クリスマス
信者用施設	シナゴーク(会堂)	教会
聖地	エルサレム(イスラエル)	エルサレム（イスラエル）, バチカン(バチカン市国), サンディアゴ・デ・コンポステラ(スペイン)
主な宗派	正統派, 保守派, 改革派	カトリック(旧教), プロテスタント諸派（新教）, 東方正教会（ギリシャ正教）, ユニエイト(ギリシャ・カトリック)
律法	律法の遵守(律法主義)	形式的な律法より心を重視せよと批判(イエス・キリスト)
選民	選民思想(自分達は神に選ばれた民である) 蔑視の対象(病人, 罪人, サマリア人, ローマ人, 徴税人, 売春婦)	民族を超越し, 病人, 罪人等全ての人を救済する。
姦淫	姦淫は最も重い罪	原罪思想に基づき, 姦淫した者を咎める者を批判
隣人愛	愛憎「隣人を愛し, 敵を憎め」	「敵味方なく隣人を愛せ」
復讐	「眼には眼を, 歯には歯を」 『旧約聖書』「出エジプト記」21章24節	復讐の禁止「右の頬を打たれたら, 左の頬を出せ」

(出所)塩尻和子他監修『図解宗教史』成美堂出版, 2008年。

宗教会議で，父なる神，子キリスト，聖霊は同質であるとした三位一体説を採るアタナシウス派を正統，キリストに人性を認めるアリウス派を異端とした。アリウス派は，帝国外のゲルマン人に普及した。395 年にローマ帝国は西ローマと東ローマ帝国（ビザンツ）に分裂した。

(2) エフェソス公会議（431 年）

イエスの神性を否定するネストリス派は，エフェソスの宗教会議で異端とされ，新たな信条の作成を禁止した。

(3) カルケドン公会議（451 年）と両性説

イエスの神性と人性の位格的一致（両性）を確認した。教会内部にはこれを支持するカルケドン派と反カルケドン派（単性派，イエスには神性しか認めない）の対立が残った。476 年に西ローマ帝国は滅亡した。

(4) 聖像禁止令（726 年）と東西両教会

ビザンツ皇帝レオン 3 世は，偶像を禁ずる回教の影響を受けた小アジア領民の支持を保ち，修道院・教会（聖像容認）の勢力を抑制する為聖像禁止令を発し，ローマ教会はゲルマン人の布教から聖像を容認した。第 7 回公会議 787 年ニカイア（第 2 回）で東西両教会とも聖像崇拝を承認した。

(5) カトリック側の信条違反とフィリオクェ論争（9 世紀）

エフェソス公会議 (432 年) で，新たな信条の作成を禁止した。それにも関わらず，カトリック側は信条にフィリオクェ (filioque[12]［及び子から］) を追加した（最初はスペインで 7 世紀，ついでカロリング朝フランクで）。つまり，精霊が「父から出る」が「父と子から出る」に変えられた。これが慣習に止まっているうちは良かった（6 世紀末典礼時での信仰告白にフィリオクェの語を追加した）。しかし，ローマ教会がそれを是認し，その影響がブルガリアまで及んだ為，コンスタンティノープル総主教フォティオスがローマ教皇ニコラウス 1 世を破門 (867 年)。ここから，フィリオクェ論争が始まった。

(6) キエフ公国建国（882 年）

862 年リューリックがノヴゴロド国建国。882 年キエフ公国（キエフ・ルーシ）成立。989 年 ウラディミール 1 世 (在 980 頃〜 1015) ギリシャ正教に改

宗。1237年バトウ麾下(きか)のモンゴル軍が侵入(タタールの軛(くびき)(〜1480)始まる)。1240年バトウ，キエフ占領。キプチャク＝ハン国(1243〜1502)成立。

(7) 文化的相違から東西両教会完全分裂(1054年)

　北方から南イタリアに進出したノルマン人の海賊行為で苦悩していたビザンチン皇帝がローマ教皇レオ9世と共闘すべく，1053年にローマから特使を招いた。コンスタンティノープルに着いて，フンベルトス特使が，妻帯し，髭をのばした聖職者たちが，典礼のパンに酵母が入れられているのに仰天した。文化的摩擦が発端で神学論争まで発展。1054年東西教会は相互に破門宣告し，分裂。

(8) 第4次十字軍のコンスタンティノープル教会冒瀆行為(1204年)

　1204年，進路をそれた(聖地をイスラム勢力から奪還することが目途の)第4回十字軍(カトリック側)が(同じキリスト教の正教側の)コンスタンティノープルに乱入し，市街で略奪行為，教会を冒瀆し，イコンを叩き壊した。聖遺物〔不朽体〕は不浄の場所に捨てられ，総主教の玉座には娼婦が座り込んで，卑猥な歌をわめきちらした。教皇インノケンティウス3世は十字軍の暴行を非難したが，一方で(十字軍の運送を請負い，共同出資者の)ヴェネツィア人をコンスタンティノープルの総主教に任命した。ビザンツの人々はカトリックに不信感を持った。精霊の問題(フィリオクェ)によって，ローマは正しい信仰から離反したが，今や，この問題で解決する真実の基準さえも失ってしまったと，正教側に強く印象付けた。(塩野七生『海の都の物語』第3話第4次十字軍, 新潮社)

(9) モスクワ公国成立(1462年)

　1448年ロシア正教会がコンスティヌポリス総主教座より独立。モスクワ府主教が格上げで，実質的に東方正教会の中心となる。1453年ビザンチン帝国滅亡。1462年にイワン3世がモスクワ大公国成立。1589年モスクワ総主教座創設。1721年ピョートル大帝が総主教制廃止し宗務院創設。

4.　欧州中世における普遍論争 [13]

　欧州における普遍主義の背景にはローマ帝国による広大な領土を統治するというテーマが存在した。その思想的支柱としてスコラ哲学があった。

　狭義の中世哲学は，西方において 9 世紀から 15 世紀にわたって学校（スコラ）を場として学僧としての旅人によって形成されたので，スコラ哲学と呼ばれた [14]。

　スコラ哲学は，キリスト教教理（アウグスティヌス（354–430））と，イスラム世界から逆輸入された [15] アリストテレス（紀元前 384–322）[16] の哲学を融合させた哲学であり，そこではプラトンの観念論は抑圧されることになる。

　中世初期の苦闘の時代を過ぎ越し開花した「12 世紀ルネサンス」と呼ばれるこの中期スコラ哲学 [17] 時代には，商工業の発達とともに都市化も進み，従来の農村型修道院付属学校に代わって都市型の司教座聖堂付属学校で哲学が模索された。「都市の空気は自由にする」といわれたパリでは，後にエロイーズとの恋物語で有名となったアベラルドゥスが弁証論の大家として所謂「普遍論争」[18] を仕掛けた [19]。彼はポルピュリオスがアリストテレスの『カテゴリー入門』で問い，ボエティウスによってラテン的問題となった「普遍（類，種）」は実在するか否や，もの（res）や音声（vox）という問いを思索したのである [20]。

　ここで当時の普遍論を大略概観すると，以下の 3 つに分けられる。

　(1) 実在論：信仰は理性に先立ってある（ante rem）とする教説（極端な実在論としてのプラトン的イデア論，アウグスティヌスの範型論等），初期スコラ哲学。

　(2) 概念論：信仰は理性の中にある（in re）とする教説（個体の中に分割されてあるとするアンセルムスの実在論や，個体の本性に基礎を持つとする緩和されたシャルトル学派の実在論等），アリストテレス，アベラール（新カント派的立場にたつ）

　(3) 唯名論：理性を重視し，信仰の後にある（post rem）とする唯名論（普遍を「音声の風 flatus vocis」とするロスケリヌス，オッカム等）に大別される。ゼノン及びストア派学派アベラール（アベラルドゥス）の著作は唯名論的色彩が強い。

　普遍論争は，信仰と理性のどちらが優先するか（実在論対唯名論）の論争で，11 世紀から約 300 年にわたって神学界に展開された論争である。13 世紀のトマス・アクィナス（1225 ～ 74）の理性と信仰はお互いに補うものであり，理

性は信仰に仕えるべきものであるという，両方の折半した形の概念論で一応収拾するが，その後も燻りつづけていた。詳しく説明すると，次のようになる。

　アベラルドウス自身は，普遍がものを表示する言葉（sermo）であってものの状態を表示するとして，普遍を事物や概念と区別された言語論の次元で模索して唯名論者の域を越え，現代哲学と共鳴している[21]。しかし当時の哲学は，事実上，狭義の弁証論に限られ，三段論法的推理の合理性をそのまま根拠に至る道とした点は否めない。それ故，既にペトロス・ダミアニ（11 世紀）のように，弁証論的「哲学は，神学の侍女」という弁証論への不信を表明した人がいた訳であり，シトー会士のベルナルドウスは，弁証論より十字架の謙遜を学んで意志・愛を通じた根拠に帰郷する道を説いた。弁証論と信愛の哲学を「知解を求める信」の方法によって止揚統合した人こそ，「スコラ哲学の父」と称されるカンタベリーのアンセルムスであった。この折衷案が出て，ひとまず論争は中断するが，依然燻り続けることになる。そして，中世には神だけに向けられた哲学的関心が，15 〜 16 世紀における東方世界への視野拡大に伴って，ギリシャ的古典思想の再生（ルネサンス）を迎えることになる。人間そのものの「グローバル」な理解を目指そうとする人間主義的関心へと転化する[22]。

　西欧近代哲学の祖と言われるデカルトにあっては，他の存在を必要としない実体としての全知全能の神でさえ，その存在が「我思う」という人間精神を梃子にして証明される。そうして神観念のごときが人間にとって「生得観念（idea innata）」であるか否か，また数学的合理性にどのような位置づけを与えるかを巡って，西欧近代哲学はスピノザやライプニッツ達の欧州大陸「合理論」（理性の哲学）と，ロックやバークリーやヒュームらの英国「経験論」に分岐していく。経験論は諸観念が人間の経験からのみ派生すると考える点で人間中心主義を徹底させたと言えるが，しかし「あらゆる認識は経験とともに始まる ...... が，全てが経験から派生するのではない」として合理論と経験論との融合を図ったのがカント[23]であった。所謂ドイツ観念論にあっても，あらゆる経験や思考の主体たる自我の何たるかが哲学研究の中心課題となる[24]。

第2節　ロシアにおける普遍論争[25]

　国家としてのロシアは長い間巨大な農奴制の上に成立していた。その統治にあたってスラヴ的な伝統的ナショナリズムと普遍的価値の対立・統合というサイクルの繰り返しが続いた[26]。農奴制の上に成立した貴族的な風土から生まれた思想は王権と貴族による統治の構造を強化することとなった。

　ロシアは，ローマ帝国と全く無関係であった為，古代文明を相続しなかった。人格の自由，人間性の発展といった人文主義の思想はロシアに根をおろさなかった。これがロシアが20世紀に至るまで，アジア的暴君ツァーリの専制を甘受した理由の一つである。又ロシアはローマ法王の勢力圏外にあり，ギリシャ正教をとった為，教権は最初から政権に従属しており，アジア的祭政一致を具現化した。その結果教権に対する自由な個人の反抗が，国民国家に支援されて爆発するという西欧の宗教改革は，ロシアには無縁であった。このことが，近代文明の推進力である自主的先取的精神の芽生えを永く抑圧したことはいうまでもない[27]。

1.　ビザンツ文化とタタールの軛

　15世紀ロシアの精神生活には2つの主要な伝統が認められる[28]。

　主に農民や農奴の間で根づいた古スラヴ的と呼んでもよい古代的伝統と，主に貴族的インテリ層に広まった，より新しいビザンツ的，キリスト的，普遍的伝統とである。古スラヴ的な宗教観念や祖先崇拝は人々の精神や心に深く刻み込まれていた。この古代的基盤の上に，10世紀になってからキリスト教（ギリシャ正教）が重ねられたのである。公的にはキエフ時代に全てのロシア人が改宗したことになっているが，キリスト教がしっかり根を張ったのは都市の中だけで，農村には教会も少なかった[29]。そして，キリスト教に，ロシアなりの味付けが成された。ロシアはもともとユーラシア的背景を持ち，また1243年から1480年までの長い間「タタールの軛」[30]と言われるようにモンゴル人に支配

されてきたので，この時代のロシアの生活や文化は，東方からかなりの大きな影響があったと考えられる。とはいえ，キリスト教とイスラム教との間には尖鋭的な対立があったから，ロシアの宗教生活に決定的な影響を与える可能性はなかった[31]。むろん，モスクワ公国の行政制度や軍隊組織等は多くの点でモンゴル式を真似たものだった。財政に関する一連のロシア語はタタール語からの借用である（例えば，タムガ＝関税[32]，デニガ＝貨幣[33]）。ロシアとカトリック的西方の基盤は共通だったが，ギリシャ正教とローマ・カトリック教会との分裂がロシアと西方との文化的障壁を割り出す結果になった。そして，キエフ公国が，当時のビザンチン帝国からギリシャ正教を受け入れた時，正教と対立するカトリックに対する激しい憎悪や不信も入ってきた。そして，その２つのこと（ギリシャ正教への熱烈な帰依と，カトリックに対する激しい憎悪）がロシア人のメシア意識を生み出す重要な原因となった[34]。ロシアはより西方のポーランドやリトアニアと違い，西方（ローマ・カトリック）からの影響が最も微弱だった。その原因は，一つにはモスクワが西方から遠隔の土地であったという地理的背景もあったし，もう一つには東ロシアのモンゴル支配が西ロシアのそれに比べて一世紀も長く続いたことにもあった。また，モスクワ国家の形成に正教会が極めて重要な役割を負ったこと。14世紀中葉以降は，正教会はタタールに対するロシアの抵抗と独立闘争における精神的指導者になっていた[35]。正教会が当時のロシアの普遍主義を形成した。

2.　第3ローマ論 [36]（16世紀初頭における政治理論）

　ロシアは自らの民族や社会や国家を神聖化する傾向が強い。「第3ローマ」論もそうである。例えば，モスクワを「第3ローマ」とする考え方である。第1のローマは，ローマ帝国のローマはカトリックであるが，「異教化して滅亡」し，第2のローマの（東ローマ帝国の首都の）コンスタンティノープルはトルコ人により陥落，第3のローマであるモスクワが，本当の意味でローマの役割を果たすというものである。

　1448年ロシア正教会，コンスタンティノポリス総主教から独立。1453年，

表 5　ニーコンの改革と古儀式派 (分離派，旧教徒)

ニーコン改革（1654年）		改革以前及び古儀式派（分派）
動乱後の国内安定の為，ギリシャ正教会の基準に合わせる目的。手工業部門の活動的で企業家精神に富む臣民の多くがこの信者。分派弾圧の為，正教会の分裂で国家の弱体化を招いた。	改革理由反駁理由及び社会的影響	もしロシアが聖なるロシア，モスクワが第三ローマなら，フィレンツェ宗教会議で正教の本義を裏切ったギリシャ人に範を採らねばならないのか。我々の信仰はギリシャの信仰でなく，キリスト教の信仰（ロシア正教）である。
ギリシャ人と同じ3回に	礼拝のハレルヤの回数	2回
「アリルイヤ」：「アリ」は父，「イリ」は子，「ウイヤ」は精霊		
ギリシャ人と同じ3本指で（＋親指）	十字架を切る指の数	2本指（人指し指，中指）（『モロゾワ大貴族夫人』画
ИИСУС（И＋）正しい発音に近づける為	イエスの綴り	ИСУС
5個	聖体礼儀の聖餅の数	7個
「ギリシャ十字」上下左右の腕木の長さが等しい。普通の十字架。	十字架	「ロシア十字架」（「八端の十字架」）普通の十字架の横棒の上と下に短い横棒がついていて，下の横棒は右端を斜め下に傾けている。上の横棒は，キリストがゴルゴダの丘で磔刑に処された時，額に打ちつけられた「我はユダヤの王」と記した板を，下の横棒は足台を表現。
主イエスを表す大きな葱坊主を中心に，福音書を記した4使徒ルカ，マタイ，マルコ，ヨハネを象徴する4つの葱坊主がそれを囲む形	教会の葱坊主状の屋根	1つの素朴な葱坊主形。葱坊主は，火焔を表し，教会内での精霊の活躍を象徴している。
太陽の歩みと反対，つまり反時計回り。	儀式後，教会の回りを一周する際の方向	太陽と同じ方向（時計回り）（ポーソロニ）
「教会」を「寺院」へ「寺院」を「教会」へ	経典の中の名称の変更	「教会」：ツェルコフィ「寺院」：フラム
スラヴィネツキー「ギリシャ的」教養，シメオン・ポロツキイ「ラテン的」教養。スコラ的理性	理論的支柱	キリストからのみ得られる簡明とへりくだりを旨とした知恵（理論的脆弱性）。スコラ哲学やギリシャ哲学に対する理論的反駁が難しい。
新しいもの，欧州，異端（プリヤディ），ローマ・カトリック，ローマの犬（ピヨス），よそ者のロシア人のドイツっぽども（ドルギヤ・ネムツイ・ルスキヤ），理性。	キーワード	伝統的なもの，ロシア，正統，正教，終末論，反キリスト（666），ユロージヴィ（佯狂者ようきょうしゃ）〔・フリスター・ラージ〕，アヴァクム神父，ウーニヤ，スカルガ，モギーラ，信仰，ポサード（郊外商工地区），フィロカリア，静寂主義者ヘシカスト，神のエネルゲイア，スタロオブリヤーツィ，ラスコーリニキ，秘跡。

〔引用文献〕原卓也監修『ロシア』，御子柴道夫『ロシア宗教思想史』他。

ビザンツ帝国滅亡。ロシア皇帝イワン 3 世（在位 1462 ～ 1505）は 1472 年ビザンツ帝国最後の皇帝コンスタンティノス 11 世の姪ゾエ（ソフィア）との婚姻により，モスクワを人類史上最後のキリスト教世界帝国の首都とするもので

ある。プスコフの僧フィロフェイ Filofei がヴァシーリー3世らモスクワ大公らに宛てた書簡のなかで表明された。彼によれば，ローマ帝国とビザンチン帝国（二つのローマ）は真の信仰から逸脱したために滅亡したが，モスクワ・ロシアはその後継国家として，世界を終末の時に至るまで支配する，という。

　この思想は聖職者としての立場から表明されたものであり，これを直ちにモスクワ国家当局の世界支配への野望とすることはできない。だが，それが当時モンゴルの支配を脱して，欧州の国際政治の舞台において重要な役割を果たし始めていたモスクワ・ロシア国家の発展と相まって，初めて可能となったものであることも確かである。この思想は，当時のモスクワ・ロシア社会に高まりつつあったロシア民族主義的風潮（例えば＜聖なるロシア＞という考え）と一体となって，近世初頭のロシア思想の一潮流をなすと考えられる。17世紀中葉の総主教ニーコンの典礼改革がロシア正教会の伝統と優位性を否定した時も，古儀式派の間でこの思想は保持されたが，ピョートル大帝時代にその現実性を失った。

3.　ニーコンの改革 [37] (1654年) (表5参照)

　モスクワ総主教ニーコン（在位1652〜66）が皇帝アレクセイ・ミハイロビチの信を得て，ノヴゴロド府主教からモスクワ総主教に就任。当時懸案の典礼改革に取り組み，典礼書の誤りと典礼上の慣行をオスマン帝国下の東方の教会の例にならって改め，それを全教会に強制した。更に俗権に対する教権の優位を主張したため，皇帝の寵（ちょう）を失い，1658年に総主教を辞任し，66-67年の主教会議で正式に罷免された。ニーコンの改革自体は強制的に実施されたが，これに反対する多数の聖職者，修道士，信者は破門された総称をラスコニーリニキと呼ぶ。ラスコニーリニキは分離派の意味だが，分離の理由として旧来の典礼に固執したために古儀式派とも呼ばれる。

　最初キリスト教徒は一本指で十字を切り，そうすることによって，異教の多神教に対する唯一神信仰を強調していた。ニカイアの公会議（315年）で，キリストのなかの2つの本性は同質であるという教義が公認されてのち，キリス

ト教徒は二本指で十字を切るようになった。ロシアがキリスト教に帰依したとき，ビザンチン帝国ではまだ二本指で十字を切っており，その慣習がロシアにも入ってきたのである。その後11世紀になると，神の三位一体性を否定する新しい異端が現れた為，それに対抗すべく三本指（三位一体のシンボル）で十字を切るように定められた。しかしロシアはビザンチンから隔たっていた為，この慣習はニーコンの頃まで，まだロシアへ入ってきてなかった。旧教徒たちは，ビザンチンにおける教会文化のその後の発達について何一つ知らず，頑固に二本指を主張するようになった（ゼルゲイ・レヴィーツキイ，高野雅之訳『ロシア精神史』264頁注9）。

4. ピョートル大帝と西欧思想

　18世紀初頭，帝政ロシアの礎を築いたピョートル大帝（在位1682～1725）が古いロシアを改革しようとした時，彼はそれまでのモスクワ公国的な土着のロシアに，当時としては普遍主義と言ってもいい西欧の文化や科学，技術，制度，生活様式を導入して，政治体制もロシアの生活も西欧的に改めようとした[38]。

　だがこの「文明開化」の改革は当時のロシアの伝統的な社会からは，自分達が守ってきた基本的価値，或いはアイデンティティを否定する行為と受け止められ，危機感をもって迎えられた。特にロシア正教を墨守していた人々は，キリスト者のシンボルである髭を蓄えていることを禁止したり，髭に課税したりしたピョートル大帝を「悪魔の手先（アンチクリスト）」と呼び，また大王が欧州の建築家を招いて作り上げた，モスクワとは全く異なるバタ臭い西欧的都市サンクトペテルブルクを「悪魔の町」とみたほどである[39]。この土着的（或いは古スラヴ的）なロシア・ナショナリズムと普遍主義的な西欧文明のぶつかり合いのなかで両者のアマルガム（合金）として生まれたのが，「帝政ロシア」という新しい伝統，新しいナショナリズムだった。トルストイの『戦争と平和』には，西欧文化とロシア愛国主義の融合した帝政ロシアの新しいナショナリズムの雰囲気が見事に描かれている[40]。

図3　中世欧州とロシア

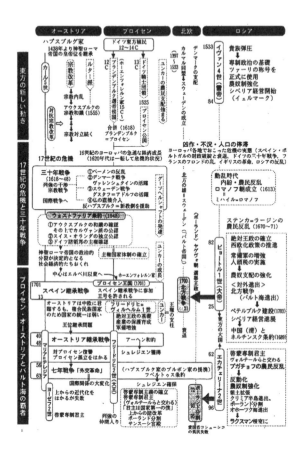

〔引用文献〕谷澤信也編『山川ヒストリカ』山川出版社，106-107頁。

5. 啓蒙思想とロマン主義

(1)　啓蒙主義

　欧州の 17 〜 18 世紀市民革命・市民社会形成の屋台骨となったのは啓蒙思想である。啓蒙思想とは人間理性によって人民・社会をよりよい文明へと進歩させるものとしてあった。とりわけフランスのサロン的土壌の中で，啓蒙思想はスコラ哲学・教会権力への抵抗から革命を予兆を孕み，思想，国家，法律，道徳，人類史とあらゆる領域の批判と刷新を図る。英国経験主義や独ロマン主義と呼応し，反発する側面を持っている [41]。

　18 世紀欧州における啓蒙主義に対抗してロシア啓蒙主義を確立した思想家にラジーシチェフ（1749 -1802）がいる。1790 年に農奴制を激しく批判した『ペテルブルクからモスクワへの旅』を自宅の印刷所で印刷し，出版したが発禁処分となり，逮捕され，死刑を宣告された。後に 10 年のシベリア流刑に減刑された。この著で，彼は一旅行者の手記の形を借りて，農奴制下の農民の悲惨な生活を描き，改革の必要を訴えている。ロシア啓蒙思想を代表する著作である [42]。

　19 世紀の際立った特徴の一つは，イデオロギー（観念形態）としてのナショナリズムが，欧州の中心とする政治的，文化的影響力を持つようになったことである [43]。こうした現象が，フランスの市民革命が典型的に示しているように，当時の広汎な経済的，社会的，文化的な変化にも起因するものであったことは言うまでもない。欧州の辺境に位置するロシアも，ナショナリズムという新しい政治的イデオロギーの影響から逃れられなかった [44]。

　民族的覚醒を強要されたロシアの「応答」が始まるのはこの時点からである。欧州の「挑戦」に対する「応答」としてのロシア・ナショナリズムの思想形成は，欧州の感化を受けて，何よりも先ず第一に，怒濤のように押し寄せた「ドイツ・ロマン主義」の波に洗われて齎されることになる [45]。

(2)　ヘルダーのドイツ・ロマン主義 [46]

　言語に基づく民族主義を初めて唱えたのは，東プロイセン出身の哲学者ヨハン・ゴット・フリート・ヘルダー（Johann Gottfried Herder, 1744–1803）であった。理性の万能性を強調する 18 世紀末の合理主義思潮に対して，古典主義とロマ

ン主義は理性を越えた人間の能力，すなわち本能，幻想及び過去への礼賛を強調した。ケーニヒスベルク大学で，イマヌエル・カント（Immanuel Kant）とヨハン・ゲオルグ・ハーマン（Johann Georg Hamann）に師事した。スピノザの影響を受けて汎神論者だったハーマンは，人類は神の創造秩序の内にあり，美と真実は自然と歴史を通じて表現され，人類は時と場所に係わらず神の創造と相関関係にあると考えた。ヘルダーは又ライプニッツの単子(モナド)論を借用して人間個人を最小の単子に準え，それぞれの単子が家族，民族，人類と順により大きな単子を形成して，最大の単子である神に近づくと考えた。これが人間性発展の理論で，個人の社会に対する行動は，人間性に対する行動として捉えた。人間性は全世界的な存在であるが，その部分である民族は地域ごとに相違する。そこでヘルダーは民族間の相対性，平等性を唱え，選民概念を否定したのである。民族の重要な構成要素は，教育を受けた市民層であった。ヘルダーは教育を，政治的自由の達成を目指す社会的発展の為の最も重要な推進力だと考えた。国家に対して彼は，「自然（有機的）な国家は民族性を有する民族」であると規定した。民族と国家は相互に機能し合うが，有機的には民族が国家を形成するので，民族の方が国家よりも重要であった。

(3) 後発の利益とドイツ・ロマン主義

　そして 19 世紀の 20 年代 30 年代になると，ロシアの思想家達は，西欧より遅れて発達したロシアは「後発の利益」を享受でき，西欧が陥っている誤りを避けて通れるとさえ，思うようになった [47]。例えば，このころの思想的状況を描いた一種の哲学小説『ロシアの夜』の作者オドエフスキは，「19 世紀はロシアのものだ」「ロシアは欧州の肉体だけでなく，魂も救わねばならない」と，自信をもって自分の主人に叫ばせている [48]。そう叫ばせた背景にあるのは，後発の有利さを利用すれば西欧の欠点を避けて通れる，という消極的なロシアの特権意識だけではない。ドイツ・ロマン主義の影響も大きい。

　1820 年代，ロシアの思想家がドイツ・ロマン主義に熱中したのは，外から影響のものとして，ナポレオンの進入があり，国内的原因としてデカブリスト達の運動の挫折，ニコライ皇帝の専制的統治の始まりがあった。哲学や文芸の

新しい理念であるロマン主義は，18世紀末に，それまで主流だった啓蒙主義
や古典主義への反動として西欧に広まった。

　一般的に言えば，ロマン主義は，啓蒙主義の特徴だった理性の尊重とか，理
性万能の考え方に反対した[49]。人間の理性を開発していけば，人類には無限
の進歩が約束されているという考え方に反対して，理性だけでは認識できない
ような非合理的な世界，理性だけでは解明できないような有機的な統一を持っ
た世界，そういう世界こその本当の姿であり，そこにこそ目を向けなければな
らないと主張した[50]。

　また，ロマン主義は，啓蒙主義の特徴だった普遍主義にも反対した。理性を
開発して得られる無限の進歩は，国民や民族の違いを越えて，世界中へ，全人
類へ，遍（あまね）く適用し広げていくことができるという，普遍主義的な考え
方に反対し，そういう普遍主義では律しきれない個別のもの，「個」の独立性や
重要性を強調した[51]。

　普遍的な欧州世界全体についての関心より，自分の祖国に対する関心の方が
思索の中心となり，どの国やどの民族にも共通な法則ではなく，自分の国だけ
の特殊性が探究されるようになった[52]。

6. ナポレオンとメシア思想

　1812年，モスクワまで進入したナポレオン軍を，ロシアは追い出した。敗
走するフランス軍を追って，今度はロシア軍が欧州の中まで入り込んだ。ロシ
アは初めて西欧と対決し，しかもその最大勢力に勝利した。そればかりではな
く，旧秩序に戻った欧州で，ロシアは自由主義や革命勢力を抑える憲兵の役を
任され，解放者としての自信を持ち，そうした自信から新しいナショナリズム
を生み，それがまた，世界の歴史においてロシアが果たすべき役割についての
新しいメシアニズム（救世主）を，やがて生み出すことになる[53]。1853年7月，
ロシア軍は4万の兵力をドナウ川の南岸へ送り，（英仏の支援した）トルコとの
クリミア戦争になった。これはそもそも，フランスのナポレオン3世が口火を
切ったことから始まった。それまで，正教徒が握っていた，トルコ占領下のパ

レスチナの宗教的管理権をカトリック教徒に譲るようにトルコに請求した。ロシアのニコライ1世は，トルコ領内の正教徒の安全保護をトルコ政府に要求するという形で，これに応酬した。実際には，聖地巡礼者が落とす莫大な金は誰が握るか，近東の利権や海峡の支配権は誰が握るかという争いだった。しかしロシア政府の掲げた旗は宗教戦争の旗だった。回教徒トルコ人の支配下で苦しむバルカンのスラヴ人正教徒を解放し保護するという，十字軍の旗が翻（ひるがえ）った。ロシア社会の世論は，それに迎合し，これは「聖戦」なのだという，官民一体の叫びが高まった[54]。

　19世紀に澎湃（ほうはい）として興ったロシア・ナショナリズムが，スラヴ主義の宗教哲学や社会哲学によって深化し，またある程度体系化されたことは疑いのない所である[55]。ドイツ・ロマン主義哲学によって播種されたスラヴ派のナショナリズム思想は，ロシア正教の精神的風土の中で生まれ育ったロシアの貴族階級が耕し，施肥（せひ）した「モスクワ」ロシアの土壌に発芽したものであったといえよう。その思想的核心は何よりも第一に，「啓蒙主義時代」に対する反動であり，18世紀欧州が体現した抽象的な「コスモポリタニズム」に向かって放たれた抗議の声であり，欧州とは異質なロシアの民族的個性と歴史的使命の認知を求める民族主義的な衝動であった[56]。

7.「狂人の弁明」と普遍論争

　1825年12月，デカブリスト（12月党員）[57]と呼ばれる若い貴族達がフランス革命に心酔して，やはり普遍主義的な思想，つまり啓蒙主義や立憲主義に鼓吹されて，帝政ロシアを政治的に改革しようと蜂起したが失敗に終わった。

　19世紀後半のクリミア戦争後にも農奴制を中心とする様々なロシア社会が欧州社会と比べて矛盾点が明白になると，ナロードニキと呼ばれる人民主義者やアナーキー（無政府主義者），社会主義者が，そして20世紀初頭にはカデット（立憲君主党）と呼ばれる自由主義者達もが，保守化した帝政ロシアの体制崩壊を企てた。社会主義も無政府主義も自由主義も共に，特定の国や民族の文化とか価値を特に称揚する訳ではないという意味で普遍主義的な思想であり，それ

表6　ロシアにおける普遍論争

ロシアにおける普遍論争		
スラヴ派（スラヴァノフィールィ）	定義	西欧派（ザーパドニキ）
19世紀露の国粋的思潮とこれに属する人々		1840年代から50年代に掛けて，露で西欧派の近代化の必要を唱えた人々
キレフスキー（思想家） サマーリン（リベラリズム） ドストエフスキー（大地主義） アクサーコフ（パン・スラヴ主義） ベルジャーコフ ポニャコーフ チュッチェフ（詩人）	代表的論客	チャーダエフ カヴェーリン（右派，体制内改革派） チチェーリン ゲルツェン（左派の貴族，デカブリト派） ベリンスキー
ナポレオン戦争の民族主義の高揚とドイツ・ロマン主義の影響	思想背景	18世紀以降の西欧の革命運動に触発
ピョートル大帝の改革以前の社会，特にミール（農村共同体）を基盤とする社会，ツァーリの支配は容認。西欧型の官僚制には批判的。	社会 理想とする	西欧型市民社会，ピョートル大帝の近代化政策を更に発展させた改革を行い，立憲制の導入と農奴制の廃止も目標。
君主の家父長的国家	国家観	法治国家
反合理主義　有機体 反西欧　ロマン主義 反近代　後発の利益　救世主 正教　第三ローマ　霊体共同体 瘋癲行者信仰（ユロージヴィ） 農奴制　死せる魂 反ユダヤ主義，謙譲（スミレーニェ） ロシアの後進性 国家主義　大国意識　社会的連帯 専制　禁欲主義 宗教的純粋性　法の独裁　愛郷主義 （パトリオティズム）	キーワード	合理主義 西欧　ローマ帝国　宗教改革 近代化　文明　文芸復古 普遍主義　人文主義 個人主義　啓蒙主義 物質主義 無神論　唯物論 余計者　俗物性（メンチャンストヴォ）
ロシア指導のド，スラヴ民族の統一を説く ＜パン・スラヴ主義＞へ プーチン政権で復活。	影響 後世への	体制内での改革派と更に急進的な革命派に分裂。ロシア革命で唯物・無神論派が勝利し，以後70数年続く。

〔引用文献〕『最新世界史図説タペストリー最新版』帝国書院，186頁を追加。

らは啓蒙主義の落とし子でもある [58]。

　西欧派とスラヴ派が分裂する契機となった著作は，ピョートル・チャーダエフによる「第1の哲学書簡」(1836年)と「狂人の弁明」(1837年)である [59]。前者の著作で，カトリック教会を正当なキリスト教と考え，正教を異端視した。正教を国教とするロシアは，神に忘れられ，世界史で何の役にも立たない，無意味な国であり，ロシア人は創造性のない，精神内部が分裂した孤独で不幸な人々と決めつけた。このチャーダエフの余りにも自虐的な母国批判は，ロシア思想界をショックに陥れ，ニコライ1世は彼を狂人呼ばわりした。そこで，翌年(1837)に転向とみられる弁解である「狂人の弁明」を発表したのである [60]。

　チャーダエフは「狂人の弁明」の中で，ロシアは西欧のような歴史的経験が欠如しているが，これはロシアが西欧のような過去の重荷なしに未来を築ける特権であると，自国を持ち上げている。この思考法は，「第1の哲学書簡」にあった市民革命が進行する西欧に対して後進的な専制政治下にあるロシアの劣等感と裏腹に，ジャコバン派の恐怖政治に代表される，フランス革命の暴虐に対する恐怖心と，自国の平和な社会への愛着が動機として存在する。彼の「後進国の特権」思想は，市民社会の経験のない若いロシアが，市民革命で混乱を極めている西欧を救済できるという主観的で預言者的な発想を，西欧派とスラヴ派の両方に植えつけたのである [61]。

　西欧派はロシアを文化的に西欧化しようとする人々で，哲学的には唯物論（フォイエルバッハ），実証主義（コント），悲観主義（ショーペンハウエル），宗教的には無神論者（ニーチェ）であり，政治的には当然帝政ロシアに反対し，より自由主義的な国家を求める。このような傾向は欧州の近代が本質的なものである以上，容易に理解できることである。これに対して，スラヴ派はロシアの土着文化の価値を尊重する立場であるが，ロシアの土着文化はロシア正教と切り離せない。従ってロシア正教を弁護するというよりも，西欧的近代主義の中には見出しえない解答をロシア正教の中に見出そうとする。その代表者がドストエフスキー [62] とか，神学者ではソロヴィヨフ (1853-1900) 等である。彼らがロシア正教の中に欧州のニヒリズムに対する解答を見出したの

は，ロシア正教が近代西欧の二元論を越えた神を求めているからである[63]。

　19世紀のロシアは前述の如く文化的に二分されていた。即ち，スラヴ派と西欧派である。

8. スラヴ派

　スラヴ派とは，ナポレオン戦争勝利後のロシアで生じた，ロマン主義運動の一形態である[64]。ピョートル大帝が開始して，エカチェリーナ2世が推進した西欧化政策の下で，西欧文化に被(かぶ)れ自国の文化に無関心だったロシアの知識人達は，ナポレオンのフランスを打ち破ってメッテルニヒ体制を護持する「欧州の憲兵」になった自国の強大さと後進性の矛盾を痛感したのである。ここからロシアを西欧化させようとする西欧派と，ロシアの独自性を守ろうとするスラヴ派が分かれたのである。西欧派（ザーパドニキ）が西欧化された首都ペテルブルクに地盤を置いて大都市の知識層から支持されたのに対して，スラヴ派（スラヴェナフィーリィ）はロシア伝統文化の中心であるモスクワを拠点として農村部の地主貴族層から支持された。

　スラヴ派というロシアナショナリズム主義派は，欧州近代にロシアの発展モデルを発見した西欧派との論争を通じて，その思想を整備していった[65]。

　スラヴ派の代表的思想家イヴァン・キレエフスキー（1806-56）によれば，欧州・ロシア文化の差異は，宗教的なものにより本質的なものを発見するとした。欧州が「合理主義的，唯物論的，形式論理的，分裂的で，個人主義と人間存在の外的形式を重視する文明」なのに対して，ロシアは，「有機的，伝統的，神秘主義的で，精神的に統一された精神文化」である，とした[66]。

　スラヴ派の思想には，没落しつつある「俗なる」欧州に対する，一体的な精神を保持する「聖なる」ロシアの優位というテーマが「強迫観念」のように固着している。そしてそれは，今日のロシア民族主義達が繰り返し唱和している主張である。スラヴ派の主張によれば，ロシアはキリスト教信仰が最も純粋な形で具現化された世界であって，そこでは個人は全て教会という「霊的共同体（ソボールノスチ）」のうちに包摂されるのであり，そして全てこの共同体にこそ民族的

一体性を実現する基礎を見出すことが可能であるとした。そして，「没落しつつある」欧州を，共通のキリスト教を基盤に，「聖なる」ロシアが救済しなければならないとする，メシア思想をスラヴ派思想は持っている [67]。

　スラヴ派の思想は又中世的調和への郷愁を基調とするが，ドイツの保守的ロマン主義と共通点が多く，概して，近代市民社会の暗黒面を目の当たりにした，後発的資本主義国に固有な復古的ユートピアの一種と規定することができる。そのため，農奴解放後のロシアが資本主義への道を本格的に歩みはじめると，この思潮は反資本主義のイデオロギーとしての性格を失い，リベラリズム（自由主義運動）（サマーリン）やパン・スラヴ主義(I.S. アクサーロフ，N.Y. ダニレフスキー）へと転化し，他方，スラヴ派本来の性格を保持しようとした部分はドストエフスキーらの大地主義（ポーチヴェンニチェストヴォ）やK.N. レオンチェフの極端な反動主義へ，分岐していった。しかし，反西欧・反合理主義・反近代というスラヴ派のモティーフは近代文明の危機が叫ばれる折から，今なお存在理由を失っていない [68]。

　なお，ソ連時代の反体制派知識人の中には，ソルジェニーツィンを筆頭として，新スラヴ派と称される潮流があったが，ソ連崩壊後はこの潮流が堰を切ったように勢いを増し，この潮流のみならず，20 世紀初頭のロシア・ルネッサンス期の類似の潮流の思想家達の著作も大量に出回り，80 年に及ぶ唯物論と無神論の支配から，内面的に脱出しようと願う人々の心を癒している。

9. 西欧派 [69]

　西欧派は，当時ニコライ 1 世治下のロシアで顕在化した専制と農奴制の危機に対応して，彼らは立憲制の導入や農奴制の廃止を含む〈上からの改革〉によって平和裡に解決することを望んだ。1855 年のニコライ 1 世の死亡と，クリミア戦争の敗北後，カヴェーリンやチチェーリンは〈ロシアの自由主義者〉を自称し，その綱領的覚書で新皇帝アレクサンドル 2 世の "上からの" 改革を支持し，ゲルツェンやオガリョフらの社会主義的傾向を批判した。更に，貴族階級の支配的役割を認め，"下からの" 改革を拒否して，農奴制廃止後のロシア

の資本主義的発展を肯定した。61年の農奴解放令を巡って両者の分裂は決定的なものとなり，前者は体制内改革派として専制政府を支持し，後者はチェルヌイシェフスキーらの急進的な改革派を支持して，革命的運動に荷担する。両者を西欧主義と総称する史家もあるが，ソヴィエト史学では，後者を人民の利益を代弁し西欧派と対立する独自の思潮とみなし，ベリンスキーを含めて〈革命的民主主義者〉と呼んでいる。

10. ロシアにおける普遍論争

ロシアにおける普遍論争については，145頁の表6を参照されたい。

11. ドストエフスキーと反近代思想

ドストエフスキーはロシア正教の思想を代弁している。既に述べたようにロシアでは西欧主義者とスラヴ主義者が対立し，ドストエフスキーは後者に属していた。西欧主義とは当時の欧州の近代主義的思想(即ち唯物論，実証主義，悲観主義，無神論等)のその基本的な立場は無神論である[70]。ドストエフスキーの主張の一つは，このような欧州の合理主義と，その背後にある神を忘れた人間の自己主張は，人間の破壊を齎すだけだということである[71]。ドストエフスキーによると，神を見失うと人間は破滅に陥る。『カラマーゾフの兄弟』のイヴァンがその典型である。それに対して，「神人」を代表しているのがアリョーシャである。強要されたり命令されたりした愛は愛ではないのであって，その意味で神すらが，人間の自由かつ自発的なものでなければ，人間の応答を受け入れられないという，神と人間との相互性，同時性が，これらの人物を通じ描かれている。要するにカトリック，プロテスタントを含めて，西方教会のように神と人間とを二元論に捉える場合，キリスト教は基本的には神と人間の主導権争いになる。その結果は，トレンチに見られるようにキリスト教の解体に連なるか，又は近代のカトリックのような偏狭さになりがちである。ロシア正教はこの欧州的構図は別の枠組みで欧州の近代主義を批判し，それによってキリスト教に対して一つの示唆を与え，更に東洋思想との対話の可能性すら暗示している[72]。

12.　パン・スラヴ主義とロシア

（1）　パン・スラヴ主義

　パン・スラヴ主義は，民族主義思想が台頭した19世紀に，東欧，中欧に居住する，中小のスラヴ諸民族を国境を越えて団結させようとした思想である[73]。

　パン・スラヴ主義には，オーストリア・スラヴ主義，ポーランド・メシアニズム，ユーゴスラヴ主義，ロシアのパン・スラヴ主義の，4つの相違する思想がある[74]。

　オーストリア・スラヴ主義は，チェコ人の言語文化復興運動に始まり，オーストリア帝国の護持に協力することにより，現状の体制への妥協性が強い思想である。

　ポーランド・メシアニズムは，伝統的なポーランド王国の復活を念頭に，カトリック教徒のスラヴ諸民族を解放しようとする，ポーランド中心主義な思想である。しかしながら，18世紀後半ポーランド三分割の過程で，ポーランドがロシア帝国へ編入されるに従い，反ロシア的色彩を帯びてきた。

　ユーゴスラヴ主義は，クロアチア人とセルビア人が中核となって文化・宗教の違いを越えて，南スラヴ諸民族の連邦を作ろうとする思想である。

　パン・スラヴ主義のうち，ロシアのパン・スラヴ主義は，正教信仰と伝統的な生活を顕彰してロシアの西欧に対する独自性を擁護するスラヴ主義にはじまり，ロシア帝国の軍事力をバルカン半島に進出させて南スラヴ諸民族を解放しようとした，欧州の国際政治におけるロシアの覇権を求めたメシアニズム思想である。

　ロシアのパン・スラヴ主義は，第二次世界大戦におけるソ連のナチス・ドイツに対する勝利から来る民族意識の高揚によって，マルクス主義と混淆して，ソ連を盟主とするワルシャワ条約機構の成立（1955年5月）から1991年7月の同機構解体まで曲がりなりにも成立していた。第二次世界大戦後，新たにソ連の勢力圏に入った東欧，バルカン半島のスラヴ諸民族との民族的連帯を求めるため，従来インターナショナルから「ブルジョワ民族主義」として忌避されてきたパン・スラヴ主義が，マルクス主義に継ぎ木され，ワルシャワ条約機構の精神的支柱となったものと考えられる[75]。

（2）　ロシアにおけるパン・スラヴ主義

　ハプスブルク帝国の被支配民族だった，チェコ人やスロヴァキア人と違っ

て，スラヴ族唯一の独立国で欧州の大国だったロシアにおいて，パン・スラヴ主義は 19 世紀後半まで公式に認められていなかった[76]。19 世紀に民族主義理念が登場するまでは，ロシアの他のスラヴ人に対する連帯感は，民族的というよりも宗教的なものであった。第一次露土戦争 (1768 ～ 74 年) でウクライナをトルコから獲得してからロシアのバルカン方面への南下政策が本格化した。ロシア社会が他のスラヴ人との連帯に関心を抱いたのは，ナポレオン戦争後のアレクサンドル 1 世の時代である。しかしながら，政治的なパン・スラヴ主義は，ドイツ，イタリアで台頭していたロマン主義に基づく民族統一運動と，フランスの革命思想と交流する危険性から，メッテルニヒ体制を支援するニコライ 1 世から敵視された。教育相のセルゲイ・ウヴァーロフ伯爵は，「正教，専制，民族」を，ロシアの国是として打ち出した。ロシアでは，国際的なパン・スラヴ主義の代わりに，国粋主義的なスラヴ主義が育ったのである[77]。ロシアのパン・スラヴ主義にとって最大のジレンマだったのはポーランド問題だった。全スラヴ人を糾合しようとするロシアが，スラヴ世界ではロシア人に次ぐ大民族だったポーランド人を抑圧したのは，矛盾だった[78]。

(3) シェリングの有機体論

　ロシアのスラヴ主義者は，チェコ人，スロヴァキア人のパン・スラヴ主義者と違い，強大国である祖国を持ち，自国語が抑圧された歴史がないので，ヘルダーの言語民族主義を受け入れなかった[79]。彼らはドイツ・ロマン派の哲学者で自然哲学を標榜したフリードリヒ・ヴィルヘルム・ヨゼフ・シェリング (1775-1854) の有機体理論を受容した。シェリングはヴュルテンベルク出身だがヘルダーと同じルター派で，スピノザの汎神論とライプニッツの単子論を受容して，自然を形而上学的に解明しようとした。ドイツ・ロマン派の先輩思想家ヨハン・ゴットリープ・フィヒテの知識学の影響を受けたシェリングは，デカルト以来の科学的な自然観に対抗して，自然の生命力の根源を自己の目的を実現させようとする精神だと考えた。そして自然の中で精神的に最も高度なのは，意識を持った有機体 (organische Produkte) であり，自然は有機体を含む物質同士が相互に関連しながら発展するとする，神秘的な自然観を唱えて，

1797 年に「自然哲学の理念」を書いたのである。欧州文明におけるロシアの位置を模索し，その存在を強調するスラヴ主義者達は，ロシアを独立した有機体の一つとして，欧州文明という自然界を発展させる一員にすることができる，シェリングの有機体理論を歓迎したのである[80]。

13.　唯物・無神論思想とユーラシア主義

　1917 年 4 月 3 日亡命先のスイスからドイツ軍ルーデンドルフ将軍の封緘(ふうかん)列車を利用して警備されロシアへ入国したレーニンにより，帝政ロシアが打倒され，ロシア共産党政権が出来た。つまり，表面的には共産主義というインターナショナルな普遍主義が，伝統的なロシアを倒したのである[81]。

　しかし，革命に成功したとはいえ共産主義の理念も帝政ロシアに育ったロシアの民衆にとっては，疎遠なもの或いは何か違和感を抱かせる異質なものだった。ロシアでは，決して共産主義の理念が広範な民衆を捉えたのではなかった。人々が共産党を支持したのは，戦争と混乱，無秩序と貧困にうんざりした彼らが「平和と土地」のスローガンに強く惹かれたからであり，又その頃ロシアでは共産党が唯一秩序を齎すことのできる政治勢力だったからであった[82]。

　アナトール・レルア＝ボリューによれば，ロシアは二面の女神で，一方が東にもう一方が西に向いており，これが矛盾や反対を発生させ，二面的な政治を説明している。そして地理上でもユーラシア大陸の殆どはロシアであった。欧州的性格とアジア的性格を併せ持っている[83]。

　ユーラシア主義の思想は，1920 年代，ロシア革命によって欧州への亡命を余儀なくされたロシア知識人の中から生まれた[84]。ユーラシア主義は先ず何よりも，ロシアを「欧州でもアジアでもない，ユーラシア」であると宣言したテーゼとして知られる。19 世紀以来，ロシアの自己認識を巡って，100 年近くもの間「西欧かスラヴか」という枠組みの中に収まり続けていた。

　欧州をモデルとした近代化や国家形成は，地域に本来あるべき多様性を破壊し，これを画一化し，更には，社会・文化におけるエリート層と民衆層を引き裂く結果を齎した。ユーラシア主義が案出した「ユーラシア」は「欧州」へのアン

チ・テーゼとして論ぜられ，前者は多様性，後者は(国民国家を形成する) 画一性・均一性の特質が提示された。ロシアのユーラシア主義者は，排他的で狭量なナショナリズムや分離主義に対抗することを目的に，多様性を内包する広大な多民族地域「ユーラシア」への帰属意識を提唱した。この点で，ユーラシア主義は，脅威を排除することによりも，より大きな総体の中にこれを包摂することで，対立を乗り越えようとした思想である。しかし，この広大なユーラシアを統治しようという志向が，ともすれば一種の覇権主義に陥る危険性を秘めていることは否定できない[85]。

14.　スターリン主義と反体制派

　1924 年秋，スターリン[86] が一国社会主義の理論を唱え，1930 年代にはスターリン主義がロシアを席巻するようになる。これはマルクス主義という社会主義と，帝政ロシアの伝統的ナショナリズムが融合して生まれたロシア独特のナショナルな社会主義，すなわち新たなソヴィエト・ナショナリズムであった[87]。

　スターリン主義というナショナリズムも，暫くすると，新たな普遍主義の挑戦を受けることになる。1960 年代後半から 80 年代初めに掛けてのブレジネフ時代に，統制経済の非効率，官僚制の弊害，社会的沈滞等様々の問題が噴出した。フルシチョフのスターリン批判から，穏やかな自由化路線をスタートしたが，これに刺激されてサハロフやソルジェニーツィンらの反体制知識人達が人権擁護とか自由とか民主主義の理念を掲げた。ただ，60 年代には，こういった普遍主義の理念は一般大衆にとってもまだまだ疎遠なもので，70 年代までは共産党の影響下にあった人々は反体制知識人を売国奴として敵視した[88]。

　ブレジネフは，制限主権論（ブレジネフ・ドクトリン）を主張して，1968 年 8 月にチェコスロヴァキアに軍事介入してその自由化を抑えた。制限主権論とは，ソ連が社会主義共同体の全体の利益は，構成国の利益に優先すると主張する理論である。チェコスロヴァキアというロシア人と同じスラヴ人のチェコ人とスロヴァキア人の住む国の自由化を抑えた。

15. ペレストロイカとエネルギー帝国主義

　やがて 1980 年代になると，82 年 11 月，18 年間続いたブレジネフ時代が終焉した。その後を継いだアンドロポフ書記長 (1914～84) は 1 年 3 ヶ月，チェルネンコ書記長 (1911～85) は 1 年も経たない内に相次いで死去した。高齢の書記長ではこの国は持たないと悟った政治局は，85 年 3 月 50 代そこそこのゴルバチョフ (1931～) に書記長を託した。ゴルバチョフはペレストロイカという大胆な民主化改革路線を打ち出したが，これはソヴィエト的ナショナリズムの伝統に対して普遍主義的な原理をぶつける試みだった[89]。彼は社会主義の枠内で民主化と経済の市場化を進めようとしたが，結局この路線は経済的に破綻をきたし，社会的混乱を極め，そして政治の自由化路線は連邦構成している共和国の独立化を促して連邦を崩壊させ連邦大統領である彼自身をも失脚させた。

　ゴルバチョフ時代，或いはエリツィンの時代に掲げられた改革の理念，民主化理念は，伝統のソヴィエト・ナショナリズムに突きつけられた普遍主義の刃であった[90]。2000 年以降政権の座についたプーチン (1952～) は，チェチェン紛争の勝利を足掛かりに政治的基盤を強化し，石油の価格高騰とともに経済的基盤が強化され，国内の政治的権力を磐石のものとした。彼の掲げた旗は，ソヴィエト・ナショナリズムに訴える路線で，前の政権の普遍主義的政策とは，違う。しかしながら，経済自由化の方向性を堅持しつつも，若干揺り戻しがある。スラヴ主義が強い時代には往々にして極端な反ユダヤ主義に陥ることが，ロシアの歴史では度々登場する。帝政ロシアのポグローム，スターリンのトロツキーを始めとするユダヤ系指導者の追放，そして現代ロシアのプーチンのホドロフスキーを始めとするユダヤ系新興財閥指導者の相次ぐ追放・逮捕である。

　E.H. カーによれば，ロシアは「上からの革命」（イヴァン雷帝の統治，ピョートル改革，大改革，スターリンの国家社会主義化，ペレストロイカ）の間に革命（1905 年の失敗した革命，1917 年の革命，1991 年の 8 月革命）が挟まっている。「上からの革命」の連鎖が革命によって破られるのが，ロシア史のパターンとした（和田春樹「ロシア史の二元性」）。

　プーチン政権を支えるのは，武闘派（出身母体の治安・軍関係者），出身地のサ

ンクト・ペテル・リベラル派，エリツィン時代に隆盛を極めた新興財閥派のトロイカ方式だった。前期は武闘派（シロヴィキ）主導で，新興財閥派（オリガルヒ）を政権中枢から排除するのが主な構図だった[91]。ユコス事件では，国際テロ問題並びに税金天国地を利用した資金洗浄問題が焦点だった。シロヴィキの力を利用して，オリガルヒを一掃し，エネルギー部門を実質的に国家管理に置くのに成功した。　これに対して，欧米メディアは，ホドロフスキーの逮捕は，プーチン政権の民主主義の抑圧や国家による反ユダヤ主義，その延長上にあるウクライナやチェチェン問題へのロシア影響力強化を狙ったものとの論調が多い。

　プーチン外交は，①「対テロを軸に米国との戦略的関係」と②「エネルギーを軸にドイツとの戦略的関係」が柱になっている[92]。①の反対勢力は，米国のネオコン派とイスラエルだった。②の背景には，パイプラインの通過国であるポーランド，ウクライナやベラルーシとロシアとの確執がある。

　プーチンの高い支持率は，ロシアの安定性というよりも，混乱・無秩序に対する不安感から秩序を求めるということだと思われる（袴田茂樹「ロシア・東欧の歴史と現代（政治）」）。

第3節　現代における普遍論争 [93]

　渡邊啓貴によると，米国の「冷戦勝者」の意識は，先進文明を象徴する「西（ウエスト）」＝「西側世界」の担い手は今や米国であるという議論に良く示されているとされる[94]。欧州側は西欧文明の継承者は自分達と思っている。ところが，冷戦に勝利した米国は今や国際社会における価値観そのものが米国的になってきており，米国こそが西欧文明の継承者であり，発展の任を一身に担っていると主張しているとされる。

　そして，古矢洵によると，米国の外交理念は，「普遍主義」に支えられているとした[95]。彼によると，アメリカニズムの起源として，①「辺境」，②「聖地」，③「理念国家」，④「人種主義」，⑤「排他主義」という意味で19世紀的な歴史文化に言及している。

表7 普遍主義の概要

☆中世の普遍主義

教義	内容	ラテン語	関連教説及び論者
実在論	信仰は理性に先立っている	ante rem	プラトン的イデア論(極端な実在論) アウグスティヌスの範型, 初期スコラ哲学
概念	信仰は理性の中にある	1n rem	アンセルムス(個体の中に分割されたとされる) シャトル派(個体の本性に基礎を持つ) アリストテレス アベラール(新カント派的立場)
唯名論	理性を重視し，信仰の後にある	post rem	ロスケリヌス(普遍を「音声の風」とする) オッカム ゼノン アベラルドウス(ストア派学派)

☆米国の普遍主義

	米国の普遍主義	ロシアのスラヴ派(現在はプーチン派が継承)
辺境	欧州の辺境(欧州を追われた清教徒がつくった国)	露は欧州の辺境(ナポレオン時代は特に)
聖地	ベトナム戦争等で「民主主義の救済」(南ベトナムは汚職に塗れていたが)	汚れた欧州でない 露(帝政露時代) 共産主義国の救済(旧ソ連時代)
理念国家	民主主義国(チリのアジェンデ政権を倒した)	社会主義国(旧ソ連時代)
一国主義	モンロー主義(19世紀) 孤立主義(対欧州，南米は自分の勢力分野)	一国社会主義(一国だけで 経済計画の資源を賄うことができる)
人種主義	多民族国家	多民族国家
排他主義	反共産主義(冷戦初期)(反アラブ的→9.11)	反ユダヤ主義(スラヴ主義が強い時)
西欧文明	継承者(欧州が二度の世界大戦で影響低下)	反西欧
冷戦	勝者(相手が自滅したためで)	敗者(冷戦時代は米国のカウンターパート)
西側世界	担い手(リーダー) 冷戦後は世界のリーダー？（露，中国に足元をすくわれている)	かつては東側のリーダー
価値観	自らが決定(民主主義)	かつてはマルクス・レーニン主義
普遍主義	継承(法の精神，合理主義，人権尊重) 清教徒精神に基づく理想主義	対抗者 有機体理論，正教信仰

国際法	重視(国連の分担金を一時ボイコットした)	場合によるご都合主義で利用
民主主義	重視(しかし，議員は政治献金に左右される。韓国系により慰安婦の像建設)	抑圧的(マスコミ，資源会社を強引に政府支配下に置く)
対反対派	言論の自由，結社結成の自由を保証	場合によっては殺害(アンナ・ポリトコフスカヤ　アレクサンドル・リトビネンコ)
		現在プーチン派の特徴 初期　武闘派(出身母体の治安・群軍関係者)シロヴィキ 　　　出身地サンクト・ペテルブルクのリベラル派 　　　新興財閥(ユダヤ系)オリガルヒのトロイカ方式 ユコス事件以降，シロヴィキの力を利用し，オリガルヒを一掃し，エネルギー部門を実質的に国家管理下に

　これらの幾つかの論点は，前節のスラヴ派の主張と合い通じる議論である。違う点は，ロシアのスラヴ派は欧州普遍主義に対抗した思想とした点で，これに対して米国の思想は欧州普遍主義の継承者とした点が異なる。ロシアは欧州の辺境であり，汚れた欧州に比べて，「聖地」メシアのロシアという点では，米国も妥当する。一国主義[96]や大国主義や孤立主義的側面も妥当するかもしれない。そして20世紀にはいり，米国の経済的，軍事的援助による「世界民主主義の救済」という名目のもとに「介入主義」「国際主義」が肯定された。これは，ロシアのクリミア戦争の同じ価値観を持つ人々の救済という名目（米国の場合，民主主義も持つ人々の救済）で戦争を正当化した点も共通である。世界の警察として国際紛争に軍事介入することが20世紀の米国外交の特徴である。建国以来，清教徒精神に基づくこの理想主義的な普遍主義は民主党でも共和党でも基本的に同じである。　滝田賢治によれば，このような米国外交を，①法律家的・道徳家的発想，②共産主義の拡大を懸念したフランクリン・ルーズベルト大統領の「隔離演説」に見られる国家や世界を生物や病原菌のアナロジーで認識する傾向，③真珠湾攻撃に見られる外国からの奇襲攻撃に対処する為の国防力の保

持という強迫観念，④米国の例外主義として纏めている [97]。

　これらは，いずれもブッシュ大統領の外交政策に明瞭となっている。自由主義の極端な理想化，テロや大量破壊兵器の脅威に備えた「悪の枢軸」や「不安定の弧」という発想は自らに対抗する敵の勢力拡大への過剰な迄の警戒感と防衛力の強化も齎すが，それは米国だけの例外と解釈されるのである。

　2003年1月中旬，イラク軍事介入を巡って国連の場で，2つの普遍主義の対立した極度の緊張が予想された。それは，安保理決議1441に従って，前年11月26日に開始された軍事施設の査察の最終報告が予定される1月27日が近づいてきたからであった。

　査察を確認してからとすると独仏の慎重姿勢を揶揄して，対イラク強硬派米国のラムズフェルド国防長官は，彼らを「古い欧州」と言い放った。ラムズフェルド長官は，「私は独仏を欧州と考えてない。それは「古い」欧州だと思う。欧州全体を見回すと，その重心は東に移っている。（……）欧州の多くの国を考えてご覧なさい。それらの国々は，フランスやドイツと一緒ではない。米国とともにある」と語った [98]。

　米国政権内では，東欧出身（多くはユダヤ系）の要人が，対欧州政策の立案者である。かつてのキッシンジャー，オルブライト，ブレジンスキ，ホルブルック等である。リトアニアで1998～2002年大統領を務めた米国移民のアダムスク，ラトヴィアでは1999年以来，米国と同盟国のカナダから再帰化したフライベルカが大統領を務めたごとく，バルト三国の出身の米国系が陸続きで帰国しており，政財官界の指導層を形成している。グルジアの大統領のサーカシビリは，米国のコロンビア大学法学部を出て，ニューヨークで弁護士をしていた。米国の普遍主義の浸透に彼らは旧社会主義国で貢献しているのかもしれない。欧州側から言わせれば，米国は欧州から移民で形成された国で，普遍主義の本家・本元は欧州自身と思っている。歴史的に見れば，合理主義や民主主義，人権等は，欧州が発祥の土地であるからである。

おわりに

　普遍主義は，当初はローマ・カトリック教会の思想であった。中世の時代は，「宗教生活が価値観の全てを決定しているが如く」であった。しかしなから，当時のインテリは，宗教関係者に限られ，思想を一般民衆に大量伝播する手段も欠けていた。これは，日本の仏教伝来は，僧侶によって齎されたのと同様である。読み書きというリテラシィは，僧侶という当時の唯一のインテリ層に限られていた。普遍主義は，西欧において多くの戦争や革命を通じて成熟していった。西欧では，法の精神，合理主義，人権尊重など共通の価値観の普遍主義が行き渡っていた。

　遅れて発達したロシアは，近代化するに当たり，普遍主義の受け入れは避けがたかった。ピョートル大帝はそれを強制性をもって導入した。その結果，それまでに構築されたロシア独自の文化との齟齬が生じさせることになった。しかしながら，これらの融合は，長い歳月をかけてロシア的味付けをもって，ひとつのものとして形成されていった。

　ドイツ・ロマン派であるシェリングの自然哲学にある有機体理論を用いて，神を理性で測ろうとするスコラ哲学の影響がない敬虔な正教信仰(ホミャコフ)，個人主義や合理主義といったローマ法の影響のない伝統的農業社会(キレエフスキー)，そしてロシア人は非政治的だという前提に基づいて君主を国家と政治，人民を伝統的社会の2つの世界に住み分ける二元論(コンスタンチン・アクサコフ)等の諸理念を形成したのであった[99]。

　社会主義政権ができると，これまでのロシア的文化と融合して，ひとつの普遍主義であるソヴィエト・ナショナリズムが形成された。以後フルシチョフのスターリン批判，ゴルバチョフのペレストロイカの波を浴びたが，現代のプーチン政権では，逆にスラヴ派の思想という反普遍主義(反西欧主義)が全面に出てきている。

　現代の外交面で，普遍主義はイラクの大量破壊兵器の査定を巡っての国連で

の米国と独仏の「新旧欧州論争」というコンテクストで使われている。言わば，普遍主義の本家論争となっていった。

【注】

1)　木村武雄「政治経済システムとポーランド国民」，中野守編『現代経済システムと公共政策』中央大学出版部，2006 年，343-363 頁。

2)　木村武雄「普遍主義について」『筑波学院大学紀要』第 4 集，2009 年，93-105 頁。

3)　村井則夫「イメージの回廊」『哲学の歴史』1 巻 11-15 頁，中央公論社，2008 年。

4)　川村清夫『プラハとモスクワのスラヴ会議』中央公論事業出版，2008 年，122 頁。

5)　木村武雄「普遍主義について」『筑波学院大学紀要』第 4 集，2009 年，94 頁。

6)　石塚正英他監修『哲学思想翻訳事典』論創社，2003 年，243 頁。

7)　同上書，243 頁。

8)　ノーマン・ディヴィス『ヨーロッパ』共同通信社，邦訳Ⅱ 27-105 頁。Norman Davies, *Europe:A History,* Oxford University Press, 1996.

9)　小稲義男他編『研究社 新英和大辞典(第 5 版)』研究社，1980 年。〔catholic〕

10)ジョン・A・ハードマン編著，浜寛五郎訳『現代カトリック事典』，エルデルレ書店，1982 年，〔普遍主義 (聖書の〜)〕, John A.Hardon, S.J., *Modern Catholic Dictionary,* New York: Doubleday and Co.Inc., Garen City, 1980.

11)『キリスト教の本(下) 』学習研究社，1996 年，24 頁。

12)-que は , 木村武雄『経済用語の総合的研究第 7 版』102 頁④ラテン語。

13)木村武雄「普遍主義について」『筑波学院大学紀要』第 4 集，2009 年，94 -95 頁。

14)山本巍他『哲学 原典資料集』東京大学出版会，1993 年，76 頁。

15)清水誠「ヨーロッパの思想」武蔵大学編『ヨーロッパ学入門 (改訂版)』朝日出版社，2007 年(初版 2005 年)，235 頁。

16)木村武雄「経済思想と環境倫理」『高崎経済大学論集』48 巻 2 号，2005 年，80 頁。

17)伊東俊太郎「近代科学の源流 スコラ哲学と近代」堀米庸三編『西欧精神の探究革新の12 世紀』日本放送出版協会，1978 年，273-308 頁。

　　エドワール・ジョノー，二宮敬訳『ヨーロッパ中世の哲学』文庫クセジュ，白水社 , 1964 年, Edouard Jeauneau, *La Philosophie Médiévale,* Presses Universitaires de France, 1963.

18)山内志朗『普遍論争 近代の源流としての』平凡社，2008 年。

19)山本巍，前掲書，77 頁。

20)同上書，77 頁。

21)同上書, 77 頁。

22)同上書, 105 頁。

23)木村武雄『EU と社会システム』創成社, 2008 年, 167-173 頁。

24)山本巍, 前掲書, 105 頁。

25) 木村武雄「普遍主義について」『筑波学院大学紀要』第 4 集, 2009 年, 96-101 頁。

26)袴田茂樹『プーチンのロシア 法独裁への道』NTT 出版, 2 頁。

27)猪木正道『ロシア革命史 社会歴史的研究 』中公文庫, 1994 年, 25-26 頁。

28)G. ヴェルナツキー, 松木栄三訳『東西ロシアの黎明』風向社, 10 頁, George Vernadsky, *Russian at the dawn of the Modern Age*, Yale Univ.Press, 1959.

29)同上書, 10 頁。

30) 木村武雄『経済体制と経済政策』(5 刷版)(初版1998 年)創成社, 2003 年, 50, 131 頁。

31) G. ヴェルナツキー , 前掲書, 11 頁。

32) 木村武雄『経済用語の総合的研究 (第 6 版)』創成社, 2008 年 (初版 2001) 8-9 頁。

33)同上書 10 -11 頁。

34)高野雅之『ロシア思想史』早稲田大学出版部, 1998 年, 14 頁。

35)G. ヴェルナツキー, 前掲書, 12 -13 頁。

36) 栗生沢猛夫「モスクワ第三ローマ論」, 川端香男里他監修『新版ロシアを知る事典』平凡社, 2004 年。

37) 森安達也「ニコン」, 川端香男里他監修『新版ロシアを知る事典』平凡社, 2004 年。N.M. ニコルスキー, 宮本延治訳『ロシア教会史』恒文社, 1990 年。T.G. マサリク, 石川達夫他訳『ロシアとヨーロッパⅠ～Ⅲ』成文社, 2002, 2004, 2005 年。ゼルゲイ・レヴィーツキィ, 高野雅之訳『ロシア精神史』早稲田大学出版部, 1994 年。野口和重『ロシア精神史への旅』彩流社, 2009 年。マルク・ラエフ, 石井規衛訳『ロシア史を読む』名古屋大学出版会, 2001 年。ジェフリー・バラクフ, 上智大学中世思想研究所監修『図説キリスト教文化史 I-III』原書房, 1993, 1994 年。小滝透『神の世界史キリスト教』河出書房新社, 1998 年, オリヴィエ・クレマン, 冷牟田修二他訳『東方正教会』白水社文庫クセジュ, 1977 年。

38)袴田茂樹, 前掲書, 2 頁。

39)同上書, 2 頁。

40)同上書, 2 -3 頁。

41)石塚正英他監修『哲学・思想翻訳事典』論創社, 2003 年, 92 -93 頁。

42)川端香男里他監修『新版 ロシアを知る事典』平凡社, 2004 年。

43)廣岡正久『ロシアを読み解く』講談社, 1995 年, 56 頁。

44)同上書, 56 頁。

45）同上書，56 頁。

46）川村清夫『プラハとモスクワのスラヴ会議』中央公論事業出版，2008 年，32 頁。

47）高野雅之，前掲書，72 頁。

48）同上書，72-75 頁。

49）同上書，73 頁。

50）同上書，73 頁。

51）同上書，74 頁。

52）同上書，74 頁。

53）同上書，75 頁。

54）同上書，167 頁。

55）廣岡正久，前掲書，64 頁。

56）同上書，64 頁。

57）ネクラーソフ，谷耕平訳『デカブリストの妻』岩波文庫，1950 年。

58）袴田茂樹，前掲書，4 頁。又亀山郁夫はドストエフスキー『罪と罰』の最終部には，二人の女性を殺害した主人公が「歓喜と幸福にむせんで」広場の地面に接吻するシーンがあるとした。かつて『罪と罰』と言えば，ナポレオン主義に託つけた選民思想に被れ，二人の女性を殺害した青年が，ある娼婦との心の触れ合いを通して罪の意識に目覚める，という大凡の理解だった。寧ろその理解に誤謬はない。しかし，それは余りにも一面的過ぎはしないか。と疑問を呈している。亀山郁夫，「ペテルブルクの48時間」『日本経済新聞』2008 年 10 月 12 日付け朝刊 。

59）川村清夫，前掲書，109 頁。

60）同上書，110 頁。

61）同上書，110 頁。

62）『ユリイカ』2007 年 11 号（39 巻 13 号，通巻 542 号）特集ドストエフスキー，青土社及び『人類の知的遺産 51 ドストエフスキー』講談社，1978 年。

63）小田垣雅也『キリスト教の歴史』講談社学術文庫，1995 年，231-232 頁。

64）川村清夫，前掲書，109 頁。

65）廣岡正久，前掲書，64 頁。

66）同上書，65 頁。

67）同上書，65-66 頁。

68）長縄光男「スラヴ派」，川端香男里他監修『新版ロシアを知る事典』平凡社，2004 年。

69）今井義夫「西欧派」，川端香男里他監修『新版ロシアを知る事典』平凡社，2004 年。

70）小田垣雅也，前掲書，235 頁。

71）同上書，236 頁。

72)同上書, 236 -237 頁。

73)川村清夫, 前掲書, 2 頁。

74)同上書, 7 頁。

75)同上書, 9 頁。

76)同上書, 107 頁。

77)同上書, 109 頁。

78)同上書, 123 頁。

79)同上書, 110 頁。

80)同上書, 110 -111 頁。

81)袴田茂樹, 前掲書, 4 頁。

82)同上書, 4 頁。

83) 西欧文化の二面性については, モーリス・デュヴェルシュ, 宮島喬訳『ヤヌス　西欧の二つの顔』木鐸社, 1975 年, Maurice Duverger, *Janus:LES DEUX FACES DE L' OCCIDENT*, HOLT, RINEHART AND WINSTON, 1972.

84)丘由樹子『「ヨーロッパ」と「アジア」の狭間—「ユーラシア」地域概念の再考—』, ロシア・東欧学会, 2008 年共同大会, 報告要旨集 39-41 頁。

85)丘由樹子, 前掲書, 41 頁。

86) 木村武雄『戦略的日本経済論と移行期経済論 (第 2 版)』五絃舎, 2008 年 (初版 2005 年), 125 頁及び木村武雄『EU におけるポーランド経済』創成社, 68-69 頁。

87)袴田茂樹, 前掲書, 5 頁。

88)同上書, 6 頁。

89)同上書, 7 頁。

90)同上書, 8 頁。

91)畔蒜泰助『「今のロシア」がわかる本』三笠書房, 2008 年, 27 頁。

92)同上書, 42 頁。

93) 木村武雄「普遍主義について」『筑波学院大学紀要』第 4 集, 2009 年, 101-105 頁。

94)渡邊啓貴『ポスト帝国 2 つの普遍主義の衝突』駿河台出版社, 74 頁。

95)古矢洵『アメリカニズム 「普遍国家」のナショナリズム』東京大学出版会, 2002 年。

96)木村武雄『EU と社会システム』創成社, 2008 年, 36-56 頁。

97)滝田賢治「ブッシュ外交の方向性」『海外事情』2001 年 2 月号。

98)Rumrsfeld, Donald, "Press Briefing of the Foreign Press Center", January 22.2003, www.defenselink.mil/news/January/t61232003.

99)川村清夫『プラハとモスクワのスラヴ会議』中央公論事業出版, 2008 年, 187 頁。

第Ⅲ部　社会システム
（文化的・国民的）

第1章　ポーランドシステム [1]

はじめに

　最近のポーランド外交をみると，国際政治での華々しい成果がある [2]。イラク戦争（2003年3月20日−5月1日）の関わりでみてみると，ポーランドは 米国を支持することによって多くの地位を得た。1つは，NATO 事務総長補佐官（作戦運用担当）の地位に，元外務省安全保阻政策局のアダム・コビエラツキ局長が就任したことである。ポーランド大統領クワシニエフスキは，これはポーランドが国際機関で就いた最も高い地位であるとした [3]。また，ポーランドは，ドイツ・フランスと共に「ワイマール・トライアングル」とよばれる三国の首脳クラスの会合を定期的にもち，米国と欧州を結ぶ役割を自認しつつある。さらに，もう1つは，イラク戦争後の20カ国による多国籍部隊（約8,000名，内ポーランド軍約2,400名）をポーランド人指揮官陸軍少将（アンジェイ・ティシキェヴィチ）が率いたことである。軍もポーランド指揮下に入ることを打診されたが，さすがにドイツは拒否したとのことである。また，米国はイラクの石油事業と復興にポーランド企業の関与を約束したとされる。

　しかしながら，ポーランドのイラク戦争の米国支持により，米国を支持しない独仏と「新しい欧州（東欧）」と「古い欧州（独仏）」といわれるような齟齬をきたした。と同時に欧州におけるポーランドの存在を高めたことも事実である。

　しかも，最近では，クワシニエフスキ大統領は，大量破壊兵器があるといった米国を批判し，撤退をも示唆した。ついに2005年1月6日ロットフェルド新外相は，イラクに展開しているポーランド軍2,400名にのぼる部隊を基本的に年内に撤退させる方針を表明した。これにより，ポーランドは NATO

加盟に伴い国際的地位を向上させ，イラク戦争では反独仏路線でポーランドの存在感を示した。

　本章では，これら一連のポーランドの政治的行動の起源を政治経済システムの立場から歴史的に考察することにする。まず，ポーランド国民の深層心理の核心にある諸外国の歴史的含意を探ることにする。

第 1 節　諸外国との歴史的含意

　ポーランド国民の感情を理解する基本として，歴史的繋がりを抜きにして語れない。しかしながら，これは往々にして，ポーランドの国力が最盛期を迎えた時を想定していることが多い。ポーランドは中世のころは，欧州一の大国であった。しかし 18 世紀後半の三分割から弱体化が始まり，この傾向は体制転換後，NATO, EU 加盟まで続くことになる。以下の諸外国の歴史的因縁をごく簡単にまとめることにする。

1.　「古い欧州」と「新しい欧州」

　イラク戦争開始直前の 2003 年 1 月末，米国ラムズフェルド国防長官は，国連査察の継続による平和的解決を主張した仏，独，ベルギー等を「古い欧州」と揶揄し，これに対して，武力攻撃を主張する米国を支持した英国，スペイン，ポーランドをはじめ東欧 5 カ国を「新しい欧州」といい放った。これは，欧州統合に水を差すような発言だった。米国国防長官の発言は，近視眼的なもので，歴史を俯瞰したものとは言えない。ポーランド人からみると，別の視点がある。

　ポーランドは，むしろ古い欧州，欧州文化発祥の地で，欧州の中枢だったと自負しているからである。

2.　ドイツ

　プロイセン王国は 1701 年 1 月 18 日ケーニヒベルクで成立した。その成立以前の 200 年間はポーランド王国を宗主国として仰いでいた。1511 年ドイツ

騎士団は世俗化し，プロイセン公国としてポーランド王から封土を授けられた史実がある。当時，シレジアとポメラニアンはポーランド王国の版図だった。ポーランド人からすれば，ドイツ帝国のもとになったプロイセン王国は，ポーランドの家来だったことになる。長い歴史のスパンで俯瞰すれば，三分割や独ソ不可侵条約下のポーランドは，何処か別国かの如く矮小化されている傾向がある。

3．フランス

　ポーランドのヤギェウォ朝は 1571 年ジィグムント 2 世の死去に伴い途絶した。1571 年シュラフタ（貴族）全員で直接選挙で国王を選出する原則を確立した。以後 200 年続く選挙王朝が始まった。宗教的寛容が保証される。1573 年第 1 回選挙で選出されたフランス人のアンリ（ヘンリク）・ド・ヴァロア侯は，クラクフにわずか 4 カ月滞在したのち，兄シャルル 9 世の死を知り，夜陰に紛れて 1574 年に帰国し，フランス国王（アンリ 3 世）となった。三分割後，アンリ 3 世はナポレオンの威光でポーランド国の復興を試みた。ポーランド兵は彼の最も忠実な兵隊であった。しかし彼の没落とともにその「夢」も費えた。

4．ロシア [4]

　ロシアはリューリック朝が途絶した後，偽ドミトリー 1 世・2 世がロシア皇帝となったが，これはポーランド系傀儡政権であった 1604 〜 1606 年及び 1607 〜 1610 年の間，政治を司った。ポーランドのジグムント 3 世は 1610 〜 1612 年モスクワを占領した。この時，ポーランドは強国であったが，それ以降はロシアが強国として長く君臨することになる。

5．ウクライナ・ベラルーシ

　ウクライナ（ガリツィア）は 1340 〜 1348 年よりポーランド（リトアニア）へ併合され，18 世紀後半ポーランドが三分割されるまで，300 年以上にわたってポーランド王国 だった [5]。

1596 年ポーランドのジグムント 3 世は，ギリシャ正教徒の多いウクライナ・ベラルーシ地方を併合するにあたり，同地方に合同教会（ユニエイト）を設立した。ユニエイト（ギリシャ・カトリック）はスラヴ語の使用等の正教会の典礼・慣習を残し，ローマ教皇の権威を認めるという折衷宗教であった。旧共産党政権下では弾圧されたが，現在では勢力を盛り返している[6]。最近のウクライナのオレンジ革命の際，ワレサやクワシニエフスキといったポーランドの旧・現大統領が登場したのは，ポーランドがウクライナの宗主国的存在であったといった歴史的因縁があるからである。そしてそのことをポーランド国民，ウクライナ国民のみならず，ロシアも承知しているからに他ならない。

6.　リトアニア

1386 年ポーランド女王ヤドヴィカとリトアニアのヤガイラ大公との婚姻でポーランド・リトアニアと同君連合ができ上がり，共通の敵であるドイツ騎士団と対峙することになった[7]。1569 年には両国はルブリン連合として 1 つの共和国が成立した。1991 年 1 月ゴルバチョフソ連大統領がリトアニアへ特殊部隊を送ってテレビ局を襲撃したとき，ポーランドの新聞は一面記事の扱いだった[8]。

7.　米国 [9]

米国の独立戦争の際，多くのポーランド人が武力闘争に加わって武勲を建てた。プワスキ（K. Pulaski. 1747-1779）は武勲をたてたが戦死した。米国東部の都市のあちこちに「プワスキ通り」があるのはそのためである。コシュチュシコ（T. Kosciuszko, 1746-1817）はポーランドで活動する前，職業軍人として米国独立軍指導部の一員となりワシントンやジェファーソンの信任を得て武勲をたてた。それにより米国市民権を得るだけでなく，サラトガ戦の勝利の報奨として土地等を与えられた。

第2節　システムの基底

　ここでは ポーランドの社会・経済システムの基底にある3つのシステムについて論じることにする。ポーランドにおけるポーランド人の民族濃度は，戦争による破壊と戦後の大幅な領土変更に伴う途方もない住民の移動により高まった[10]。戦前のまだらな多民族国家が限りなく単一民族に近いものに生まれ変わった。ポーランド国民の9割以上が信じるカトリックが心情の礎になったことは想像に難くない。18世紀の三分割の置き土産である教育システムの統合が結局，カトリックと同様にポーランド国民の統一の礎になった。近世国家の基礎は，教育システムである。しかしながら ポーランドは他国の支配下に置かれた時代でも，教育システムはその命脈を細々であるが，保ったことになる。これら2つのシステムとは，別の観点からシュラフタ民主主義も重要な要素となった。ポーランド人国家が成立していたときは，本来は統制の手段であったが，結果的には国家分解のベクトルとして作用してしまった。三分割以降，これは支配国家から独立のインセンティヴとして働いた。権力をもっている国から，蜂起とか反乱とかといったコンテキストで片付けられた事項である。以下，1つ1つ検討することにする。

1.　宗教システムと政治的独立性

　欧州では1648年のヴェストファーレン体制を契機に，宗教改革が終焉し，宗教の政治的中立性の傾向が強まった[11]。 ポーランド王国時代はカトリックは国教であったが，三分割時代も政治的な中立性が比較的保持された。旧ポーランド国民に対して宗教は寛大に扱われた。オーストリアは同じカトリック国で，プロイセンは新教とカトリックが混在していた。ロシア領になっているベラルーシやウクライナではカトリックとギリシャ正教の折衷宗教であるユニエイトがあった。統治者の政治的統制を宗教が補完した。第一次世界大戦後，ポーランドは独立し，多民族国家となった。構成民族の宗教はカトリック以外ユダ

ヤ教，ユニエイト，新教，ギリシャ正教が混在し，少数政党の乱立を招き，国の混乱に拍車をかけた。第二次世界大戦後の社会主義政権になると，カトリックは当初弾圧されたが，当局は宗教を統制の補完手段として黙認し，あるときは利用をもした。1980年代に連帯運動が非合法化すると，教会が連帯幹部を匿った。当局も教会を聖域として侵さなかった。体制転換の際，民営化で失業者が発生した。貧困が人々の生活を圧迫すると，教会はカトリックの博愛精神で，民営化にブレーキをかけた。ポーランドでは宗教が行き過ぎた政治への緩衝器として登場することになる。

2.　教育システムと宗教的独立性

　ローマ教皇は1773年にイエズス会を解散した。それまで，教育機関を独占していたイエズス会の施設は解放され，聖職者による教職の独占状態はなくなった。教育機関が世俗の機関である王国あるいは地域の諸侯の機関の所有管理になった[12]。そしてポーランド最後の国王スタニスワフ・アウグスト・ポニャトフスキ（Stanislaw August Poniatowski, 1732-1798）はポーランド分割を受け入れる交換条件として，現存するさまざまな教育機関の代わりに，1つの統合された教育システム「国民教育委員会（Komisja Edukacji Narodowej）」を設置することを認めた。彼はポーランド国が政治的に没落しても，文化的に生き残る可能性に賭けた[13]。以後20年間に，国民教育委員会はイエズス会の解体で人材を得ることによりおよそ200の世俗の学校をつくり，その多くは「共和国」が崩壊しても存続した。教育の対象は士族出身の青少年であったが，啓蒙思想の影響で，運用によっては例外的に農民出身者も含まれるようになる[14]。教師が新たに育成され，ポーランド語による教科書，文学，科学，近代音楽の本が元イエズス会の修道士によりつくられた。彼はまた日記に次のように書き記している。

　　「もし，今から200年たっても自分をポーランド人であると名乗る人間が残っているなら，私のしたことは無駄ではなかったことになる」。

　ポーランドは確かに滅ぼされたが，文化は滅びなかった。国民教育委員会は解散させられたが，その理念は，ロシア帝国の西方領域となった地域に受け継

がれた。啓蒙家であるチャルトルスキ公（Adam J. Czartoryski, 1770-1861）の統率の下 1825 年まで存続し，聡明なポーランド人の愛国者，詩人，知識階級を育てた[15]。

3. シュラフタ民主主義と王権からの独立性

「シュラフタ民主主義」の民主主義とは，近代にみられる，全国民が享受する意味の民主主義ではない[16]。啓蒙思想家のルソーは，18 世紀末のポーランドについて，「ポーランド国民は，全てであるシュラフタ，無である町民，無以下である農民の３つの身分からなる」と述べている。シュラフタはいわゆる騎士階級で，よい家柄と領地を有したが，ポーランドではシュラフタ身分に属する者はその領地にかかわらず対等に扱われ，セイム（三分制議会）では同じように１票を行使した。そのため，この身分に属す者は相互に平等であるとする意識が強かった。つまり，町民や農民を除いた貴族の間では，平等だったことを「シュラフタ民主主義」と称した。これは 300 年以上続いた制度でもある。以下，このシュラフタ民主主義の過程をみることにする。

ポーランドでは，14 世紀から始まる国王とシュラフタの権力闘争の過程で，シュラフタの民主主義が確立されていった。17 世紀英国民主主義確立の歴史は，国王と議会との確執の過程であったことと同様である。

(1) コシツェの特権（1374 年）

カジミェシェ３世の後を継いだ甥のハンガリー王ラヨシュ１世も嫡男に恵まれず，彼の娘のいずれかにポーランド王位を継承すべく，コシツェでシュラフタに譲歩して，彼らに最初の特権を約束した。これによりシュラフタは免税特権（城砦修理義務と鋤税 poradlne 以外の税負担を免れた）を得た[17]。

(2) チェルヴィインスクの特権（1422 年）

リトアニア大公ヤゲウォは 1386 年キリスト教の洗礼を受け，ポーランド王女と結婚し国王（ヴワディスワ２世）に即位した（在位 1386-1434）。 ポーランド王国は，1410 年グルンヴァルト（タンネンベルク）の戦いでドイツ騎士団に大勝する。1420 年ボヘミアでフス戦争が勃発。ヤゲウォはフス派からのボヘ

ミア王位就任要請をシュラフタの反対によりこれを断る。1422 年チェルヴィンスク（Czerwinsk）で，シュラフタの人身保護（Neminem Captivabimus, つまりシュラフタの領地没収や逮捕は裁判のみによること）が決められた[18]。

(3) ニェシャヴァの特権（1454 年）

ドイツ騎士団との 13 年戦争（1454 〜 1466）の最中の 1454 年にポーランド国王カジェミシェ 4 世はシュラフタの遠征拒否への対策として，ニェシャヴァ（Nieszwa）において，貴族の特権を承認せざるを得なかった[19]。この特許状は，新たな課税，立法，動員について地方議会の事前の了承を条件とするもので，議会によるポーランド王権の立憲的制限の出発点となった[20]。ポーランドでは，この 1454 年から 1764 年あるいは 1795 年までの国家形態は「シュラフタ共和国（rzeczposlita szlachecka, ジェチポスポリタ・シュラフェツカ）」とよばれている。

(4) 二院制の確立（1493 年）

そして次のヤン 1 世オルブライト（在位 1492-1501 年）が召集した議会から，地方議会より選出されてきた代議員によって代議院（下院）が形成され，従来までの国王評議会である元老院（上院）と並んで，二院制原理が確立した 。

(5) ニヒル・ノウィ（1505 年）

アレクサンドル治世下（在位 1501-1506 年）に開催された 1505 年のラドム議会で，国王は二院の同意なくしては法を制定できないことが規定されて，二院制議会の存在が公式に認められた。議会中心の国政ニヒル・ノウィ(NihilNovi,セイムの同意なしに法の変更は行わない由を定めたラテン語の条文の冒頭の 2 語をとって条文名としたもの）が重要である。そしてシュラフタ勢力の経済的地位の拡大に伴い，シュラフタ層と大貴族との間で，権力闘争が続けられた。

(6) 全シュラフタの直接参加による国王選挙制度（1573 年）

ヤギェウォ朝断絶後の空位期（1572-1574）の 1573 年 1 月にワルシャワで開催された議会で，貴族全員に平等な国王選挙権と被選挙権を与えるという原則が承認された。また 1573 年から貴族は木材，カリウム，鉱山採掘の排他的

権利を国家より得た[21]。貴族は塩をいつでも特別な価格で買入できた。

(7) ヘンリク条項（1573年）

選挙王は，最初に選出されたポーランド王であるヴァロワ家のヘンリク（在位1573-1574年）に因んで「ヘンリク」条項（ポストゥラータ・ポロニーカ）とよばれた条件を認めなければならなかったばかりか，一定の軍隊の装備の費用負担（パクタ・コンヴェンタ）等の国家に対する義務を課せられた。

(8) リベルム・ウェト（1652年）

1652年議会で，リトアニアのウビタ郡出身のシチンスキという議員がリベルム・ウェトを初めて行使して，議会を流会させた。このリベルム・ウェト（Liberum veto, ラテン語）はポーランドのセイムで行われた自由拒否権で，一人の議員が反対すれば，審議自体が停止するというものである。これは，消極的な満場一致制から確立したものである。この拒否権が議会を機能不全に陥らせて，ポーランドの国の存亡に係わった点も否定できない。しかし，合意による国家の運営という原則が，広範な多民族国家の自己解体を防いだ点も忘れることはできない。1791年の5月3日憲法で多数決制が導入され，リベルム・ウェトは廃止された[22]。現代では，ブキャナンの公共経済学で，この民主主義的過程の経済学への応用が，投票ルールを通じての民主主義のコストと理解されている。

第3節　政治思想と政治システム[23]

ポーランドは19世紀に世界的に確立した民主化の恩恵を受け損ねた国でもある。行政の制度はフランスで発展し，議会制民主主義は英国で形成された。征服時代は米国を最後として終焉し，秩序の体制が整った。しかし，ポーランドでは19世紀に分割支配を受けたため，こうした制度とは無縁であった。機能的な新政治システムがかくも困難を極めたのは，まさしく反逆と抵抗の伝統が根強いポーランドゆえかもしれない。それにもかかわらず，その政治思想は欧州の有数の高度なものであった。

1.　高度な政治思想 [24]

　一般に政治優位（貴族優位）の歴史が営まれ，経済がある程度発展しても，政治的不安定のため，その経済の持続が不可能になり，ひいては，国の滅亡も禁じえないことがある。また，政治が不安定でも，政治思想は同時代のそれと比較して高度であることもある。ポーランド三分割最中の 1791 年の 5 月 3 日憲法はその好例である。1787 年の米国合衆国憲法に遅れるものの，ポーランドの 5 月 3 日憲法は，1791 年 9 月制定の第一次フランス憲法の先駆をなし，近代欧州憲法史上の偉業の 1 つとされる。

　18 世紀の三分割は，ポーランドが進歩的民主主義国だったため隣国三国の干渉を招いた結果でもあった。彼らは，ポーランドを危険視し，民主主義は彼らの専制政治を打破する思想と思ったためであった。ポーランドは早すぎた民主主義の国であった。これは中世のシュラフタ民主主義の伝統でもある。

　ヤギェウォ朝後 200 年の隆盛は，貴族制の変質の過程で貴族が外国勢力と結託して貴族自らの特権保持を優先したため，ポーランドの国家の終焉で費えた。

2.　欧州統合理念の萌芽 [25]

　ヤギェウォ朝（1386-1572）の時，ポーランドは最盛期を迎えた。この時代の支配階層は，ポーランド人，リトアニア人，ウクライナ人，スウェーデン人，ザクセン人，ドイツ人等さまざまな民族からなっていた。「ポーランド人（国民の意味を含む）」は，民族を問わず，ポーランドという 1 つの政治体制に帰属することをさす。「ポーランド人」のコスモポリタン的性格はこの時代に形成された。ポーランドでは 公用語も長い間ラテン語が用いられた。欧州の中央で，広範囲にわたる共通の政治・経済体制，いわば小 EU が具現された時代でもあった。ポーランド人の「コスモポリタン的性格」の民族性は このヤギェウォ朝の時代に形成されたといってよい。

第4節　政治システムと経済システムの相剋[26]

　社会主義経済システム下ではさまざまな不整合の問題があった。その最大のものはインフレと物不足で，商品を求める人々の行列等がその象徴であった。　図はその現象を明示したものである。社会主義計画経済下では，短期的にはインフレと物不足は競合関係にある（SF − 短期不足インフレ線），中途半端な経済改革の下では，独占形態が存続し市場原理が機能しなく，ソフトな予算制約が堅持され，長期的には同時進行的趨勢を示す（SFlr−長期インフレ不足線）。したがって，仮に価格の役割を高めることを意図してインフレを容認しても，それは結果的には抜本的改革になりえなかった。消費財価格は生産財価格より低く設定されているため，その差額は価格差補給金として財政に重く伸しかかっていた。

1.　ゴムウカ体制の崩壊[27]

　1970 年 12 月，食料品値上げ反対に端を発した住民運動が勃発した。選挙

図1　ショーテージ・インフレーション曲線

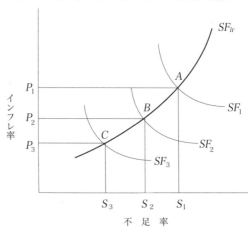

（出所）Kolodko（1989）p.178.

を実施するもののそれは名目的なものにすぎず，内部の権力闘争や権力者の死亡による以外，およそ政権交代が想起されなかった社会主義政権下において，この運動は時の政権を追い込む画期的なものであった。そもそもこの問題の発端は，1970 年 12 月 13 日，ポーランド政府は消費財価格の価格差補給金の解消を目指し，生活必需品小売価格の大幅な引上げに踏み切った（加重平均 40%増）。しかし，この措置は，降誕祭前の恒例の買い溜めを予定した市民層を直撃したため，抗議行動はバルト沿岸都市から始まり，予想外の全国規模の抗議行動・暴動に発展しそうになった。20 日，国民的人気のあったゴムウカは辞任し，ギェレクが後任の第一書記に就いて，事態は鎮静化の方向へむき，一応政治的決着をみた。しかしながら，この価格差補給金問題はソ連を始め，他の社会主義政権にも衝撃を与え，以後生活必需品の値上げは，住民の反発を比較的考慮して，政策実施するようになり，財政赤字をますます増加させる原因になった。この問題に対する対応が重大な教訓となり，経済に重しとなったのは否定できない。

2.　連帯運動とカトリック [28]

　労組「連帯」は ポーランドの夏事件（1980 年 7 月～9 月）を直接の契機として誕生し，基軸となって広範な国民運動を広げた。遂にヤルゼルスキ社会主義政権は 1981 年 12 月 13 日戒厳令を布告する（～1983 年 7 月）。その結果，連帯は非合法団体となり，活動家は地下活動をすることになる。カトリック教会は聖域であったので，時の政権も踏み込めず，連帯活動家はそこで命脈を保つことになる。ポーランドにとって，政治も経済も停滞する暗黒の 80 年代がスタートすることになる。

3.　政治的枠組みの形成

　1989 年の体制転換を迎え，ポーランドの行く末をどうするかということで円卓会議が実施されることが決まった。これは，政治的枠組みが形成される契機となり，自由選挙，非共産党政権の誕生，体制転換政策の実施と進展し，新

たに発生した政治と経済の相剋も先鋭化することになる。

(1) 円卓会議 [29]

　ポーランド社会主義政権が行き詰まった 1989 年 2 月 4 日〜4 月 5 日にかけての 2 週間に円卓会議が実施された。1980 年，連帯運動に端を発した国内騒乱状態において，ポーランドという国の行く末を案じたあらゆる階層の代表者が国政の指針を話し合った。社会主義政権下で，与野党の参加者に上下関係がなかったことは画期的であった。この円卓会議の決定に基づいて同年 6 月 4 日の東欧で最初の自由選挙が挙行された。そして同年 8 月 24 日，ポーランドにおいて戦後初の非共産党政権が誕生した。ここでも「シュラフタ民主主義」の伝統が生きている。円卓会議はエリートの談合によって平和裡に体制転換を行う方式であり，この先ハンガリーで，続いて他のほとんどの東欧諸国もこれに追随した [30]。

(2) 自由選挙 [31]

　円卓会議での決定により，1989 年 6 月 4 日，制限付きながら東欧で最初の自由選挙が実施された。ポーランド統一労働者党は事前に確保してある議席を除き，実質的に僅かの議席しか確保できなかったが，武力を行使せず，この結果を尊重した。新政治体制に大統領と上院（100 議席）が新設されたが，決定的重要性をもつのは下院（460 議席）だった [32]。下院の議席には政治勢力の枠が設けられた。65％が与党連立の枠，35％が「無党派」枠とされた。「無党派」には与党連立も候補を立てることができたので，野党が勝つ可能性がない仕組みであった。これに対する譲歩として上院は完全な自由競争に委ねられた。ただし，上院の権限は弱く，かつ定員 2 名の中選挙区制が採用されたので，共産党がたとえ「連帯」程度得票できないとしても少なくとも 2 位に食い込んで 1 議席を獲得する筈だった。大統領は任期 5 年で上下合同会議（国民議会）が単純多数で選出し，首相は下院が指名することになっていた。与党連立が下院で少なくとも 65％の議席が与えられ，上院が下院の 4 分の 1 以下の議席しか持っていないことを考えると，大統領も首相も与党連立を取るはずだった [33]。

　6 月 4 日の総選挙は，数十年ぶりの自由選挙であったのにも係わらず，投票率は 62.7% に留まった[34]。　民主的自由に対する大衆の冷やかな反応は以後ポーランド政治の特徴となった。選挙は予想外の結果をもたらした。「連帯」市民委員会は下院「無党派」枠では多くの候補者が当選に必要とされる過半数の票を取れず，決戦投票で争ったが，その際「連帯」と結託して，その応援によって勝利を収めようとした。したがって，たとえ与党連立枠で当選できたとしてもその政治的忠誠は疑わしかった。さらに与党連立枠内には政府要人 35 名のための「全国リスト」が設けられ，　無競争の信任投票で当選することになっていたが，2 名を除いて誰も過半数の票を集められず惨敗した[35]。

(3) 非共産党政権の誕生 [36]

　1989 年 8 月 24 日戦後初の非共産党政権がポーランドで誕生した。このことは，東欧諸国で「脱社会主義」化の契機になった。その後，ハンガリーでは 1989 年 10 月共産党（ハンガリー社会主義統一労働者党）の改革派が社会党を組織するが，1990 年 3 月の 45 年ぶりの自由選挙で敗北し，民主フォーラムが第一党になる。スロヴェニアでは 1990 年 4 月議会選挙の 野党連合の勝利で非共産党政権が誕生し，クロアチアでも議会選挙で民主同盟が勝利した。チェコスロヴァキアでは 1990 年 6 月の総選挙で市民フォーラムが第一党になる。政治システムの転換がなされたが，次の経済システムの転換には，政治システム運営上の課題が横たわっていた。

4.　政治システムと経済システムの調整

(1) 緊縮政策の重要性 [37]

　経済システムにおける緊縮政策の実施は国民に評判が悪かった。歴代の首相は，バルツェロヴィチ蔵相 (Leszek Balcerowicz) に，一貫して経済重点政策を採らせた。ヤルゼルスキ (Wojciech Jaruzelki) 大統領は，野党候補のマゾヴィエツキ (Tadeusz Mazowiecki) を首班に指名した。マゾヴィエツキ政府は旧共産党関係者を迫害しなかっただけでなく，有能な人材を登用した。それは一部の「連帯」活動家から批判されたが，旧エリートの不安感を取り除き新体制の

安定化に大きく寄与した。体制転換するポーランド経済は深刻な財政，通貨，国際収支の三重苦の最中にあった。蔵相のポストは難問山積で誰も引き受け手がなかった。 マゾヴィエツキ首相は，ワルシャワ経済大学の教授であったバルツェロヴィチに白羽の矢を立てた。学者出身のため，政治的思惑に拘泥されず，理想を貫くことができるとマゾヴィエツキが判断した結果だった。バルツェロヴィチは 1970 年に同大を卒業した[38]。この大学では 1960 年代後半コメコン諸国のなかで，経済学は最も西欧志向で知られていた。当時ワルシャワ経済大学 SGH（Szkola Glowna Handlowa）は中央計画統計大学 SGPiS（SzkolaGlowna Planowania i Statystyki）とよばれていた。この大学は，100 年近い歴史をもつポーランドで最も権威のある経済系大学で，オスカ・ランゲ（Oskar Richard Lange）やミハウ・カレツキ（Michal Kalecki）も，この大学で教鞭をとっていた。この大学の経済学は，ランゲの社会主義政治経済学やカレツキの経済発展理論の影響を強く受けているが，所謂近代経済学について，「批判的研究」といった口実で，自由に研究できる雰囲気があった。同校は 1989 年以降，多くの政府官僚，経済官僚を世に送り出している。バルツェロヴィチは体制転換のために 20 年以上にわたって準備をしてきた。1972 年 9 月から 1974 年 1 月まで，彼はニューヨークのセント・ジョーンズ大学のビジネス経営学を学び，MBA のプログラムのなかで韓国や台湾の高度成長をもたらした要因を研究した。また，彼は一時期，西ドイツへも行き 1948 年のエアハルトの経済改革を研究した[39]。これが後に役に立つことになる。マゾヴィエツキ首相から「ポーランドのルードヴィヒ・エアハルト」の役割を果たすように求められたとき，バルツェロヴィチは エアハルトが実際にどのような政策を採ったのかを熟知していた。彼は，中南米各国の安定化政策について根気強く研究し，どのような政策が失敗したかを検討した。1974 年母校に帰り，国際経済学を教えつつ，1975 年に博士号を得た。1978 年からワルシャワで「バルツェロヴィチ・グループ」とよばれる研究グループを主宰し，社会主義の「問題」，ポーランド経済の改革の方法を長期にわたって研究してきた。財産権，経済における国の適切な役割，インフレーション，社会主義の本当の意味での特徴として浮かび上がってきた「不

足」の問題等，基本的な問題に焦点を合わせてきた。こうした研究の積み重ねで，バルツェロヴィチは「漸進的な改革」は必ず失敗すると確信するようになった。

(2) 認知的不協和 [40)

バルツェロヴィチは広範な改革を急速に実施しなれば，経済の方向を変えられる「臨界点」には達しないと理解していた。経済学に珍しく，バルツェロヴィチは社会心理学にも関心をもっていた。特に，認知的不協和の理論に強くひかれている。経済改革にあたって認知的不協和が重要な要因になると説明している。

> 「改革が段階的に実施される場合より，経済環境を抜本的に変化させるような改革が実施され，後戻りがきかないとみられた場合の方が，人々が態度と行動を変える可能性が高くなる」

しかしこれは時間の戦いでもある。緊縮政策に我慢しきれなくなった人々は政治システムの反作用で，せっかくできかかった改革の目を摘んで，この政策は安定化政策に転化してしまう危険性を秘めていた。バルツェロヴィチは世界各地の脱インフレ政策を研究し，南米での政策から教訓を得た。緊縮政策は一気呵成にやらないと効果がないと，彼はマネタリスト的発想に基づき，補助金のカット等の国家財政の均衡化，国営企業の非独占化・民営化，価格・賃金の自由化，通貨の国内外の交換性の回復，貿易の自由化，外資の導入等によって一挙に市場経済への移行を実現しようとした。これをバルツェロヴィチ計画という。もちろん，その背景には IMF とか世界銀行等の勧告もあったことも事実である。「ショック療法」の効果は甚大で，短期間のうちにインフレが収束し，失業が激増した。蔵相は不況が深刻化しているのは正に自分の政策が効果を表している証拠だとして動じなかった。生産は蔵相の予測通り，多少の遅れを伴ったものの 1992 年半ばからプラス成長となり，旧ソ連・東欧諸国の嚆矢となった。経済の堅調はその後も続き，1995 年には 1989 年水準を回復したとみられる。1990 年 1 月〜 1991 年 12 月末までのバルツェロヴィチ蔵相在任中は，彼の辞任要求が相次いだ（1990 年 9 月には失業者は 50 万人に達して，ヤル

ゼルスキ大統領は辞任を表明した）。しかし，皮肉なことに，バルツェロヴィチが辞任してから3カ月後の1992年第2四半期より彼の政策の効果が現れ，経済は好転し始め，プラス基調となった[41]。それ以降，2006年に至るまでの13年以上プラス成長が続いている。ポーランド経済の堅調さは，バルツェロヴィチによりもたらされた1つの奇跡であった。

(3) 対外債務問題の解決

　ポーランドには体制転換を阻む大きな問題の1つに，500億ドル超の対外債務問題があった。この問題は，ポーランド一国ではとても解決不可能な問題であった。しかしながら，この問題は公的債務の削減や繰り延べ等を規定したパリ・クラブ（1991年4月）とポーランドが借りた西側の商業銀行の債務の軽減を規定したロンドン・クラブ（1994年3月）により解決の道筋がたった[42]。これらによりポーランドは国際金融界に復帰でき，その後の発展に必要な原資を得ることが可能となった。もし，ポーランドという国が多額の債務で体制転換できないままで推移していたらどうだろうか。同国の3,800万の人口は東欧諸国の3分の1，2004年5月の新EU加盟国の2分の1にあたる。しかもポーランドは，教育水準が高く，発展の可能性を秘めている。取り分け，ポーランドは親米国である。長い間，社会主義体制と対峙した米国は，資本主義体制側に与するポーランドを支援したいことも事実である。しかも米国にはポーランド系移民が940万人以上住んでいる。世界の地政学的見地から，ポーランドを救済する方策はないか，米国がいろいろ検討してきた帰結と思われる。ある意味では，米国の独立戦争で活躍したコシューシコの借りを返したことになるかもしれない。

おわりに

　米国の週刊誌『タイム』の1990年1月1日号はプラハ市中に東欧の政治的激変について次のような貼り紙が出ていたことを紹介している[43]。

　「一党独裁が崩壊する迄に要した時間－ポーランド10年，ハンガリー10ヶ

月，東ドイツ 10 週間，チェコスロヴァキア 10 日，ルーマニア 10 時間」

　これはもちろん比喩だが，ポーランドの一党独裁制崩壊による民主化が最も時間がかかったことは事実である[44]。ポーランド国内のコンセンサスができる迄，つまり民主主義が確立する迄，多くの時間がかかった。かかった時間が長い程，経済発展が長期的になる。この政治的収穫は，経済の根底を支える。チェコは体制転換当初は経済の発展性が窺えたが，暫くは停滞した。性急な底の浅い政治的合意をしたために一時頓挫したのである。またポーランドは，歴史的にみると，確かに経済発展より政治的安定の方が優位していた。これはまた欧州の思潮の一貫でもある。EU の母体となったのは，1952 年の 8 月発足のECSC（欧州石炭鉄鋼共同体）の経済統合であることは，よく知られている。この欧州統合の政治的意義は強調してもし過ぎることはないくらい重要である。欧州の，最大の不安要因となっていた「如何なる物理的不可能」とされていた。資源確保を背景とするドイツとフランスの対立も解消された。ドイツとフランスは両国の国境に跨がる石炭と鉄鉱石の産地をドイツとフランスだけでなくイタリアとベネルックス三国と共同管理することにより，いわゆる不戦共同体を築くことに成功した。この政治的枠組みを完成させたことにより，経済発展の素地がつくられた。この EU の，経済の合理性より政治的安定を優先する方針は欧州の伝統的な手法である。1990 年 10 月の西ドイツと東ドイツ統合も然り。1999 年の EU 通貨統合で予想より多い 11 カ国の参加を，実現したことも然りである。ポーランドを始め東欧・バルト諸国は，NATO という政治・軍事機構に加入した後，経済機構の EU へ加盟している。

　また ポーランドは EU 加盟交渉の最終局面で政治大国の面目羅如といったところで，多くの譲歩を獲得した。政治システムが経済システムより優位するという意味では，ポーランドは最も欧州的な国なのかもしれない。

注

1) 木村武雄『政治経済システムとポーランド国民』中野守編『現代経済システムと公共政策』中央大学出版部，2006 年　343-363 頁。
2) 羽場久美子『拡大ヨーロッパの挑戦』中央公論新社，2004 年　172-173 頁。
3) 『中・東欧 Fax News』2003. 5. 16.
4) 木村武雄『ポーランド経済』創成社，2003 年　4-25 頁。
5) 同書，32 頁，注 29。
6) 木村武雄『経済体制と経済政策』創成社，1998 年，54 頁。
7) 木村武雄『ポーランド経済』創成社，23-24 頁。
8) 宮島直機編著『もっと知りたいポーランド』弘文堂，1992 年，9 頁。
9) 鈴木輝二『EU への道』尚学社，2004 年，81 頁。
10) 木村武雄『ポーランド経済』66 頁。
11) 鈴木輝二，前掲書，7 頁。
12) 同書，74 頁。
13) 木村武雄『ポーランド経済』344 頁。
14) Historia Ustroju i Prawa Polskiego, bardach, J., Lesnodorski, B., Pietrzak, M., Warszwa, 1994, s 295; D. Stone, Polish Politics and National Reform 1775-1788, New York, 1976, p. 1. 及び鈴木輝二，前掲書，89 頁，注 8。
15) 別宮貞徳訳書，2000 年，65-66 頁。
16) 木村武雄『ポーランド経済』31 頁，注 16.
17) 同書，20-21 頁
18) Norman Davies, *God's Playland -A History of Poland*, Vol. I p.164.
19) *loc. cit.*
20) 細川滋『東欧世界の成立』72 頁。
21) Norman Davies, *op. cit.*, p. 165.
22) 伊東孝之『東欧を知る事典（新訂増補版）』平凡社，564 頁。
23) 工藤幸雄監訳書，1994 年，158-159 頁。
24) 木村武雄，前掲書，25-26 頁。
25) 同書，24 頁。
26) 田口雅弘『ポーランド体制転換論』64-65 頁。及び Grzegorz W. Kolodko (1989), 'Economic Reforms and Inflation in Socialism: Determinants, Mutual Relationships and Prospect', *Communist Economies,* Vol.1, No.2, p.178.
27) 木村武雄，前掲書，27 頁及び 70 頁。
28) 同書，27 頁及び 72-73 頁。
29) 同書，1 頁及び 27-28 頁。
30) 伊東孝之他編『ポーランド・ウクライナ・バルト史』山川出版社，1998 年 404-405 頁。
31) 木村武雄，前掲書，2 頁。
32) 伊東孝之，前掲書，404 頁。
33) 同上箇所。
34) 同書，405 頁。
35) 同上箇所。
36) 木村武雄，前掲書，2 頁。

37) 同上箇所。
38) Mario I. Blejer et al., *The Making of Economic Reform Eastern Europe*, Conversations with Leading Reformers in Poland, Hungary and the Czech Republic, Aldershot : Edger Elder, 1995, p.13.
39) 山岡洋一訳書，2001 年，114 頁。
40) 木村武雄『戦略的日本経済論と移行期経済論』五絃舎，2005 年，98-99 頁。
41) 木村武雄『経済体制と経済政策』創成社，171 頁。
42) 木村武雄『ポーランド経済（最新第二版)』創成社，2005 年，112-125 頁。
43) Time, I. Jan. 1990, p.23. 及び木村武雄『ポーランド経済（最新第二版)』創成社，2005 年，343 頁。
44) 木村武雄『ポーランド経済（最新第二版)』創成社，2005 年，344 頁。

参考文献
木村武雄 (1998)「経済体制と経済政策—体制転換国の経済分析を中心に—」創成社。
木村武雄 (2003)「ポーランド国民の特質と政治経済学—ポーランド王国から EU 加盟交渉まで—」「高崎経済大学論集」第 46 巻第 2 号，95-106 頁。
木村武雄 (2004)「ヨーロッパ精神文化とポーランド」『東京家政学院筑波女子大学紀要』第 8 集，211-222 頁。
木村武雄 (2004)『経済思想と世界経済論』五絃舎。
木村武雄 (2005a)『ポーランド経済—体制転換の視点から—（最新第 2 版)』創成社。
木村武雄 (2005b)『経済用語の総合的研究（第 4 版）—付日 独仏伊西露波中国索引—』創成社。
木村武雄 (2005c)『戦略的日本経済論と移行期経済論』五絃舎。
木村武雄 (2005d)『経済思想と環境倫理』「高崎経済大学論集」第 48 巻第 2 号。
木村武雄 (2010)『EU 加盟後のポーランド経済政策と経済成果」飯島大邦他編著『制度改革と経済政策』中央大学出版部。
田口 雅弘 (2005)『ポーランド体制転換論 —システム崩壊と生成の政治経済学—』岡山大学経済学部。
渡辺克義 (2001)『ポーランドを知るための 60 章』明石書店。
Bacerowicz, Leszek (1994) *Eastern Europe: Economic, Social and Political Dynamics,* London :School of Slavonic and East European Studies, The Sixth M. B. Grabowski Memorial Lecture.
Balcerowicz, Leszek (1995) *Socialism, Capitalism, Tranfonnation*, Budapest: Central European University Press.（レシェク・バルツェロヴィチ，家本博一 田口博弘訳 (2000)『社会主義，資本主義，体制転換』多賀出版)
Blejer Mario, I. et al. (1995) *The Making of Economic Reform in Eastern Europe*, Aldershot :Edward Elgar.
Davies, Norman (1996) *Europe, A History*, London :Ox ford University Press.（別宮貞徳訳 (2000)『ヨーロッパ』I 〜IV，共同通信社。
Davies, Norman (2005) *God's Playground: A History of Poland, revised edition*, Vol. 1-2, New York: Oxford University Press.
Economic systems and comparalive Economics I - II, 1988, 2001, London: Routledge.

Encyclopedia Powszechna, krakow: Wydawnictwo Ryszard Kluszczynski, 1999.

Frucht, Richard., ed. (2000) *Encyclopedia of Eastern Europe*, NY: Garland Publishing.

Garlicki, Andrzei (2004) *Historia 1939-2001: Polska i swiat*, Wydawnictwo Nauowe "Scholar"（渡辺克義他監訳（2005）『ポーランドの高校歴史教科書『現代史』明石書店。

Gomulka, Stanislaw (1992) "Polish Economic Reform :Principle, Policies and Surprised." In :Michael Keren & Gur Ofer (ed.), *Trials of Transition Economic Reform in the Former Communist Bloc.* Boulder (Colorado) : Westview Press.

Gregory, Paul R. & Stuart, Robert C. (1995) *Comparative Economic Systems, Fifth Edition*, Boston :Houghton Mifflin Company.

Jaruzelski, Wojiech (1992) *Les Chaines et le Refuge. Memoires*, Paris: Edition Jean Claude Laues.（ヴォイチェフ・ヤルゼルスキ，工藤幸雄監訳（1994）『ポーランドを生きる—ヤルゼルスキ回顧録—』河出書房新社）

Kolodko, G. W. (1992) "Transition from Socialism and Stabilization Policies: The Polish Experience." In: Michael Keren & Gur Ofer (ed.), *Trials of Transition Economic Reform in the Former Communist Bloc*, Boulder (Colorado) : Westview Press.

Lavigne, Marie (1999) *The Economics of Transition : From Socialist Economy to Market Economy, second edi.*, London :Macmillan（マリー・ラヴィーニュ，栖原学訳（2001）『移行の経済学　社会主義経済から市場経済へ』日本評論社。

Mokolajczyk, Stanislaw (1948) *The Rape of Poland: Pattern of Soviet Agression*, Whilllesey House, McGraw-Hill Book Co.（スタニスワフ・ミコワイチク，広瀬圭一・渡辺克義訳（2001）『奪われた祖国ポーランド—ミコワイチク回顧録—』中央公論新社。

Nagorski, Andrew (1993) *The Birth of Freedom*, NY: Agency.（アンドルー・ナゴースキー，工藤幸雄監訳（1994）『あたらしい東欧—ポスト共産主義の世界—」共同通信社。

Nowy Slownik Fundacji Kosciuszkowskiej Polsko-Angielski, New York: The Kosciuszko Foundation, 2003.

Prazmowska, Anita J. (2004) *A History of Poland*, New York: PALGRAVE MACMILAN.

Rocznik Statystyczny Rzeczyposlitej Polskiej Warszawa : GUS, *1999*.

Slownik Jenyka Polskiego PWN tom 1-3, Warszawa :Wydawnictwo Naukowe PWN, 1995.

Slownik Wspolczesnego Jenyka Polskiego tom 1-2, Warszawa: WILGA, 1996.

The New Kosciuszko Foundation Dictionary English-Polish, New York: The Kosciuszko Foundation, 2003.

Uniwersalny Slownik Jenyka Polskiego tom 1-4, Warszawa :Wydawnictwo Naukowe PWN, 2003.

Yergin, Daniel A., et al. (1998) The Commanding Heights, The Battle Between Government and the Marketplace That Is Remaking the Modern World, Simon & Schuster.（ダニエル・ヤーギン他著，山岡洋一訳（2001）『市場対国家』上下，日本経済新聞社）

Wielki slownik polsko-rosyjksi, tom 1-2, 1967, 1998, Warszawa: Wiedza Powszchna.
Wielki slownik rosyjsko-polski, tom 1-2, 1970, 1993, Warszawa: Wiedza Powszchna.

表 4　中国のシステム

王朝名　（中国文明）　殷　周　春秋・戦国　秦　前漢　新　後漢　魏晋南北朝　隋　唐　五代十国　北宋　南宋　元　明　清

儒学の系譜　孔子　法治主義　儒家後退　孟子　性善説　荀子　性悪説　法家に影響　韓非・李斯　分裂・混乱・社会不安…　訓詁学　儒学の官学化　武帝　董仲舒の献策　儒学は不振　科挙の実施　儒学の再興　訓詁学の大成

儒学の哲学科　宋学＝朱子学　北宋　周敦頤　太極図説　程顥　程頤　南宋　朱熹　格物致知　理気二元論　大義名分論　主知主義　批判　陸九淵　五経より四書を尊重　四書　大学　中庸　論語　孟子　明代　実践性強調　空理空論化　王陽明（守仁）　陽明学　致良知　知行合一　明末　考証学　清末　公羊学

道教の系譜

老子　荘子　老荘思想　神仙＝死を超越した人間　神仙思想　不老長生の術　民間の道教の萌芽　王巾の乱　張角の創始　太平道　五斗米道　張陵の創始　天師道　老荘思想の発展　道教の確立　北魏　南宋　金の華北領有　従来の道教　正一教　江南中心の道教　伝統を保つ　道教の革新運動　全真教の成立　王重陽　華北における一道教として存続

中国仏教

仏教伝来　１Ｃ頃　仏教の普及　中国仏教の完成　仏教の衰退傾向　北朝　石窟寺院の造営　敦煌・雲崗・竜門　南朝　南朝四百八十寺　仏教盛ん　諸宗派の発生　玄奘の渡印　『大唐西域記』　法相宗　義浄の渡印　『南海寄帰内法伝』　禅宗は官僚層（士大夫層）に支持される　白蓮教の系譜　慧遠　（東晋）　白蓮社を開く　阿弥陀信仰　白蓮教成立　南宋　弥勒下生信仰　邪教として弾圧　元末　紅巾の乱　1351 〜 66　清代　白蓮教の一派　白蓮教徒の乱　1796 〜 1804　義和団事件　1900 〜 01

第2章　日本システム

第1節　思想史にみる伝統思想と西洋思想の相克

　日本の「近代」は明治以降ではなく，江戸時代（近世）に始まったのではないのか。

1.　社会変動と宗教の変容(図1及び図2参照)

　宗教はシステムとして機能するのには種々の条件がある。宗教が，凡ゆる民族，凡ゆる社会に見られる普遍的現象であることは首肯できることである。しかも高度な文明の産物である側面がある。文明が発達し，広範囲に及ぶ社会や国家の集合体を統合することが必須になった段階で，複雑な構造を持ち，超越

図1　日本宗教思想史における各宗教の東・南亜細亜関連図

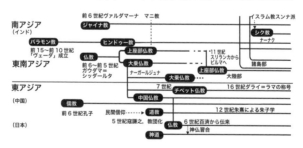

（備考）主な宗教の成立・分裂・他宗教との関連を示している。地域的広がりも示しているが，一部省略した。成立期について諸説あるが，一般に流布されているものを採用した。上座部仏教は小乗仏教とも呼ばれている。なお，小乗仏教は蔑称であるので注意を要する。

〔引用文献〕『詳説世界史図録（第1版）』山川出版社，2014年，9頁の「世界史における宗教」の図の日本関連部分のみを筆者が改題した。

図2　日本宗教思想史におけるに日中韓の時代・王朝・思想家関連図

① 孔 子（Kong-zi, Confucius）前 551-479 山東省生。春秋時代末期の思想家。論語，儒学の始祖。

②儒教・儒学（Confucianism）。隋・唐に始まり宋で確立された科挙では必須科目。清末の近代化の流れで，清朝（満州人政権）の滅亡ともに，2000年に渡る教学としての儒教の権威は遂に崩壊した。朝鮮半島では儒教は社会に深く根を下ろし，科挙を通じて政治参画する両班（やんばん）階級を生み出した。

③ガウタマ＝シッダールタ（釈迦／ブッダ Buddha）（Gautama Siddhartha）前 463-383（前 564-484）カピラヴァストゥ（ネパール）生。仏教の開祖。

④仏教（Buddihism）

⑤朱熹（Zhu Xi,）1130-1200 福建省生。南栄（Southern Song）の学者。朱子学の大政者。

⑥朱子学（Neo-Confucianism）元朝（モンゴル人政権）以降，官学に採用され，中国（元・明），李氏朝鮮，日本（徳川幕府）の国家理念に影響。

⑦王守仁（王陽明）Wang shou-ren(Wang Yang-Ming)　1472-1528 浙江省生。明中期の学者・政治家。

⑧陽明学（Philosophy of Yang-Ming）明治維新の革新派（吉田松陰・西郷隆盛）の理念。

⑨林羅山　1583-1657 京都生　23歳より4代将軍家綱（在位1651-1680）まで，江戸幕府の侍講（政策ブレーン）。朝鮮国との国書は彼が起草した。当時中国・朝鮮・日本間の外交文書は漢文で，四書五経に通じた深い教養が必要で，日本では僧侶がその能力に通暁していた。

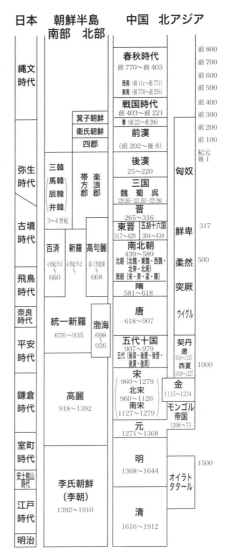

〔引用文献〕石井公成『東アジア仏教史』岩波新書(新赤版)1758，2019 年，口絵図を基に，日中韓を中心に古代（紀元前）を充実させ改題した。

的な存在の実在を強調する信仰が生み出された。歴史的にみると，宗教が政権の補助的な存在か，政権に対峙する社会的勢力に成ることもあった。

　日本思想は仏教と儒教（朱子学・陽明学）の2つの影響を受けたが，日本式のアレンジをした。儒教は中国に生まれた宗教だが，仏教はインドで生まれた宗教である。「神様，仏様，どうぞお願いします」と一般会話にもある。「仏様」というのはサンスクリット語（梵語）の buddha（ブッダ）のことで「目覚めた人」「悟った人」という意味である。釈迦というのは仏教の開祖名である。宗教学上も，仏教は釈迦の「一神教」である。一方，神道は「多神教」と定義されていて，「八百万の神」を信仰の対象とする。日本に仏教伝来以前に土着の神道が存在したものの，神道はあくまで神を祀る為の作法，方法であるにすぎず，明確な思想や教義を伴っていなかった。神道が教義を形成するのは，仏教の影響を受けてのことである。因みに，経書とか経学とか「経」と呼んでるが，仏教では「経」と実体は同じである。現在，中国ではどちらも jing（チン）と発音し区別はない。しかし，日本ではある時期から仏教関係の用語は呉音読みを

表1　字音（呉音・漢音・唐音）

	呉音		漢音		唐音	
行	諸行	（しょぎょう）	行為	（こうい）	行灯	（あんどん）
外	外題	（げだい）	外国	（がいこく）	外部	（がいぶ）
明	光明	（こうみゅう）	明確	（めいかく）	明国	（みんこく）
和	和尚	（わじょう）	和尚	（かしょう）	和尚	（おしょう）
清	清浄	（しょうじょう）	清浄	（せいじょう	清規	（しんぎ）
経	経文	（きょうもん）	経済	（けいざい）	看経	（かんきん）
請	起請	（きしょう）	請求	（せいきゅう）	普請	（ふしん）
頭	頭上	（ずじょう）	先頭	（せんとう）	饅頭	（まんじゅう）

（備考）

呉音：古代中国の呉地方（揚子江下流沿岸）から伝来した音。もと和音と呼ばれていたが，平安中期以降，呉音とも呼ばれ，北方系の漢音に対して，南方系であるといわれる。仏教関係の語に多く用いれられる。

漢音：唐代，長安（今の西安）地方で用いた標準的な発音をうつしたもの。遣唐使等によって奈良時代・平安初期に輸入された。官府・学者は漢音を用いた。

唐音：宋・元・明・清の中国音を伝えたものの総称。禅僧や商人等の往来に伴って主に中国江南地方の発音が伝えられた。

〔引用文献〕松村明監修『大辞泉』小学館，1995 年，1141 頁（「字音」）。

し，儒教は仏教に対抗しわざと漢音で読むようになった（表1参照。なおキリスト教用語の宗派による日本語訳の相違は拙著『経済分析手法』96頁）。

　仏教は， 7世紀百済や新羅， 8, 9世紀中国の唐から導入されたもので，大陸の仏教の直輸入，模倣という性格が色濃いものだった。平安時代後期〜鎌倉時代，日本の仏教界は今度は新しい宋（Song）の仏教が波状的に伝えられた。それは禅教律と念仏を中心とする仏教であった。やがて15世紀になると，「古典仏教（旧仏教,顕密仏教）」の時代に代わる「新仏教」の時代を迎えた。「新仏教」は鎌倉時代ではなく，応仁の乱(1467-77)以降の戦国時代頃から日本社会に広まったことが明らかになった（内藤湖南）。「古典仏教」が荘園に経済基盤を置いていたのに対して，「新仏教」のそれは檀家・門徒に置くことに大きな違いがあった。新仏教は,檀家の葬式活動をその中心とする所謂「葬式仏教」になっていった。戒律の軽視ばかりではなく，全体として妻帯世襲仏教という，他国の仏教に殆ど見られない形態に進展していった。江戸時代には，幕府の方針によって僧の女犯・妻帯は基本的に禁止したが，ただ一向宗（浄土真宗）は他と異なる肉食妻帯宗と位置付けられており，妻帯が公認されていた。石山合戦(1570-80)の末，本願寺が織田信長に屈服した際，抗戦派であった教如が家康を頼ることになったことに由来する。家康の祖先は浄土宗を信仰したことにより，芝の増上寺を菩提寺したことも伏線上にある。本地垂迹思想（神と仏は一体)が人口に膾炙していた。本地は本体の意であり，垂迹はその本体(仏)が人々を救済する為に具体的な姿(神々)をとってこの世に出現するというものであった。このように中世の神祇信仰観も変容していった。

　湯浅泰雄によれば，儒教にしても仏教にしても，西欧哲学のように観照から実践へという方向ではなく，実践の立場を基本として認識と実践の合一を目指すということ，そして自己修養や禅の修行（自我の背信的没入）のような＜内向的実践＞を通じて超越的世界に対する形而上学的認識に至る方向と，それによって開けて来る社会的な＜外向的実践＞及び世界の形而下的認識との緊張を孕んだ統一が自己の身体という場において保たれていたということになる。言い換えれば道徳（内向的実践）と宗教（形而上的認識）／　政治（外向的実践）

と学問（形而下的認識）の四者が緊密な一体関係において統一されておりその中心に自我が存在している構造を持っていたということである。

　仏教の日本化とは，どういう方向性をとるか。仏教は死後は＜浄土＞に行けるとか。日本には＜浄土＞という考え方は全然なかった。本来，仏教哲学というものは彼岸的なもので，全世界を説明する包括的なものである。それが日本に入って彼岸性が少し弱まった。儒教も同様である。

　17世紀から徳川幕府は公式のイデオロギーとして，朱子学を採用した。関ヶ原の戦い（1600年）に勝利した家康は，室町時代から安土桃山時代に掛けて衰退し，軽んぜられた鎌倉武士の復権を目指すとともに，その目的は朱子学とリンクした武士道を徹底し，全国の支配秩序を再構築することであった。武士道の立ち振る舞いとは，一族郎党を守るために武芸を磨き，質素倹約に勤しみ，名誉と正直を尊び，寛容な精神で弱者を労わることであった。江戸時代の朱子学は，陰陽五行思想を内包しているのだが，平安時代のように陰陽の理をベースに森羅万象の吉凶を占う陰陽道とは異なり，諸子百家の思想の「いいとこ取り」をして，よく言えば総合的に止揚して，儒家の教えを解釈し，自派の居敬窮理（私利私欲を抑え，物事の本質を見極めること）や理気二元論（「理」は万物の性（性質，人間に宿るときは心）を決め，「気」とは万物の形を決める関係にある）を展開した。朱子学の価値観は，戦乱の世に新しい秩序を齎す魅力ある学問であった。阿部吉雄によれば，日本近世儒学の興隆において，秀吉の文禄・慶長の役（1592-1598）によって齎された朝鮮儒学の書物や儒学者李退渓（1501-1570）らの影響が重要な役割を果たしていると。彼らの影響を受けた藤原惺窩（せいか）（1561-1619）や彼の弟子林羅山（1583-1657）は徳川家康に儒学（朱子学を通した儒学の教え）を講じた。幕府の政策ブレーンになった羅山の基本的考えは「上下定文の理」と「存心持敬」である。前者はこの世は天は上に，地は下にあるのが当たり前で，人の身分も区別があるのが当たり前。社会秩序は上下定文の理によって担保され，下克上や戦国時代の様相を呈することを抑制した。後者は慎みを持って私利私欲を抑え，心を保つこと。徳川の幕藩体制の管理システムにマッチしていた。

　朱子学は江戸時代に入ってその本来の「天に向かう傾向」が日本化で弱まり，

現実の日常生活に立脚し，「個人倫理」と「病気の治療法」に朱子学が変容する。現世に対して抽象的・超越的な外来のイデオロギー（超越性）は，必ず非超越的になって地上的・現世的で具体的・個別的な方向（世俗化）に変容する（図3参照）。浄土宗が広まったのは「世俗化」したことが大きい。浄土真宗が出てきたのは鎌倉時代で，世

図3　日本史における宗教の世俗化と信者数

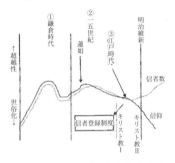

〔引用文献〕加藤周一『日本文学史序説』補講，筑摩書房，2012 年，117 頁。

の中が不安定の時，心の隙間を埋める形で大衆に普及した。鎌倉時代は最初のころは＜超越性＞でつまり「どんなに苦しんでも浄土へ行ける」と訴えた。鈴木大拙によれば，日本人の真の宗教意識はつまり日本的霊性（精神の根底）は，鎌倉時代に禅と浄土系思想によって初めて明白に顕現し，その霊性的自覚が現在に及ぶとのことである。日本では儒教と仏教が江戸時代に権力維持のために利用された。＜神仏習合＞という仏教と神道の抱き合わせ民衆執行体系を形成し，徳川幕府が統治の補完として利用した。しかし池田光政の岡山藩における宗教政策は，当時の他の諸藩に比べて，ある特徴があった。神儒一致・神仏分離・神職請である。江戸時代における儒学思想の受容ということで，圧倒的に優位にあった仏教から独立し，日本古来のものと考えられた神道と連合戦線を組んだと考えられる。江戸時代初期の儒教受容の例として，殉死の禁止（追い腹禁止）による文明開化があった。『孟子』の中に「始作俑者其無乎（始めて俑を作る者は其れ後無からんか）」がある（宇野精一『孟子』講談社学術文庫 2019 年，18 頁）。

　江戸幕府は，仏教において本末制度（宗門ごとに本山を中心にハイアラーキーを形成）と触頭制（本山の他に江戸近郊に取次寺を設ける）と寺請制度（日本人はすべて仏教徒化）を用い，統制を強化した。

　神仏習合はそれ程遠い昔のことではない。例えば鎌倉の鶴岡八幡宮では，明治初年まで「別当」と称する僧侶が全てを管理していたし，日光東照宮には現

在も五重塔や鐘楼等の仏教施設が残っている。明治政府となると，神仏分離令（1868年）を発布し，神道を事実上国教扱いし，仏教等を弾圧した。

2.　近世と近代の連続性（『概説日本思想史』）

近世において，近代への胎動と呼ぶべき，様々な新しい思想の傾向が発生していることはよく知られている。

例えば，荻生徂徠が朱子学の徳治主義を批判し政治と道徳を分離させたことは，近代的な政治意識の発生として評価されている（『孫子国字解』1750年刊）。また，本居宣長が「もののあわれ」という心情的な働きを肯定的に取り上げたことは，封建道徳によって硬直的になった人間性を解放したものとして評価されている。更に，安藤昌益が封建制度を全面的に否定したり，本多利明が藩と藩の交易を提唱するなど，近代的な思想の萌芽として評価されている。その意味では，近世は既にその内部において自らを否定する原理を成熟させていたということができる。

しかしながら，明治国家が近代化を達成できたのは，陽明学的な志士が（松陰の刑死，西郷の反乱等）早くに退場し，朱子学的能吏が（大久保暗殺はあったにせよ）政府中枢を占めたことにあるかもしれない。

しかし実際には，日本の近代は，近世において芽生えたそうした新しい傾向の延長線上に成立したのではなかった。

3.　近世と近代の不連続性

MODERNという言葉は，日本語では「近世」「近代」そして「現代」という三つの言葉に訳し分けられる。これは，ルネッサンス以後の西欧の歴史の展開がMODERNという一つの言葉によってトータルに把握しうるのに対して，日本の場合，そこに大きな断絶が横たわっているということを示している。

近世（江戸時代）と近代（明治以降）の間には，明らかに断絶が横たわっている。例えば伝統的な李朱医学（後世方）の思弁性を批判して成立した古医方は「親試実験」をモットーとして経験を重視し，人体解剖なども実施した。華岡青洲

は麻酔の実験にも成功している。しかし，明治の新しい医学は，古医方の延長線上にではなく，ジェンナー，コッホ，パスツールなど西洋医学を受容するところに生まれたのである。

近世末期に多くの近代的な文化や思想への日本独自の胎動が存在していたことを認めるにしても，そしてその延長線上に日本固有の近代を構想することが決して不可能ではないにしても，日本の近代は，実際には，そのような可能性を薙ぎ倒すように海外から流入した西洋の思想や文化を受容するところに成立したのである。

古医方による人体解剖の実施が杉田玄白らを刺激して『解体新書』を生み，蘭学の成立を促したように，近世後半における思想の展開が，西洋を受容する主体的な条件を準備したという側面は否定できない。西周（にしあまね）において，西洋の法思想が徂徠学をベースとして受容されたという事情もある。しかし，それにしても，日本の近世思想は西洋思想を受け入れるために成熟していたというわけでもないし，また，両者の間に横たわる異質性が容易に乗り越えられたという訳でもない。

4. 明治思想の二重構造（儒教がベース）

日本の近代が西洋を受容するところに成立したというそのあり方は，明治思想の全般に渡って看取することができるようになる。まさしく明治の思想は，西洋思想と伝統思想の二重構造をその特質としていたということができる。

西周，加藤弘之，西村茂樹，中村正直など，明治の初めに西洋思想を日本に紹介した啓蒙思想家たちは，思想形成期において儒教を中心とした近世的教養を身に付け，多くは維新後，明治政府の官僚として近代国家を構築する為に必要な政治や法律や教育に関する西洋の知識を翻訳紹介した。彼らは，新知識の体得者であると同時に，その内奥に儒教の素養を血肉化した人達でもあった。

また，ルソー（Jean-Jacques Rousseau）の『社会契約論』を翻訳紹介し自由民権運動に多大な影響を与えた中江兆民にしても，その『民約訳解』が荘重（そうちょう）な漢文で草されていることはよく知られている。倫敦（ろんどん）に留学して英文学を学んだ夏目漱石が優れた漢詩の作り手であったこともまた知られている。更に「教育

勅語」や「帝国憲法」などにもそうした時代の特徴を指摘することができる。

　日本の近代思想を評価する場合，その内容の進歩性とか反動性といったもの
は，殆ど評価の基準とはなりえない。たとえどのように進歩的な思想であって
も，それが主体の内奥に息づく伝統との対決を経ていなければ，それを優れた
ものと評価することはできない。逆に，どのように反動的な思想であっても，
それが西洋との鋭い対決において主体的に選び取られたものであるならば高く
評価すべきであろう。

　新島襄，内村鑑三，大西祝等，明治期においてキリスト教は重要な役割を果たし
た。というのも，基督教を受け容れることは，主体にとって，自らの内面に血肉化
された伝統的な思想と激しく対決することを強いられることを意味する，つまりキ
リスト教を信じることはこの時期の思想的な課題を深く身に引き受けることなので
ある。

表2　実存的神道と本質主義的神道の比較

特徴	実存的神道	本質主義的神道
他宗教との交流	シンクレティズム，包括性	特殊性，独自性，排他性
組織の形態	地域に中心があり，非常にゆるやかな全国的組織	中央集権的な組織で，全国に配置
教養	重要な概念，思想，価値観の非体系的な集合	体系的で一貫した総合的な教義体系を企画。正典の発達『古事記』『日本書紀』
天皇の位置づけ	ゆるやかに組織された宗教の最高祭司としての天皇	最高祭司にして国家元首としての天皇。儀礼的権威の宗教的・政治的文脈への浸透
カミの基本的性質	不可思議で神秘的な存在。伝統的神話や特定の習俗でときに人格化	人格神(とくに天地創造に関連して)。副産物としての全被造物との関連。国家を守護する勢力
タマの基本的性質	万物に存するカミに関連したスピリチュアルで活力に満ちたエネルギーないし力。具体的には個人のタマシイあるいはその集合体，より一般的には物質と一体となったエネルギー(ないし生命力)	カミが創造したこの世界に内在する形而上的・超自然的な生命力で，源泉となる場所に凝縮(天皇のタマ，家の祖先のタマ，靖国神社に祀られた死者の集合的なタマ)。源泉が個人の霊魂(ミタマないしタマシイ)に浸透
習俗(プラクシステム)の焦点	形而上的教義体系にも理路整然とした教義体系にも相互に関連しない実践。「伝統」とされる習慣が，人々の日常的なつながりや帰属の意識に寄与。包括的で流動的な習俗	習俗の正当化(メタプラクシス)の強固な発達と，概して整然とした明確な形而上的体系との組み合わせ。教義の意味は，宗教的経験の上に覆いかぶさった正統的実践，正統的教義，異端的教義，異端的実践が重要

〔引用文献〕トーマス・カスーリス，衣笠正晃訳『神道』ちくま学芸文庫，2014年，243頁。

図4　日本システム

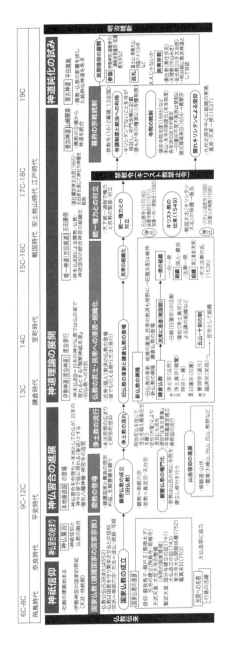

〔引用文献〕『図説日本史通覧』帝国書院、2014年、330-331頁。

図5 日本システム（日本の宗教）

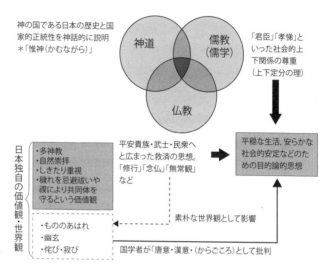

〔引用文献〕中村隆文『世界がわかる比較思想史入門』ちくま新書，2021 年，145 頁。

表3 日本システム（SHOTOKU'S ANALOGY）

・Shinto :the roots of a tree;imbedded in the very heart of the Japanese
 people

・Confucianism: the trunk and branches;politics, morality, and education

・Buddhism:the flowers; religious feeling bloom as flowers

〔引用文献〕Roger J. Davies, *Japanese Culture*, Tuttle：Tokyo, 2016, p.134.

（引用文献）

浅見洋編『鈴木大拙と日本文化』朝文社，2010 年。

阿部吉雄『日本朱子学と朝鮮』東京大学出版会，1965 年。

網野善彦『無縁・公界・楽』平凡社，1978 年（増補版，1987 年，平凡社ライブラリー，1996 年）。

網野善彦『日本論の視座　列島の社会と国家』小学館，1990 年（新装版，2004 年）。

石井公成『東アジア仏教史』岩波新書（新赤版）1758，2019 年。

石渡延男監修『まんが韓国史』インターブックス，2002 年。

伊東多三郎『草莽（そうもう）の国学』初版，羽田書店，1945 年（再版，真砂書房，1966/ 増訂版，名著出版，1972 年）。

色川大吉『明治精神史』黄河書房，1964 年／ 1968 年（講談社学術文庫，上下，1976 年）。

色川大吉『色川大吉著作集』全 5 巻，筑摩書房。

マックス・ヴェーバー『宗教社会学』武藤一雄他訳，創文社，1976 年。

宇野精一『孟子　全訳注』講談社学術文庫，2019 年。

小倉紀蔵『朱子学化する日本近代』藤原書店，2012 年。

大谷光見『蓮如さまのプレゼント（蓮如上人の贈り物)』本山東本願寺，2016 年。

大谷光見『慈光 5　天竺随想』本山東本願寺，2017 年。

ヘルマン・オームス『徳川イデオロギー』黒住真他訳，ペリカン社，1990 年。

ヘルマン・オームス『徳川ビレッジ』宮川康子監訳，ペリカン社，2008 年。

大川周明『日本精神研究』文録社，1927 年（明治書房，1939 年）。

大隅和雄『信心の世界，遁世（とんせい）者の心』講座『日本の中世』2,中央公論社,2002 年。

大隅和雄他著『日本思想史の可能性』平凡社，2019 年。

加藤周一『日本文学史序説（上・下）』（ちくま学芸文庫）筑摩書房，1999 年。

加藤周一『日本文学史序説』補講（ちくま学芸文庫）筑摩書房，2012 年。

苅部直『「維新革命」への道』新潮社，2017 年。

岸田知子『空海の文字とことば』吉川弘文館，2015 年。

金文京『漢文と東アジアー訓読の文化圏』岩波新書（新赤版）1262，2010 年。

黒田俊雄『寺社勢力』岩波新書，1980 年。

興膳（こうぜん）宏『仏教漢語 50 話』岩波新書（新赤版）1326，2011 年。

小島毅『儒教が支えた明治維新』晶文社，2017 年。

小林秀雄『本居宣長』新潮社，1977 年（新潮文庫，上下，1992 年）。

子安宣邦『近代知のアルケオロジー』岩波書店，1996 年（増補版『日本近代思想批判』岩波現代文庫 2003 年）。

子安宣邦『江戸思想史講義』岩波書店，1998 年（岩波現代文庫，2010 年）。

子安宣邦編『日本思想史』ブックガイドシリーズ基本の 30 冊，人文書院，2011 年。

西郷信綱『古事記の世界』岩波新書，1967 年。

相良亨『日本人の伝統的倫理観』理想社，1964 年。

佐々木閑『集中講義　大乗仏教』別冊 NHK100 分 de 名著，NHK 出版，2017 年。

佐藤弘夫他編『概説日本思想史』ミネルァ書房，2005 年（8 刷 16 年）

塩尻和子他監修『図解宗教史』成美堂出版，2008 年。

島田裕巳『教養としての世界宗教事件史』河出ブック，河出書房新社，2010 年。

清水馨八郎『裏切りの世界史』祥伝社黄金文庫，祥伝社，2004 年 (旧『破約の世界史』2000 年)。

『神社年鑑 2018 』平成 30 年度，ギャラリーステーション，2018 年。

末木文美士他『鎌倉の古社寺』淡交社，2018 年。

ピエール・スイリ (Pierre Souyri)「日本近代化　儒教が背骨」『読売新聞』，2018 年 12 月 21 日付け朝刊。

杉浦寿輝『明治の表象空間』新潮社，2014 年。

鈴木大拙編校『盤珪禅師語録』岩波文庫，1941 年。

鈴木大拙校訂『驢鞍橋』岩波文庫，1948 年。

鈴木大拙『日本的霊性』岩波文庫，1972 年。

鈴木大拙『新版東洋的見方』上田閑照編，岩波文庫，1997 年。

鈴木大拙『対訳　禅と日本文化』北川桃雄訳，講談社，2005 年。

鈴木大拙『無心ということ』末木文美士解説角川ソフィア文庫，2007 年。

鈴木大拙『禅学への道』坂本弘訳，アートデイズ（松ケ岡文庫著作権），2007 年。

鈴木大拙『禅とは何か』吉田紹欽 (旧版末木文美士 (新) 解説，同上 2008 年。

鈴木大拙『日本的霊性 (完全版)』末木文美士解説角川ソフィア文庫，2010 年。

鈴木大拙『妙好人，浅原才市を読み解く』東西霊性文庫，2016 年。

鈴木大拙『禅的生活』横川顕正訳，岩波文庫，2016 年。

鈴木大拙『大乗仏教概論』佐々木閑訳，岩波文庫，2016 年。

鈴木大拙『浄土系思想論』岩波文庫，2016 年。

鈴木大拙『アジアの社会倫理の底流と仏教思想』東西霊性文庫，2016 年。

鈴木大拙『東洋的見方』安藤礼二解説，角川ソフィア文庫，2017 年。

稲田（せだ）義行『一気にたどる日本思想』日本実業出版社，2017 年。

高取正男『神道の成立』平凡社選書，1979 年（平凡社ライブラリー，1993 年）。

瀧音能之監修『日本の古代史』宝島社，2019 年。

竹内好『日本とアジア』竹内好評論集 3，筑摩書房，1966 年（ちくま学芸文庫，1993 年）。

竹村牧男『鈴木大拙　日本人のこころの言葉』創元社，2018 年。

武光誠『「宗教」で読み解く世界史の謎』PHP 文庫，PHP 研究所，2016 年。

竹光誠『地図で読み解く日中韓の古代史』ワニ文庫，KK ベストセラーズ，2015 年。

武光誠他監修『日本の歴史（上・下）』小学館，2012 年。

『中央公論 (誤解だらけの明治維新)』平成 30 年 4 月号，中央公論新社，2018 年。

陳舜臣・手塚治虫監修『マンガ中国の歴史』全 5 巻，中央公論新社，2008 年。

津田左右吉『神代史の新しい研究』二松堂書店，1913 年。

戸坂準『日本イデオロギー論』白楊社，1935 年（岩波文庫，1977 年）。

戸矢学『神道入門』河出書房新社，2016 年 1 月 30 日（旧著『ザ・神道』1982 年 9 月）。

テツオ・ナジタ『懐徳堂　18 世紀日本の「徳」の諸相』子安宣邦監訳，岩波書店，1992 年。

『日本の寺院』別冊歴史読本，新人物往来社，2003 年。

E・H・ノーマン『忘れられた思想家　安藤昌益のこと』大窪愿二訳，岩波新書，上下，

　　1950 年。

『ハーバード・ノーマン全集』全 4 巻，岩波書店。

野口武彦『江戸の歴史家』筑摩書房，1979 年（ちくま学芸文庫，1993 年）。

長谷川良信『大乗淑徳教本』大乗淑徳学園，1963 年。

林田慎之介『幕末維新の漢詩』筑摩書房，2014 年。

尾藤正英『江戸時代とはなにか』岩波書店，1992 年（岩波現代文庫，2006 年）。

広瀬佳司他編『ユダヤ系文学に見る聖と俗』渓流社，2017 年。

廣松渉他編集『岩波哲学・思想事典』岩波書店，1998 年（2003 年，2 刷）。

松尾剛次編集『日本の寺院』別冊歴史読本 53，新人物往来社，2003 年。

松田彰一『鈴木大拙の金沢』北國新聞社，2017 年。

松村明監修『大辞泉』小学館，1995 年，1141 頁（「字音」（呉音・漢音・唐音））。

丸山眞男『日本政治思想史研究』東京大学出版会，1952 年。

丸山眞男『日本の思想』岩波新書，1961 年。

三品彰英『日本神話論』同論文集第 1 巻，平凡社，1970 年。

源了圓・楊曽文編『日中文化交流史叢書　第 3 巻　思想』大修館書店，1995 年。

源了圓・楊曽文編『日中文化交流史叢書　第 4 巻　宗教』大修館書店，1996 年。

本村凌二監修『英語で読む　高校世界史』講談社，2017 年（7 刷 18 年）。

百瀬明治『最澄［天台宗］』京都・宗祖の旅シリーズ，淡交社，2014 年。

三浦佑之『日本霊（りょう）異記の世界』角川学芸出版，2010 年。

宮川康子『自由学問都市大阪』講談社メチェ，2002 年。

宮崎正勝『地域からみる世界歴史年表』聖文社，1992 年。

村岡典嗣（つねつぐ）『本居宣長』初版，警醒社，1911 年（岩波書店，1928/ 増補版
　　1/2，平凡社東洋文庫，2006 年）。

村上重良『国家神道』岩波新書，1970 年。

茂木誠『世界史で学べ！　地政学』祥伝社黄金文庫，祥伝社，2019 年。

森和也『神道・儒教・仏教』ちくま新書 1325，2018 年。

安丸良夫『近代天皇像の形成』岩波書店，1992 年（岩波現代文庫，2007 年）。

山尾幸久『日本国家の形成』岩波新書，1977 年。

湯浅泰雄『近代日本の哲学と実存思想』創文社，1970 年。

湯浅泰雄『湯浅泰雄全集』ビリング・ネット・プレス。

義江章夫『神仏習合』岩波新書 453，1996 年。

吉田久一『近現代仏教の歴史』マ学芸文庫，筑摩書房，2017 年（旧著 1998 年）。

和辻哲郎『日本古代文化』岩波書店，1920 年（初版，改訂 1925 年，改稿 1939 年，
　　新稿 1951 年）。

第2節　近代化以前の日本経済

　第2節では日本の近代化について検討する。まず近代への準備段階としての近世日本＝江戸時代（17世紀初頭から19世紀半ば）を，次に体制転換の軸としての明治維新を展望する。そして第3節では第2節を受けて，明治時代前期における近代化の意味と近代化実現の具体例を検討し，第4節ではいよいよ本格的に近代社会に突入した日本の世界史の枠組みにおける位置付けを試みる。

1.　近代以前の日本ー江戸時代

　17世紀初め，織豊政権を引き継いだ徳川家が一応の国家統一を達成し，江戸幕府を開設した。ここに約270年にわたる長い江戸時代が始まり，戦乱のない安定的な政権のもとで市民社会が成熟していった。武家政権による支配として成立していた江戸時代の特徴を整理すると次のようになる。

　1）封建主義統治：江戸幕府は統治の手段として中央集権と地方分権を使い分けた封建主義の方法を採用した。すなわち藩主の任命権は幕府が所有し，各地域（藩）の統治は藩主にまかせるというものであった。この統治法では，それぞれの藩で独自の教育システムをとることが可能であり，結果として日本各地で優れた人材を輩出することとなった。しかし，分権化が進みすぎたことが原因で，例えばある藩で飢饉があったとしても隣の藩が援助を差し向けることができない，など中央集権的な政策がとれなかったという欠点もあった。

　2）産業の発達：戦国時代の混乱からようやく脱却し，安定政権を迎えるとともに産業も安定した生産をあげるようになっていった。肥料の改良や農耕器具の普及，新田開発により，米や麦などの農業生産が増加し，木工製品や金物の製造業，綿製品・絹製品などの織物業も発達した。また幕府や諸藩が積極的に鉱山の開発を行い，佐渡金山や生野・石見銀山，足尾銅山や釜石鉱山などで採掘が行われた。〔17世紀オランダの興隆を支えたのがほかならぬ日本であった。海

洋アジアの貿易決裁手段である金銀銅の断突の供給源が日本だった。当時の日本の金銀銅の産出高は世界でトップクラスであった（川勝平太「世界覇権と日本」日本経済新聞社編『歴史から読む現代経済』１８頁)〕

　3）商業の発達：農業や鉱工業など産業の発達に伴い商業も発展し，貨幣の流通も活性化した。18世紀初頭，大阪で世界初の米の先物取引市場が機能した。商人階級が力を持ち，商業都市が発展した。

　4）交通網の整備：参勤交代のシステムを実行するための江戸五街道を中心に，全国各地の道路網が整備された。また海運も盛んで，17世紀後半には商品集積地大阪や消費地江戸に年貢米を回送するために東廻り航路や西廻り航路が開通していた。交通網の発達は，商品や人的交流ばかりでなく，為替による金融の流通においても重要な意味を持っていた。

　5）教育システムの充実：商売に必要な読み書き・そろばん等を教える寺子屋教育が普及し，庶民の計数能力も飛躍的に高まっていった。寺子屋は明治維新の頃までに全国で１万を超えて普及していた。藩士の養成を目的とする藩校も200を越えていたとされ，一般庶民に門戸が開放されている場合も少なくなかった。

　6）循環型環境システムの完成：民家から排出される屎尿を回収し，畑に肥料として散布し，農作物を収穫する循環型環境システムが完成していた。因みに当時ベルサイユ宮殿にはトイレがなかった。

　これらは江戸時代が育んだ「大いなる遺産」(高い教育水準，商業・金融の発達，交通網の整備，産業の発展等）であり，このなかのいくつかは明治時代以後の近代化を促進するための重要な要因となった。

2.　明治維新の背景

　江戸幕府は徳川家に忠誠を尽くす武士階級を中心とした封建的体制であったが，戦乱もなく長期的安定社会となると，商人階級が貨幣経済の隆盛とともに力を持つようになった。武士階級に失業者が生じ，士農工商という階級制度も形骸化していった。江戸幕府は貨幣経済を十分にコントロールする能力を有せ

ず，様々な社会的混乱を引き起こした。武士階級の弱体化，商人階級の隆盛という社会構造の変化により，商業社会が成熟していった。非生産的な武士を抱えている幕府や藩は苦しい財政状況にあり，民間部門である大商人が幕府や藩に資金を貸し付け富を得た。このような社会背景のもと，明治維新への準備が醸成されていったが，この状況を整理してみると次のようになる。

1）儒教教育の発展：江戸幕府は統治原理として忠誠心を重んじる儒教を重視し，全国の各藩の藩校でも儒教教育が発展した。江戸時代の庶民は，小説や歌舞伎（例えば『南総里見八犬伝』『忠臣蔵』）などを通して日常生活のなかでごく自然に忠信を説く儒教の原理を理解することができた。儒教教育の隆盛に伴い，儒者や，儒教の影響を受けた国学者によって尊皇思想（天皇および天皇制を敬う思想）が醸成されていった。

2）財政政策の限界：ほとんど国内産業にのみ依存して成立していた江戸幕府の財政は，例えば農産物の生産高が減少すると，忽ちそれに影響を受けてしまうという脆弱な経済体制でもあった。江戸時代は農産物などの生産が増大し貨幣の流通量も増え貨幣経済を実現することができたが，その貨幣をコントロールする能力を江戸幕府は持ちえなかった。その最大の被害者は，下級武士であった。

3. 明治維新のプロセス

明治維新は，海外からの圧力に屈し止むを得なく開国を標榜した江戸幕府軍と尊皇懐夷（天皇を敬い，外国の敵と対決する）を標榜した京都の公家および地方の失業武士を中心とする薩長連合軍との対立であり，薩長連合軍がクーデターに成功した。1868年勝海舟や西郷隆盛らの尽力により江戸幕府は被害を最小に止めたまま政権を薩長連合軍に移譲した。薩長連合軍がかかげた攘夷論は明治維新後現実に即して撤回された。明治新政府は尊皇思想を中心に据え，経済については攘夷論を取り消し（或いは保留し），開国政策への政策転換をはかった。明治政府は，江戸時代末期から明治初期にかけて欧米から摂取した学問や文化・技術によって，近代化を実現しようとした。また民衆を精神的に

統治するために，天皇制を中心に据えた国家神道による民衆把握を目指し，例えば散切り頭にした明治天皇の御影（写真）を公表するなどしてライフスタイルの西洋化と尊皇思想を同時に民衆に普及させようとした。

4.　明治維新期の近代化

　明治維新以前，江戸幕府は開国政策に踏み切り，フランスと通商を結ぼうとした。また各藩でも独自に近代化を進めようとする動きは存在した。近代的工業の育成を試みていた薩摩藩などにその兆候を確認できる。しかし明確に政策として国家レベルで近代化を進めようとする動きは明治政府に求められなければならない。明治政府は文明開化により積極的に西洋文明を摂取し，電信・電話・郵便・鉄道・馬車などを政府自身や政府と密接に結びついた民間企業などによって導入していった。こうしてようやく明治時代になって近代化が政府主導により始まったが，では近代化とは何を意味し，どういう状態を指すのか？次節でそれを確認することにしたい。

(引用文献)
1.　浅羽良昌他編『世界経済の興亡 2000 年』東洋経済新報社，1999 年。
2.　ウォーラーステイン，田中治男他訳『世界経済の政治学』同文舘，1991 年。
　　(Imanuel Wallerstein, *The Politics of the World-Economy the State, the Movement, and Civilizations*, NewYork: Cambridge University Press, 1984.)
3.　南亮進『日本の経済発展（第 3 版）』東洋経済新報社，2002 年。

第3節 近代化の意味と日本

第2節では日本の前近代における近代化への展開と明治維新期の近代化を検討した。第3節では，先ず初めに近代の概念を明らかにしたうえで明治時代の近代化政策を展望する。

1. 近代化の意義

富永健一によれば世界史（西欧史）における「近代化」とは，1）政治的近代化（民主），2）社会的近代化（自由と平等の実現），3）文化的近代化（合理主義の実現）及び4）経済システムの近代化からなる（富永健一『日本の近代化と社会変動』講談社，1990年）。

1）政治的近代化とは，政治的意志決定が，市民・大衆により民主主義の手続きをふまえてなされ，またその決定が高度の能力を持つ専門化された官僚的組織によって実現されることである。

2）社会的近代化とは，社会集団が，血縁的紐帯からなる親族集団や感情的結合集団（ゲマインシャフト）の段階から脱却し，機能的に分化した目的組織・契約的集団（ゲゼルシャフト）の段階に移行することである。

3）文化的近代化とは，芸術や科学など，文字や記号によって客観的に表現されている諸文化要素の中で，とりわけ科学分野が発展し，それに伴って科学的・分析的精神が育まれていくことである。それらは教育によっても普及される。迷信や呪術や因習等非合理的な文化要素の占める余地が小さくなっていく。

4）経済システムの近代化とは，経済活動が自律性を持った効率性の高い組織によって担われて，「近代経済成長」を達成していくメカニズムが確立されていることである。

2. 市民革命にみる近代化

世界史における近代化の過程をみると，近代化とは西欧において17世紀か

ら 19 世紀にかけて育まれた概念であり，政治的には，王様に対する議会の優位性を確立した（ピューリタン革命や名誉革命などの）英国市民革命や，主権在民を明示した憲法を発布した米国独立革命，三権分立や福祉権，教育権などの基本的人権の思想を明確にしたフランス革命により達成されていった。これらは明らかに市民の権利を明確にするための革命であったが，その背景には，大規模資本主義経済の発達とそれに伴う市民社会の成熟による構造的変化が要因として存在した。英国の議会は産業資本家を代表し，産業革命により達成された大規模資本主義経済の主役はいうまでもなく市民であった。

3.　産業革命の拡大

　西欧における経済面での近代化は，産業革命を転換点として確立されていった。ルネッサンス以来の商業階級の発展に端を発し，産業革命期の技術発展とそれに伴う工業・農業生産の増大により市民社会が権力を獲得した。また産業の飛躍的発展により大規模資本主義が成立し，力を持った資本家や経営者が出現した。資本主義の拡大競争はまず英国がリードし，後発国としてフランスやドイツが追随していった。西欧諸国は大規模資本主義の拡張を押し進め，欧州からアフリカ，アジアに市場を求め，ついに極東の日本にも進出していった。

4.　日本の産業近代化

　ここで改めて日本の近代化をみてみよう。明治初期は軽工業に重点が置かれ，絹織物などの輸出が盛んで，また社会のインフラ整備が第一の国家事業であった。まず郵便・電信・鉄道のインフラが整備され，次に生産物・金融・労働の全国市場が 20 世紀初頭に形成された。これらの事業は西欧文明の輸入と江戸時代の知的遺産を引き継ぐことによって実現されていった。しかし大規模な経済発展を期待するには時期尚早であった。日清戦争や日露戦争などを経て産業の中心は重工業に移行し，造船業や海運業の成長が促進されていった。造船業の発展は原動機・電気機械の需要を高め，一般機械工業の発展も促進した。機械工業の基礎は 20 世紀初頭に形成された。1897 年に設立された官営八幡

製鉄所は 1901 年に操業を開始し，工業化に不可欠な鉄鋼の国産化の途を開いた。西欧的な近代化が大規模資本主義を実現する重工業を中心とした産業発展と捉えるならば，日本の（経済的な）近代化はこの時期（20 世紀初頭）によようやく始まったということができよう。また市民社会の観点から近代化を捉えるならば，明治政府は，技術は西洋から思想は日本から，という和魂洋才と呼ぶ方針を推進したので，欧米式の民主主義がより完全なかたちで日本に導入されるのは第 2 次世界大戦後まで待たなければならなかったといえる。

（引用文献）

1.　ウォーラーステイン，田中治男他訳『世界経済の政治学』同文舘，1991 年。
2.　金森久雄『日本経済読本（第 16 版）』東洋経済新報社，2004 年。
3.　富永健一『日本の近代化と社会変動』講談社，1990 年。
4.　正村公宏他『日本経済論』東洋経済新報社，2002 年。
5.　南亮進『日本の経済発展（第 3 版）』東洋経済新報社，2002 年。

表 4　近代化の意味

種類	近代化の意味			
	政治的近代化	社会的近代化	文化的近代化	経済システムの近代化
思想	民主主義の実現	自由と平等の実現	合理主義の実現	近代経済成長の達成
組織形態	高度に専門化された官僚集団	ゲマインシャフト（共同社会）からゲゼルシャフト（利益社会）への移行	迷信や呪縛や因習等から非合理的な文化要素の余地が小さくなっている	自律性を持つ効率性の高い組織によって培われている

（備考）富永健一，マックス・ヴェーバー（社会構成員の移動の活発化，機械的連帯から業績的連帯，脱宗教化）等の著書，『現代思想を読む事典』等により木村武雄が作成。

第4節　世界史における近代化と日本

　第4節では，第3節で定義づけを試みた「近代化」をキーワードとして世界史的な展開を眺めてみる。西欧各国の近代化の問題を取り上げ，それに対する日本の対応という視点から状況を捉えてみたい。

1.　近代世界の把握

　近代化の意味については，前節で触れてみたが，改めて整理してみよう。まず欧州はルッネサンス期，ベニスの商人の時代から，まず大航海時代にスペイン・ポルトガルが，次にスペインを継いだ，オランダ・英国が覇権争いをし，絶対王政（フランス），独立戦争（米国），市民革命（英国）を通過し，産業革命を経て近代化が達成された。西欧各国はアフリカやインド，中国に市場を求めた。西欧の大規模資本は全世界に拡張していった。それに比べ，欧州の植民地政策の犠牲になったアジアやアフリカでは近代化は大幅に遅れた。厳密に議会制民主主義と近代資本主義を実現した国家の出現は20世紀まで待たなければならなかった。こうして世界全体を近代化の先進国，後発国として捉えることができる。これをイマニュエル・ウォーラーステインに従って整理してみると次のようになる。

2.　ウォーラーステインによる近代化の構造把握一覇権と周辺

　I. ウォーラーステインは「大航海時代」以降，西欧が中核となって，東欧・ロシア・新大陸・アジア・アフリカの富を収奪する不平等なシステム（構造）が成立し，歴史が展開したと考える近代世界システム論を展開し，世界各国について，次の3つのタイプに分類した（川北稔監修『最新世界史図説タペストリー』帝国書院，156頁）。　a)「中核」：世界経済の中心となって繁栄した国・地域。b)「覇権」：a)のなかでもその最先端をいくのが覇権国家である。c)「周辺」：中心を支える役割を行った国・地域である。16世紀にはスペインが，17世紀はオランダが，18

・19 世紀は産業革命を契機に英国が，そして第 1 次世界大戦後の 20 世紀以降は米国が覇権国となった。なおウォーラーステインによれば（ウォーラーステイン著，田中治男ほか訳『世界経済の政治学』同文舘，1991 年, 64 頁），17 世紀中葉（1620-72 年）のオランダ，19 世紀中葉（1815 -73 年）の英国, 20 世紀中葉（1945-67 年）の米国，これらの国には 4 つの類似点がある。

(1) 3 つの経済的領域（農業・商業・金融）において同時に優位性が存在する。

(2) 覇権国が覇権を有している間は「自由主義」の唱道者となる傾向がある。

(3) 覇権の力は当初海軍国（今日では海・空軍）としていたが，結局陸軍の必要性を悟る傾向がある。

(4) 覇権国になる機会は 30 年に渡る戦争だった。オランダは 1618 年のドイツ 30 年戦争でハプスブルク家に勝利した。ナポレオン戦争（1792-1815 年）で英国はフランスに勝利した。2 つの世界大戦（1914-45 年）で米国はドイツに勝利した。

次に覇権国家を中心に，西欧における前近代および近代化を展望する。

3.　前近代の展開―オランダの発展

オランダは 1581 年スペインに対して独立宣言し，1588 年英国によるスペイン無敵艦隊撃破などの支援を受け，1648 年ヴェスト・ファーレン条約により正式に独立した。1688 年英国名誉革命では英国と友好関係を持ち，バルト海貿易において圧倒的優位を得た。自国の商工業・漁業・農業の発展を実現し，市場を拡大し東南アジアのモルッカ（香料）諸島，マラッカを支配した。首都アムステルダムには多くの資金が集中し金融市場の中心となった。欧州で唯一日本との取引があり，江戸時代にはオランダを通じて西欧文化が輸入されていた。オランダの関心は，インドネシアのゴム等の資源であった。

4.　オランダから英国への覇権移譲

オランダ資金はその後英国産業に投資されるようになった。イングランド銀行への総投資額（360 万ポンド）のうち 86% はオランダからの資金であり，

また英国東インド会社への総投資額（76万ポンド）のうち89%はオランダからの資金だった。しかしオランダの主力商品だったアジア香辛料の人気が落ち，英国の主力商品だったインド産の綿布（キャラコ）が大流行し始めたころから貿易の覇者は英国に代わりつつあった。英蘭戦争（1652-54年，65 - 67年，72-74年）でオランダは衰退した。1664年英国はオランダ領のニューアムステルダムを占領し，ニューヨークと改称した。

5.　各国の貿易政策

(1) 英国の貿易政策

18世紀，英国の産業は飛躍的発展を示した。1733年ジョン＝ケイの飛び杼以降の技術革命，1765年ワットの蒸気機関の動力革命等の産業革命を実現した。英国はアフリカやアジアに市場を拡大することにより資本主義を巨大化し，18世紀後半から19世紀半ばまで欧州をリードした。英国はまずインドを植民地化し，次に中国（当時の清）に三角貿易を強要し，利益を得た。英国は産業革命で優位性のある綿織物をインドへ，インドの阿片を中国へ輸出して，銀の流出の阻止を図った。清の林則徐が阿片を破棄し1840年阿片戦争勃発。清は英国に敗戦し，香港の割譲，広州等の5つの開港，賠償金2,100万ドル等を背負わされた。江戸幕府はこの情報を長崎の出島のオランダ商館を通じて入手していた。英国は日本進出の余裕はなく，日本に対して中国ほど魅力を感じなかった。むしろ英国は19世紀後半，1853年ロシアとのクリミア戦争をはじめとし，インド，ビルマ，エジプト，スーダン，南アフリカなどを植民地化する戦争を続けた。

(2) 米国の戦略

米国は西太平洋における捕鯨のための食料補給基地として日本の港を必要とした。1853年浦賀に来港したペリーは開国を迫り，54年日米和親条約を結んだ。その後の対日政策は南北戦争（米国史上最大の死者が出た戦争，1851- 65年）などの理由により発展しなかった。米国は南北戦争後に急速に発展し，1870年代英国を抜いて世界一の工業国となった。

（3）ロシアの戦略

ペリーに続いて 1853 年ロシア使節プチャーチンが長崎で国書を江戸幕府へ提出した。米国と同様に 1855 年日露和親条約を締結したが，その後やはり対日政策は発展しなかった。ロシアは「東方問題」で，オスマン・トルコの衰退に伴い，列強との凌ぎあいを強いられた。

（4）フランスの戦略

1804 年ナポレオン帝政，ウィーン反動体制，48 年 2 月革命，51 年ルイ＝ナポレオンのクーデターなどにより，フランスの国内政治は長期間不安定であった。1858 年インドシナ出兵，62 年コーチシナ東部獲得，63 年カンボジア保護国化を実現したが，1870 年プロイセンとの戦争に敗北した。対外戦略は頓挫したが，1881 年チュニジアを，1883 年ベトナムを保護国化し，84 年には清仏戦争（～85 年），87 年赤道アフリカ地方領有，93 年ラオスを保護国化した。

（5）ドイツ

ドイツはドイツ関税同盟により経済的結束を強化した後，政治的国内統一に向かった。オーストリアがその阻害要因だったが，普墺戦争で勝利した。普仏戦争でフランスに勝利した後，近代化，工業化を一気に進め，英国に次ぐ工業国にまで発展した。しかし植民地獲得に出遅れ，青島，南洋群島領有に止まった。明治以前の日本との結びつきはなかった。

以上がその概要であるが，ほかの国では，イタリアは圏内統一が愁眉の課題だった。フィリピンは米西戦争により支配権がスペインから米国に移った。

6.　日本の国家戦略

江戸幕府は当初対外政策をなるべく穏便に図りたいと考え，開国強行派の英国と対立するフランスと手を結んだ。一方倒幕派の薩摩，長州は英国等と戦争（1863年 7 月薩英戦争，8 月下関 4 国艦隊砲撃）になったが，局地戦に止まった。江戸幕府は開国を認め，1867 年大政奉還を奏上し延命策をはかった。結果的に江戸幕府は，薩長連合と公家勢力を中心とする倒幕派のクーデターにより消滅した。明治政府は外国支配の構図ができあがるのを恐れ，外国支配の及ばない中央集権国家の確

立を目指した。中国・インド・トルコの先例があった（1871 年には伊藤博文ら派欧使節団を派遣し，見聞した）。軍事面，財政面，産業支配面も同様で，明治政府は殖産興業や軍事力強化を推進し，外国から資金援助を嫌った。技術の伝達や各種の近代的制度の確立に尽力する外国人を高給で雇ったが，政府の政策決定をする高官に登用しなかった。当時の日本人の教育水準で習熟可能なものしか技術輸入しなかった。日本の開国前後（19 世紀後半）の列強は，英国も，ロシアも，フランスも米国もオランダも日本に構っていられない事情を抱えていた。ましてや，統一のされていなかったドイツ，イタリアも同様であった。日本が外国支配を恐れていたのは事実であるが，運命の女神は日本に微笑みを浮かべていたに違いない。

〔引用文献〕

1. 富永健一『日本の近代化と社会変動』講談社，1990 年。
2. ウォーラーステイン，田中治男他訳『世界経済の政治学』同文舘，1991 年。
3. 南亮進『日本の経済発展（第 3 版）』東洋経済新報社，2002 年。
4. 金森久雄『日本経済読本（第 16 版）』東洋経済新報社，2004 年。
5. アンガス・マディソン，金森久雄監訳『経済統計で見る世界経済 2000 年史』柏書房，2004 年。

図 6 中国と英国の貿易

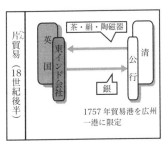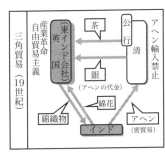

　片貿易によって巨大な貿易黒字に潤っていた清朝は，英国がインド産アヘンによる三角貿易を始めると，大量の銀を流失し，深刻な財政難に陥った。
〔引用文献〕『プロムナード世界史』浜岳書店，2002 年，134 頁。

第5節　高度成長と日本

　朝鮮戦争による特需をきっかけに日本経済は成長への兆候を示し始めた。第5節では戦後経済の高度成長を，1955年特需景気および投資景気，1954-1957年の神武景気，1955-1961年の岩戸景気，そして1965-1970年のいざなぎ景気までと捉え，その成長過程を展望する。

1.　朝鮮戦争による特需と産業の合理化

　1950年に勃発した朝鮮戦争で地理的に朝鮮に近い日本は国連軍（主に米軍）から要請を受け，物資やサービスを調達した。主な物資は，有刺鉄線や，毛布・麻袋などの繊維製品，携帯食料など，サービスは機械修理，建物建設，通信などの労働力サービスであった。この朝鮮特需によって日本の輸出は伸長し，安定恐慌から脱出した。1951年4月，マッカーサーがGHQを解任され，6月末をもって米国による対日援助が打ち切りとなった。9月サンフランシスコ講和条約が締結され，日本は独立国として承認された。1952年，53年には朝鮮特需により年間20億円を超える輸入が可能となった。

　朝鮮戦争の特需とそれから派生したインフレは経済復興ばかりでなく日本の産業構造の合理化・近代化を促した。鉄鋼業を例にみると，1）投資規模の拡大，2）設備の近代化（延圧部門の明治以来の旧い工作機械を最新機械に変更し生産力を上げた），3）後発メーカーの参入（官営企業の「日本製鉄」が解体され，先発の日本鋼管，八幡製鉄，冨土製鉄の3社に後発川崎製鉄，神戸製鋼などが参入した）が実現し，それにより鉄鋼業界が活性化し寡占競争状態となった。鉄鋼の総生産高は飛躍的に増大し，国際競争力を得るまでにいたった。鉄鋼業のこのような合理化・近代化は，石油精製業などほかの産業にも波及し産業界全体の合理化・近代化が実現されていった。これが戦後高度成長の準備段階となったのはいうまでもない。

2. 戦後高度成長期

　朝鮮特需から始まる日本の経済発展は安定成長ではなくダイナミックな成長を示した。1956年政府の経済報告は経済復興を認め，同年の『経済白書』には有名な「もはや戦後ではない」という表現が盛り込まれた。1955年以降の主要な好景気は朝鮮特需直後，1954〜1957年の神武景気，1958〜1961年の岩戸景気，そして1965-1970年のいざなぎ景気である（昭和29年〜昭和45年）。昭和でこの10年間（昭和30年〜昭和40年）をみるとこの間の経済成長率は国民総生産で2.4倍（昭和30年17兆円，昭和40年41兆円），実質成長率年9.3%となった。それぞれの景気の特徴をみてみよう。

(1) 神武景気（1954〜1957年）

　朝鮮特需によるインフラの整備など，基幹産業の合理化・近代化が進み，それに伴って，設備投資が活発となり（1956年度で58%），産業の大型化，企業の巨大化をもたらした。また投資の結果発生した収益はさらに投資にあてられ，高度成長のサイクルがここに始まった。景気過熱最中の1956年スエズ動乱が起こり投機的輸入が増大した。その結果日銀の外貨が激減し，金融引き締め政策を開始し，神武景気は終息した。

(2) 岩戸景気（1958年6月〜1961年12月）

　神武景気以来の設備投資の活発化，技術革新，消費の増大により，神武景気を上回る実質国民総生産年10%以上の成長を達成した。設備投資など生産部門の成長は神武景気とほぼ同じであるが，三種の神器（白黒テレビ，電気洗濯機，冷蔵庫）などの個人消費や持ち家所有，輸出など消費部門の成長が顕著になった。

(3) いざなぎ景気（1965〜1970年）

　岩戸景気をさらに発展させたのがいざなぎ景気であった。消費面では三種の神器は新三種の神器，三C（カー，クーラー，カラーテレビ）に代わり，産業構造は第3次産業（サービス業）の割合が増大しはじめた。自動車などの機械産業が国際競争力を持ちはじめた。

3. 産業の発展と消費の拡大

基幹産業の発展は雇用拡大を促進し，それは消費の拡大（おもに耐久消費財）に繋がっていった。最初三種の神器が，皇太子ご成婚や1964年東京オリンピックをきっかけに普及し，その後3Cといわれた新三種の神器などの家庭用耐久消費財が普及した。旺盛な個人消費需要により，製品の供給伸長も実現されていった。国内企業間の寡占競争が起こり，消費者の製品クオリティーに対する欲求も高くなった。高度成長期の消費拡大の要因としては，1)個人所得の拡大，2) 核家族化による世帯増，3) 大衆消費と規模の経済の相乗効果などがある。

(1) 個人所得の拡大

政府の経済政策「所得倍増計画」が達成された（1960年池田勇人首相公約）。経済成長の停滞を防ぐための政策で，背景には近い将来成長がとまると予想する悲観論者と潜在的国際競争力が十分にあるという期待論者の議論があった。

(2) 核家族化による世帯数増加

核家族化により少人数家族構成の家庭がふえ，耐久消費財を中心に消費をのばした。

(3) 大量消費と規模の経済性の相乗効果

耐久消費財の需要の所得弾力性が高かったため，所得の上昇が一挙に需要増をもたらす。大量生産が製品価格を引き下げ，さらに需要を喚起した。

4. 経済高度成長をもたらした要因

(1) 民間設備投資

1955〜72年に掛けて，民間設備投資比率は年平均17.3%の極めて高率であり，70年前後の15%を上回る規模だった。民間設備投資の活性化は財閥解体などで，新しい経営者や投資家が登場し，投資市場が活性化したためと，高度成長期の「投資が投資を呼ぶ」状態が持続したことによる。

(2) 人的資源

工作機械や経営システムの発展と進学率の向上などによる人的資源の質的向上が相乗効果をあげ，労働生産性が飛躍的に向上した。

(3) 最終生産市場の拡大

内需については既に触れたが, 海外市場にも大量のエンドユーザーが存在し, 日本製品の売上高をさらにのばした。

(4) 高い貯蓄率

日本の家計貯蓄率は高度成長期平均で13% 台で推移していった。高貯蓄率は設備投資 (企業が銀行から融資を受ける) を促進し結果的に日本の経済成長を支えた。

(5) 国際競争力

当初 Made in Japan は粗悪品の代名詞であったが, 品質が向上し, 海外消費者の信用を獲得した。安価・高品質を武器に輸出を伸ばしていった。

(引用文献)

1. A. Gershenkron, *Economic Backwardness in Historical Perspective : A Book of Essays*, Cambridge, Massachusetts: Harvard University Press, Belknap Press, 1962.
2. Takatoshi Ito, *The Japanese Economy*, MIT Press, 1992.
3. 林直道『現代の日本経済（第5版）』青木書店, 1996 年.
4. 浅子和美他編『入門・日本経済（新版）』有斐閣, 1997 年。
5. Y. Miyazaki, "Rapid economic growth in Postwar Japan", Peter Drysdate and Luke Gower eds. , *The Japanese Economy* Part 1 Vol. II , 1998, London, New York :Routledge, pp. 133-155.
6. 橋本寿朗他『現代日本経済』有斐閣アルマ, 1998 年。
7. 南亮進『日本の経済発展（第3版）』東洋経済新報社, 2002 年。
8. 小峰隆夫『最新日本経済入門（第2版）』日本評論社, 2003 年。
9. 金森久雄他編『日本経済読本（第16版）』東洋経済新報社, 2004 年。

表5 三種の神器

三種の神器 (さんしゅのじんぎ)			新三種の神器 (昭和40年代 (1965-74年)) 3 C		
八咫鏡 (やたのかがみ)	草薙の剣 (くさなぎのつるぎ)	八尺瓊勾玉 (やさかにのまがたま)	color television	cooler	car
新三種の神器 昭和30年代 (1955〜64年)			2000年代の三種の神器		
白黒テレビ　television 電気洗濯機　washing machine 電気冷蔵庫　refrigerator			薄型テレビ　flat panel TV DVDレコーダー　digital versatile disc recorder デジタルカメラ付携帯電話　mobile phone with digital camera		

〔引用文献〕木村武雄『経済用語の総合的研究（第5版）』創成社, 51 頁。

第6節　インフレと日本

　インフレーション（以下インフレと略記）を伴う経済成長は日本経済の特徴であるが，1960年代後半には一国の経済問題を超越していた。日本の貿易収支が黒字なのに対し，米国のそれはベトナム戦争の影響などもあり，赤字に転落していた。その結果ニクソンショックにより日本の金融為替制度が変動相場に代わり，1972年石油危機と円切り上げおよび円の変動相場制転換に端を発するインフレが狂乱物価をもたらした。第6節では1972〜1974年ごろのインフレを中心にオイルショックまでを展望する。インフレの語源はインフレート（膨脹する）からきており，貨幣が物量を相対的に超過して発行され貨幣価値が下落することを指し，「通貨膨脹」と訳す。

1.　インフレの経緯

(1) 1972年のインフレ

　わが国の経済成長とインフレの関係を，具体的な数字であらわすと「物価のもっとも総括的な指標であるGDEデフレータ（GDE＝実質国民総支出，デフレータ＝価格修正要因）は，戦前（1889〜1938年）では3.9%，戦後（1955-97年）では4.4%という成長率を記録した」（南亮進『日本の経済発展（第3版）』東洋経済新報社，2002年，269頁）となる。戦後の代表的なインフレは，1）終戦直後の品不足と急激な人口増によるインフレ（緊急金融措置により預金が封鎖されその結果新円が発行された）と，2）1972年ころの円高と石油危機によるインフレ，の2つであり，ここでは2）の1972年のインフレを取り上げる。まずはじめに1972年前後の経済状況を以下のとおり整理してみよう。

(2) ニクソンショック

　1960年代の高度成長時代，日本の経済力は次第に国際競争力を獲得し，貿易黒字も増大していった。その結果国際収支において黒字不均衡が生じ，相対的に米国の国際収支が赤字に転じていった。米国の対日赤字は十数億ドルとな

表 6　インフレの経緯

1969 年 8 月	公定歩合引き上げ（5.84% → 6.25%）
1970 年 7 月	いざなぎ景気終わる
1970 年 10 月	公定歩合引き下げ（6.25% → 6.0%）
1971 年 1 月	公定歩合引き下げ（6.0% → 5.75%）
1971 年 2 月	OPEC 原油価格引き上げ要請通る
1971 年 5 月	公定歩合引き下げ（5.75% → 5.50%）
1971 年 7 月	公定歩合引き下げ（5.50% → 5.25%）
1971 年 8 月	米国新経済政策（金・ドル交換停止など）ニクソンショック。 円，変動相場へ移行
1971 年 12 月	米スミソニアンで 10 ヵ国蔵相会議 スミソニアン体制発足（多国間通貨調整合意） 1 ドル = 308 円の新レート（16.88 % の切り上げ） 公定歩合引き下げ（5.25 % → 4.75 %）
1972 年 5 月	第二次円対策決定（財政金融政策，輸入促進）
1972 年 6 月	公定歩合引き下げ（4.75 % → 4.25%） 田中角栄通産相「日本列島改造論」を発表
1972 年 7 月	第一次田中内閣発足
1972 年 12 月	第二次田中内閣発足
1973 年 2 月	EC 諸国変動相場制へ移行（スミソニアン体制崩壊） 日本，変動相場制へ移行
1973 年 4 月	公定歩合引き上げ（4.25% → 5.0%）
1973 年 5 月	公定歩合引き上げ（5.0% → 5.5%）
1973 年 7 月	公定歩合引き上げ（5.5% → 6.0%）
1973 年 8 月	公定歩合引き上げ（6.0% → 7.0%）
1973 年 10 月	1 ドル = 254 円，以下円安傾向 オイルショック起こる
1973 年 12 月	OPEC 原油公示価格の 2 倍値上げを発表
1973 年 12 月	公定歩合引き上げ（7.0 % → 9.0%，戦後最高）

りドルの信用は下落していった。円の切り上げが議論され，国際通貨体制の立て直しが叫ばれた。その渦中 1971 年 8 月に出されたのが，米国大統領ニクソンによる，金＝ドルの交換停止と，輸入に対する一律 10% の課徴金賦課を掲げた緊急経済措置である。この政策は日本ではニクソンショックと呼ばれ，実質的に他の国にドル・レートの切り上げを追ったものであった。同年 12 月円

切り上げが実施され，1 ドル =308 円となった。円切り上げの直接の被害者は日本の中小企業で，円切り上げと課徴金による被害をダイレクトに蒙った。なおこのとき日本銀行は赤字覚悟でドル買い支えを敢行し，外国為替銀行や商社の損失を防ぐ役割を果たした。

(3) 変動相場制

1971 年 12 月米国スミソニアンで行われた 10 カ国蔵相会議で，ドル切り下げ（円切り上げ 1 ドル = 308 円）ドルと金の交換停止などが定められた。これをスミソニアン協定というが，結果的に米国の貿易赤字を救済することに失敗し，さらなる通貨不安が高まっていった。1973 年 2 月，米ドルの 10% 切り下げが実施され，円は変動相場制（変動相場ではない）に移行した。これはスミソニアン体制の崩壊とみなされ，円は，同年 10 月には 1 ドル =254 円までに切り上げられたが，以後円安傾向を示していった。変動相場制への移行は，米国の保護のもと固定相場制を最大限に利用して経済成長に邁進した日本経済が，結果的に国際的な金融不均衡を起こし，それを解消するために取られた措置といえる。ニクソンショックによる変動相場（制）への移行は，円高指向となり，日本経済に過度のインフレをもたらした。

(4) 1972 年のインフレ

1972 年の秋ころから物価の騰貴が，1974 年にはオイルショックが起こり，日本経済はインフレ状態になった。その間の状況を展望してみよう。a) 1960 年代からの高度成長と円切り上げにより日本経済は貿易収支黒字による貨幣が過剰になっていた。また円切り上げによりドル売り円買いが進み，外貨準備が増えた。b) 田中角栄首相により「日本列島改造論」が打ち出され，日本各地で土地投機の機運が高まっていた。高速道路や鉄道などへの設備投資も活発化し，投資を煽った。c) オイルショックについては以下で触れる。

(5) オイルショック

1973 年 10 月，第 4 次中東戦争が勃発し，アラブ諸国により構成される OAPEC はイスラエルを支持する国に対し石油供給の制限を宣言し，原油価格の引き上げを決定した。原油価格については 10 月に 70% 公示価格切り上げ，

12月にはさらにその約2倍に切り上げ，翌74年1月から実施され，石油依存率の高い日本は先進諸国中もっともその被害を受けた。これがオイルショックであり，日本経済は大混乱に陥った。1973年10月には，繊維，洗剤，砂糖，トイレットペーパーなどの投機的買い占めが行われ品不足になった。オイルショックに対する日本政府の対応は，1)「省エネ」といわれた石油総需要抑制政策と，2) 物価を安定させることであった。1) に対する石油供給は順調に進み，当初の省エネ政策は次第に緩和されていった。むしろ2) のオイルショックに端を発した狂乱物価の沈静が政府の早急の課題であった。政府は物価安定に力を入れ，多くの企業がそれに協力した。その結果1974年8月以降物価上昇は沈静化していった。なお1974年，日本経済は戦後はじめてマイナス成長（0.2%減）となったが，物価は狂乱し上昇傾向にあり，不況とインフレが共存した。このようにインフレーションとスタグネーション（不況）が同時に発生する状態をスタグフレーションという。

(引用文献)

1.　藤野正三郎「インフレーションと失業」大来佐武郎他編『国際シンポジウム新しい繁栄を求めて』日本経済新聞社，1977年。
2.　林直道『現代の日本経済（第5版）』青木書店，1996年。
3.　木村武雄『経済体制と経済政策』創成社，1998年。
4.　南亮進『日本の経済発展（第3版）』東洋経済新報社，2002年。
5.　岩田規久男『日本経済を学ぶ』筑摩書房，2005年。

★マネーサプライ通貨供給量

Money Supply ＝ the total amount of currency held by individuals in the country, corporation other than financial institutions, and local public bodies.

○ M_0 : currency（coins and notes）

◎ M_1 : currency（coins and notes）& demand depósits(要求払預金)

◎ M_2 : M_1+　time depósits (定期性預金)

○ M_2+CD（certificate of depósit　譲渡性定期預金）→日本のマネーサプラ
イ定義

○ M_3 : M_2+ government depósits & depósits other in currencies other
than home currency ex. term Eurodollar depósits 期限付きユーロダラー
預金

○ L:M_3+Treasure bills［財務省短期証券］, bonds, commercial papers［米
国で優良企業が敷き調達の為発行する短期の約束手形］

〔引用文献〕木村武雄「経済時事用語について」『麗澤大学紀要』第62巻, 1996年,
204 頁。

☆ M_2+CD とは

★ 1995 年 9 月の M_2+CD 残高 2.8％増★

日本銀行が発表した 9 月の通貨供給量 (マネーサプライ) 速報によると，代表
的な指標である「M_2+CD」(現金，譲渡性預金などの合計) の月中平均残高は
537 兆 4,000 億円で，前年同月比 2.8％増にとどまり，伸び率は前月より0.1
ポイント低下した。また投資信託や郵便貯金などを加えた指標「広義流動性」
は 1,082 兆 7,000 億円で 3.8％増加 した。

☆ハイパワードマネー（high Powered money）

マネタリーベースで民間部門の保有する現金と民間金融機関の中央銀行預金
の合計。

図7　マネーサプライ（M₂+CD）の月中平均残高と
前年同月伸び率の推移（速報値）

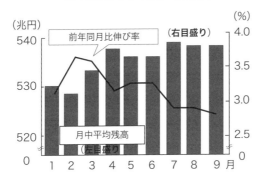

（出所）『讀賣新聞』1995年10月22日。
〔引用文献〕木村武雄「経済時事用語について」『麗澤大学紀要』第62巻, 1996年, 204頁。

第7節　バブル経済と日本

　第7節では，1987年から1990年にかけて，低成長時代に一時<ruby>一時<rt>ひととき</rt></ruby>咲いた徒花であるバブル期経済を検討する。

1.　バブル要因

　1980年代後半のバブル経済を準備した要因としては，(1) 日米貿易摩擦，(2) 金融緩和政策，(3) 金融自由化政策があげられる。

(1) 日米貿易摩擦

　レーガン大統領の減税政策により米国経済が景気回復し，83年以降日本の対米輸出が増加した。米国経済は高金利政策によりドル高円安基調にシフトした。それが追い風となり日本の対米輸出額が飛躍的に伸び貿易収支の不均衡が拡大し，結果として日米貿易摩擦に至った。ドル暴落或いは国際金融危機の不安が高まり，85年9月，ニューヨーク・プラザホテルで先進5カ国蔵相会議が開かれた。ドル以外の主要通貨が上昇することに向けたプラザ合意が成立し，米国は各国にドル高是正への協力を要請した。それによって円高が進み，日本経済は輸出産業を中心に円高不況に陥った。

(2) 金融緩和政策

　日本政府はプラザ合意後の円高に対抗する景気浮揚策として公定歩合を6回に渡って引き下げた。これは輸出超過による貿易摩擦を避けるため内需拡大に向けたものでもある。

(3) 金融自由化政策

　円高不況に対する政策である，競争制限的規制の緩和，資本移動規制の緩和，金融イノベーションなどの自由化政策は資金調達の可動性を高め，投資意欲を煽った。

　以上のような理由により貨幣流動性が起こり，市場の貨幣が過剰になっていった。これがバブルの発生要因といえる。過剰な貨幣流動性は国内投資の活性

化を促し，株式や土地・建物への投資が活発化した。この時点で日本経済は輸出依存型経済から内需拡大型経済に転換していった。企業は積極的に資金調達をし，金融資産と土地の投資に振り向けた。その結果企業のバランスシートが拡大した。大企業は資本市場からの調達拡大により金融機関からの借入れを相対的に低下させ，中小企業は金融機関からの借入れを急増させた。

2.　株価・地価とバブル

　本来株価は企業価値や金利の変動によって決定される。ところがバブル期には本来の機能とは別のところで株価の乱高下が起こった。実質低金利状態の長期化と市場における貨幣（預貯金等）の過剰が財務投資を煽り，投機的期待から市場が動く。これが株価バブルの仕組みである。こうして投機的期待のなか金融自由化に伴い，大企業を中心に積極的に株式市場への投資が行われた。金融自由化（ワラント債や転換社債等）による調達手段の拡大（それ自体が株価の上昇要因となる）が企業の低利資金調達を可能にした。投資の連鎖が発生し，金融機関の貸出し余力を高め土地投機への資金供給源を形成した。貨幣余剰，金融自由化，金融緩和などの条件が揃い，バブル状態になると，土地・建物も投機の対象となった。日本の情報，金融の中心地である東京都心部や大阪等の大都市圏におけるオフィスビル需要が増大しオフィス賃料（土地の収益率）を上昇させた。所謂バブル経済の実体を示すとき，このような株式や土地等への投機の増殖過程と捉えることができる。

3.　バブル期の金融

　バブル期の資金の流れについて，資金の調達面からみてみると，まず1）資本市場から大企業へ（投資の拡大）の流れは資金を金融機関からではなく株式市場から調達した。これは金融緩和と金融自由化を背景に増幅され，大企業の銀行離れという現象を起こした。次に2）金融機関から中小企業へ（融資の増大）は，1）の大企業の銀行離れに連動する。銀行は中小企業にターゲットを移し，積極的に融資を進めていった。主な融資先が不動産会社であったことはいうま

でもない。

　次に資金の運用面をみてみよう。3）大企業から金融機関へ（預金の増大）は，むしろ大企業の銀行離れの過程において「財テク」として高金利の金融商品を購入するという形で実践された。これは銀行の収益を圧迫した。4）大企業から資本市場へ（投資の拡大）は技術革新の重要性の認識のもと先行投資として，積極的に先端企業への投資が行われたことを意味する。5）中小企業から土地等へ（投機の拡大）は，銀行の不動産業者への融資が中小企業の土地への投機を誘発したといえる。なお高額所得者層ほど株式や資産の保有率が高く，したがって最も高いキャピタル・ゲインを得る可能性がある。またバブル期の地価の上昇は，大都市圏で異常に高い上昇率を記録したので，地価上昇によるキャピタル・ゲインは東京，大阪など大都市圏に集中した。このようにバブルによる収益にも階層や地域によって歪みがあることを明記しておきたい。

4. バブル崩壊のプロセス

　バブル経済に関連する事項を整理してみよう。

表7　バブル経済関連事項

1986 年 1 月	公定歩合引き下げ 5% → 4.5 %
1986 年 11 月	公定歩合引き下げ 3.5% → 3 %
1987 年 1 月	株価日経平均 20,000 円乗せ
1987 年 2 月	公定歩合引き下げ 3 % → 2.5 %
1987 年 4 月	国土庁，地価公示，東京都平均上昇率 53.9 %
1987 年 10 月	ニューヨーク市場株価暴落（ブラックマンデー）
1987 年 11 月	竹下内閣成立
1988 年 12 月	株価日経平均 30,000 円乗せ
1989 年 1 月	昭和天皇崩御
1989 年 6 月	宇野内閣成立
1989 年 8 月	海部内閣成立
1989 年 12 月	株価日経平均 38,915 円（市場最高）
1990 年 8 月	公定歩合引き上げ 5.25 % → 6 %
1991 年 5 月	4 月の倒産負債総額 8,832 億円，平成不況始まる

　株式や土地への増殖的な投機により発生したバブル経済は以上のような変遷をへて 1991 年の平成不況により完全に終息した。1987 年 10 月のブラックマンデーは一時世界の株式市場をどん底に突き落としたが，FRB による大量の買いオペにより資金供給が続けられた。日本の株価は持ちこたえ，拡大基調を維持した。

　いざなぎ景気以来最長を記録したバブル景気であったが，1989 年ころから成長が鈍くなっていった。その理由は，住宅，家財などの内需が峠を越したことと，企業による整備投資が鈍っていったことにある。バブル崩壊後の経済停滞により経済主体の資産と負債のバランス・シートが大きく変化した。バブル期には企業・家計は労せずして資産を増やし同時に負債を増加させながら株式投資や不動産投資等を活発化させていった。資産と負債が両建てで増加していった。こうした状態の下で内需の成長が止まり，バブルが崩壊し資産価格が低下した。資産価額は減少したが負債は減少せず，必然的に資産に対する負債比率が大きくなった。85 〜 99 年の資産価格上昇期には，資産も負債も大幅に増加するが負債の資産に対する比率は低下した。バブルが崩壊し資産価格が低下し始める 90 年以降は資産が減少し続ける一方で，負債は逆に増加した。負債の資産に対する比率は上昇し続けた。この「バランス・シート調整問題」が尖鋭的に表出したのが，金融機関の不良債権問題である。資産を調達した側で負債が超過し，返済が滞るということは，金融機関にとっての資産が劣化することに他ならない。金融機関に蓄積した不良債権問題は，日本経済停滞の大きな原因となった。

(引用文献)
1.　財務省『法人企業統計季報』。
2.　内閣府経済社会総合研究所『国民経済計算年報』。
3.　経済企画庁『経済白書平成 5 年版』1993 年。
4.　田中隆之『現代日本経済バブルとポスト・バブルの軌跡』日本評論社，2002 年。
5.　小峰隆夫『最新日本経済入門（第 2 版）』日本評論社，2003 年。

図8　バブル期における企業の運用・調達状況（概念図）——主な資金の流れ

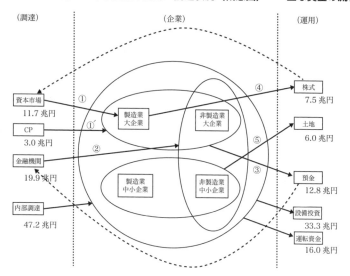

（注）→ は，主な資金の流れを示す。

　　　金額は，86 〜 89 年度の平均額。

（資料）財務省『法人企業統計季報』1986-89 年度の平均額。

〔引用文献〕田中隆之『現代日本経済—バブルとポスト・バブルの軌跡—』日本評論社，2002 年，109 頁。

第 8 節　デフレと日本

　バブル経済崩壊後の日本はデフレーション（以下デフレと記す）が長期化し，景気低迷が続いていた。2002 年度の国内企業物価指数（旧国内卸売物価指数）と消費者物価指数は 1998 年以降 5 年連続で，前年割れとなる，デフレ傾向が続いた。第 8 節では，このバブル崩壊後のデフレ経済を展望する。

1.　バブル崩壊後のデフレ経済

　デフレーションとは，財やサービスの価格が持続的に下落を続ける状態を示す。その理由としては， 1）不景気のために需要が落ち込み，消費者の購買力が落ちている， 2）商品が企業間競争状態にあり，価格破壊を起こした， 3）安価な輸入品が増え，値崩れを起こした， 4）金融政策により金利を下げても，銀行が貸し渋りをする， 貸出金が最終消費者に届かず消費者金融などの高利貸しに流れたりする，などの理由で市場に十分供給されない。1）に関しては景気回復力の弱さが原因となって需要低迷が続き，それに伴い日本経済は将来的な期待がないまま物価下落指向を示した。需要の脆弱状態はデフレ期待（国民の予想物価下落率）を導いた。2）， 3）に関しては企業間競争とともに外国からの安価な輸入品流入， IT を中心とする技術革新，流通合理化等，多層的に物価引き下げ要因が顕在しだし，デフレ指向をさらに強化した。消費者にも安い物を購入する，というデフレ指向がこれまで以上に強まった。チェーン展開をするファーストフード店や量販店がデフレターゲットの戦略をとり成功するケースもみられた。4）に関しては，日銀がゼロ金利という大幅な金融緩和政策を実施しているが，銀行をはじめとする金融業者や大企業に不良債権があるため，金融が十分に機能しなかった。つまり市場に流入した貨幣が末端までに流通しきれなかったのである。その原因をみると， 日銀からゼロ金利で銀行等の金融機関に貸し出された貨幣は， 一般企業や市民にではなく，高金利で商う消費者金融などに流れていった。ではデフレは日本経済に対してどのような

影響を与えたのか。検討してみよう。

2.　デフレ・スパイラル

　デフレが長期化すると，まず企業間競争に負け，脱落する企業が出てくる。また競争に勝ったとしても，価格競争により収益性が低くなる。よって企業は新規投資を縮小し，人件費のコストダウンを余儀なくされる。こうして市場に流通する貨幣量も減少し，それがデフレをさらに促進させる。消費者は将来に対する不安を感じ，高価な買い物を控えるようになる。一層物が売れなくなり，企業収益を圧迫する。この悪循環がデフレ・スパイラルである。

　デフレ・スパイラルとは「物価下落（デフレ）と生産活動の縮小とが相互作用してスパイラル的に進行すること」（金森久雄他編『日本経済読本（第16版）』東洋経済新報社，2004年，278頁）と定義されている。デフレには不動産価格の下落が保有資産額の減少をもたらす（含み損），という側面を持つ。またそれが実企業収益の減少に繋がる場合もある。

3.　デフレ経済の特徴

　デフレ経済の特徴は次のとおりである。(1) 製品価格の下落による売上額の減少。(2) 企業の実質債務を増加させる。(3) 企業収益を圧迫するので，失業を発生させる。(4) 資産デフレを招来し，新規の設備投資を抑制させる。

　(1) 製品価格の下落から売上額の減少を招く：デフレは企業の実質債務負担を増加させるので，新規の設備投資等が抑制される。物価下落により売上げ・収益の名目値が伸び縮めば，名目ベースで決まっている債務の返済はより困難となる。債務の返済額は名目値で決まっているので，デフレは実質的な返済負担（名目の債務返済額を物価水準でデフレートした実質債務負担額）を増加させる。デフレ下では企業の売上数量が同じであっても，製品価格が下がって売上高（売上数量 × 製品価格）が減少する。その結果，企業は毎年のキャッシュ・フローから債務返済を優先し，設備投資を控えるか，財務内容の悪い企業では倒産に至る場合もある。

(2) 企業実質債務を増加させる：物価下落に見合って名目金利や名目賃金が低下しないと，実質金利や実質賃金が上昇したり，不況期でも下げ渋ったりするので，企業収益や設備投資の回復が遅れる要因になる。

(3) 企業収益を圧迫するので，失業を発生させる：企業収益の悪化により，資金繰りが苦しくなり，倒産を迎え，その結果失業を発生させる。

(4) 資産デフレを招来し，新規の設備投資を抑制させる。

4.　補論：日本のデフレ

近代日本の主要なデフレを列挙すれば以下のとおりである。

(1) 松方デフレ（明治15 (1882) 年）：西南戦争（明治10 (1877) 年）後のディス・インフレ政策。

(2) 大正デフレ（大正9 (1920) 年）：第1次世界大戦後恐慌起こる。

(3) 井上デフレ（昭和5 (1930) 年〜）：関東大震災 (1923年)，金融恐慌 (1929年)，10月ニューヨーク株式暴落，1930年1月井上蔵相，金輸出解禁を断行，デフレを深刻化させる。

(4) ドッジ・デフレ（昭和24 (1949) 年3月）：第2次世界大戦後のディス・インフレ政策。

(5) 平成デフレ（平成10 (1998) 年〜16 (2004) 年）：このデフレは戦争や対外的影響でなく，日本国内のバブルが原因である。

（引用文献）
1.　南亮進『日本の経済発展（第3版）』東洋経済新報社，2002年。
2.　金森久雄他編『日本経済読本（第16版）』東洋経済新報社，2004年。

図9　消費者物価指数，国内企業物価指数，GDP デフレータ

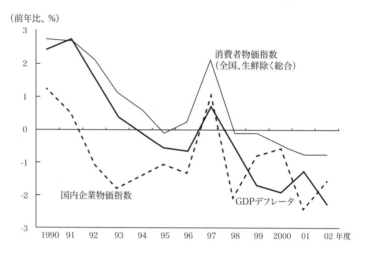

（出所）日本銀行『金融経済統計月報』により作成。

〔引用文献〕金森久雄他編『日本経済読本（第16版）』東洋経済新報社，2004年，273頁。

第 9 節　世界貿易と日本

　2013 年の世界貿易（ドル建て，輸出ベース）は，2008 年のリーマン・ショック以降の弱い回復が続き，前年比 1.6% 増の 18 兆 2, 826 億ドルとなった。伸びは，2012 年（0.5% 減）からプラスに転じたが，小幅に留まった。物価変動の影響を除いた 2013 年の世界の実質輸出（数量ベース）の伸びは，前年比 1.9% 増，実質輸入は，3.3% 増であった。

　2013 年の日本の貿易（通関・ドルベース）は輸出が前年比 10.3% 減 の 7,192 億ドル，輸入が 5.6% 減の 8,389 億ドルであった。貿易収支は赤字幅が前年比 324 億ドル増の 1,197 億ドル，3 年連続の赤字を記録した。

1.　日本の貿易依存度および輸出・輸入

　貿易依存度は GDP に対する輸出額および輸入額の割合。日本経済における貿易依存度を調べてみると意外にも低水準で 10% 台前半である。日本の輸出依存度（2012 年）は 13.4% である（1998 年 10.2%）。 自由貿易港で中継貿易の香港 (168.2%)，シンガポール （147.7%)，EU や ASEAN 域内の小国（内陸国が多い）のベルギー (92.4%)，スロヴァキア (87.4%)，ハンガリー (82.7%)，チェコ (80.0%)，マレーシア (74.5%)，ベトナム (74.1%) が続き，国土の広い大国は低い（例外はドイツ 41.1%)，オーストラリア (16.4%)。主要国では，韓国 (48.5%)，中国 (24.5%)，フランス （21.3%)，英国 (19.3%)，ロシア (25.9%)，米国 (9.5%) は最低値。日本の 13.4% はブラジル （10.8%) に次いで，3 番目に低い。日本の輸入依存度（2012 年 14.9%）も同様に低い。しかしながら，この輸入額（米国，中国，独に次ぐ 4 位）は，7,986 億ドルである。オランダ等世界 20 位の国の GDP に匹敵する。また対日本輸出に依存している国もあり，インドネシアやアラブ首長国連邦は輸出の 2 割以上が対日本向けである。これらの国は日本の輸入動向の影響を受けやすく GDP や国民所得が増減する。日本の輸出入の動向が諸外国へ与える影響は大きく，その意味において日本は経済大国と言

える。

　しかしその日本経済も，戦後初期から，輸出伸長をしめしても結果的に貿易
収支は赤字という状態が20年近く続いていた。資源の無い国の宿命かもしれ
ない。景気が好転すると輸入が増加して貿易赤字が増える。政府は金融引締め
や財政支出削減によって景気過熱を抑え，赤字累積を阻止した。景気が悪化す
ると景気浮揚策が採られた。こうして貿易収支あるいは経常収支の悪化（好景
気）と好転（不景気）とが交互に現れることを国際収支の天井という。戦後期
の日本の経済成長が国際収支の枠に嵌められていたために起った経済現象で
あり，1960年代中葉，日本経済はこの自縛から解放された。日本経済の高度
成長期，輸出増加が格段の拡大を示した。日本の貿易黒字の拡大は貿易摩擦を
招き，相手国の貿易赤字を拡大させた。ややもすると日本輸出超過（輸出圧力）
は相手国の国内産業を直撃し失業増大を招き，ジャパン・バッシングが起こり，
その結果，ニクソンショックや金融変動相場制への移行など，一連の国際規模
の金融改革が実現し，またオイルショックなどの事件も改革を促進した。日本
は外国への直接投資と証券投資を増加させ，その結果資本収支の赤字幅は拡大
した。このような資本の流出は，米国その他の国々の資本不足を補った。

2. 世界貿易と日本

　21世紀になってから，世界貿易における中国の躍進が際立っている。まず，
輸出では，2001年世界6位2,660億ドルが，仏英を抜き02年4位3,255億ドル，
日本を抜き04年3位5,933億ドル，米国を抜き07年1兆2,178億ドル，リー
マンショックを受けたが独を抜き09年1兆2,017億ドルで，世界トップの座に
就いた。そして，2013年現在まで，その地位を維持し，2位との差も拡大してい
る。その間，日本は，米国，独に次いで2001年世界3位4,036億ドル，中国に
抜かれて04年5,657億ドルで，4位になり，これが定位置となり2013年7,192
億ドルで，現在に至る。つまり2009年以降，1位中国確定，2位，3位は年によ
り独・米が拮抗して順位が入れ替り，4位日本は定位置となった。次に輸入面で
は，2001年1兆1,791億ドル，から2013年2兆3,313億ドル，まで，一貫し

て米国が1位を独占している。中国は2001年2,435億ドル6位，仏英日を一機に抜き去り2003年4,127億ドル3位に浮上した。6年間定位置だったが，リーマンショック後独を抜き2009年1兆9,503億ドルで2位になり，2013年1兆9,503億ドルも2位で定位置となった。その間日本は2001年3,491億ドルで米国，独に次いで3位だった。4年間定位置だったが，英国に抜かれ2007年6,198億ドル5位，仏を抜き2008年7,625億ドル4位，仏に抜かれ2009年5,505億ドル5位，2010年6,924億ドル4位が，定位置となり，2013年8,324億ドル4位となった。つまり，2010年以降，米，中，独，日の順が定着した感がある。

3.　日本の輸出構造の変化—2008年と2013年を比較して—

　2008年と2013年では，輸出に大きな構造変化が起きている。この間，為替は円高が進み，輸出数量が伸び悩むとともに企業の海外進出もさらに進んだ。パソコンにみられるようにデジタル機器では技術面よりも価格面の影響力が高まっており，2012年までの円高は日本製品の輸出競争力には下方圧力となった。2012年後半からは円安傾向になっているが，貿易構造に変化が生じたこともあり，輸出は弱含みに推移している。

4.　高付加価値の中間財や資本財が輸出競争力を強化する

　貿易赤字を生んだ背景の一つとして指摘されるのは，輸出競争力の低下である。輸出競争力の定まった定義はないが，ここでは，貿易特化指数と顕示比較優位指数（RCA）を用いて，日本製品の競争力をみてみよう。

5.　日本の主要工業分野の貿易特化指数の推移

　貿易特化指数は，（輸出額−輸入額）／（輸出額＋輸入額）で計算する。この指数は，ある財の貿易がどの程度輸出に偏っているかを図るもので，0を上回ると，比較優位があると見なす。推移を追うと，日本製品は全ての分野で，比較優位を保っているものの，2000年代以降の電気機器の落ち込みが顕著である（図1）。家電製品の海外生産シフトや，近年の電機メーカーの苦戦ぶりとも合致する

動向である。一方，輸送機器と鉄鋼は係数が高いまま安定している。一般機械も，一時の落ち込みを経て，傾向としては再び競争力が回復しつつある。

6.　顕示比較優位係数：RCA (revealed comparative advantage)

RCA は（日本のi財の輸出／日本の総輸出）／（世界のi財の輸出／世界の総輸出）で求められ，日本の財の輸出割合が世界平均と比してどの程度なのかを測るものである。1を上回ると，比較優位と見なす。図1よりも細かい品目分類に基づき，輸出競争力を2000年と2013年の2時点で比較した（図2）。図の左側は，2000年から競争力を強めた品目で，右側は逆に競争力を弱体化させた品目である。優位を維持している品目は，汎用性を回避し，工業用ロボット，繊維機械，ギヤボックス等である。

7.　企業内貿易

企業内貿易とは，国際経済が複雑化し，多国籍企業が出現することにより，ひとつの企業によって貿易が成立することを指す。世界貿易の全体の3分の1が企業内貿易であるといわれている（池間誠・大山道広編『国際日本経済論』文眞堂，2002年，36頁）。

多国籍企業にはタックス・ヘイブンなど，徴税の問題が必ず発生する。移転価格問題は国際二重課税の問題でもあり，厳密な税法のもとで，明確な連結財務諸表により利益が把握される必要がある。移転価格税制の導入により，海外の関連会社が立地する国との間の協議を踏まえ，通常の取引価格（独立企業間価格）を用いた算出方式に基づいて課税することで一応の決着をみて，鎮静化したが，電子取引の拡大により火種を残している。

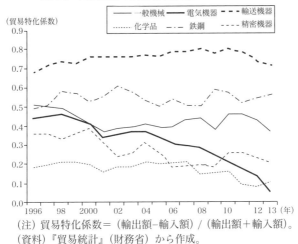

図 10　主要分野の貿易特化係数マップ

(注) 貿易特化係数 =（輸出額 − 輸入額）/（輸出額 ＋ 輸入額）。
(資料)『貿易統計』（財務省）から作成。

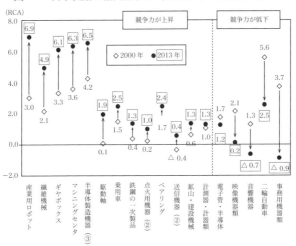

図 11　日本製品の輸出競争力（2000 年 → 2013 年）

(注)①顕示比較優位指数（RCA）=（日本の i 財の輸出 / 日本の総輸出）/（世界の i 財の輸出 / 世界
　　の総輸出）
　　②点火用機器と送信機器の世界輸出額は，2000 年と 2013 年の統計が取得できる 82 ヵ国ベース。
　　③半導体製造装置の HS コードは 2000 年時点では存在しなかったため，2007 年時点のデータを
　　使用。
(資料) 各国貿易統計から作成。

（引用文献）

1.　高坂正堯『海洋国家日本の構想』中央公論社，1965 年。

2.　西川俊作他編『日本経済の 200 年』日本評論社，1996 年。

3.　安場保吉「資源」西川俊作他編『日本経済の 200 年』日本評論社，1996 年。

4.　浅子和美他編『入門・日本経済（新版）』有斐閣，1997 年。

5.　岩田一政「移転価格と直接投資」『三田学会雑誌』90 巻 2 号（1997 年 7 月），168-188 頁。

6.　小林威編『移転価格税制の理論・実証研究』多賀出版，1998 年。

7.　木村福成「直接投資と企業内貿易」池間誠他編『国際日本経済論』文眞堂，2002 年。

8.　南亮進『日本の経済発展（第 3 版）』東洋経済新報社，2002 年。

9.　小峰隆夫『最新日本経済入門（第 2 版）』日本評論社，2003 年。

10.『ジェトロ世界貿易投資報告 2014 年版』ジェトロ（日本貿易振興機構），2014 年。

第3章　インドシステム

はじめに

　インドシステムにおいて，仏教の重要性は言うまでもない。しかしインドは仏教発祥の地であるが，21世紀においてはインドの仏教信仰は殆ど消滅してしまった。仏教は大文化圏（漢字）の中国で体系化されて我が国に伝わった。しかしながらインド文化圏の影響がどこかに残っている筈である。輪廻転生と業の思想は，仏教以外のインド思想に見られる。ジャイナ教・ウパニシャッド哲学・ヒンズー教にも，輪廻転生からの解脱は最終目標がインド思想の共通点である。ジャイナ教は極端な不殺生主義を採った。これは日本の江戸時代綱吉の生類憐みの令（1685年）を彷彿させる。興福寺の阿修羅像はインドのヴェーダ時代（バラモン教）の呪術の神である Asura に由来する。

第1節　分析手法

1.　枢軸の時代（ヤスパース，1883-1969）

(Roger J. Davies, *Japanese Culture*, pp.130-132)

　枢軸の時代とはヤスパースが『歴史の起源と目標』(Karl Jaspers, Vom Ursprung und Ziel der Geshichte, 1949) で示した概念である。紀元前800年から紀元前200年まで に，中国・インド・西洋の3つの主要文明で並行して，人類の精神史上に決定的な意義を持つ革新が行われたとし，その転機の時代を指して「枢軸の時代」die Zeit der Achse (the Axial Age) と呼ぶ。世界の宗教史や思想史を文明論的な文脈で論じる際に有益な概念として，多様されている。彼は仏

教・ゾロアスター教の発生やキリスト教を先取りするユダヤの預言者の宗教性，儒家や道教の教え，ギリシャの哲学者や悲劇詩人が得た認識等を念頭に置いている。これらはいずれもが，存在や人間が持つ根本的な限界の認識と，それに基づく深い反省と，超越的なもの（無制約的なもの）の観念を齎したものとする。1980年代以降，西欧中心の普遍主義の限界が顕わになると共に，世界の諸文明の存在基盤に回帰する動きが顕著になり，枢軸の時代の意義が問い直されている。世界各地の宗教復興勢力や合理主義者はこの時代に確固たる足場があると主張するのに対して，ある種のポストモダン的な思潮は，枢軸の時代に確立した前提を疑い，覆そうと主張する（島薗進）。枢軸の時代で提示された人物は全部で10人。イザヤ（前742-701）［ユダヤ教大予言者］，エレミヤ（前627-587）同，エゼキエル（前593-563）同，ゾロアスター（〜前650）［拝火教］，老子（〜前600-500）［道教］，孔子（前551-479）［儒教］，釈迦（前564-484）［仏教］，ソクラテス（前470-399）［ギリシャ哲学］，プラトン（前428-347）同，アリストテレス（前384-322）同が活躍した。次の分析で，粗同時代に生きた釈迦と孔子の人生行路を見ることにする。

2.　比較分析(中村元，1912-1999)（表1参照）

　仏教は発展の過程で，ヒンズー教の民間信仰に強い影響を受け，その結果，密教というヒンズー教化された大乗仏教の形態が生まれた。中国とその近隣の国々では，仏教はしばしば儒教や道教の述語によって解説されている。日本仏教では儒教に加えて神道の要素は重要である。ここでは釈迦（仏陀）と孔子の生涯の比較を試みる（釈迦と孔子の生年月日，死亡年月は諸説あるが最も有力なものを採用した）。釈迦と孔子はほぼ同時代に生まれながら，出生時は対照的である。釈迦は王族の生まれ，孔子はその出生を憚る私生児（母親は巫女だとされる）であるらしい。両人とも当時としては珍しく長生きである。釈迦は81歳，孔子は74歳で天寿を全うしている（蛇足ですが，尊敬する鈴木大拙先生は95歳，中村元先生は86歳に永眠されました）。釈迦は16歳で，孔子は19歳で結婚している。当時としては早いのか，遅いのか分からないが，両者とも10代で結婚している。

表1　釈迦と孔子の生涯の比較

釈迦(前564-484)	孔子(前551 − 479)
前564　釈迦生(0歳)ネパールのピラヴァストゥで釈迦族の王子として。誕生7日後母マーヤー死去。	
前551　釈迦(13)	孔子生(0歳)魯の国，孤児で，母はおそらく巫女であろう
前548　釈迦(16)結婚(ヤソーダラーフラと)。女子ラーフラ生まれる。	孔子(3)父(享年67)
前535　釈迦(29)出家，6年間苦行	孔子(16)
前534	孔子(17)母(享年32)　(17)魯の大夫李氏が饗宴を主催
前532	孔子(19)結婚
前531	孔子(20)男子誕生
前529　釈迦(35)悟りを開く。以後45年間説法	孔子(22)
前517　・苦行をやめる	孔子(32)魯の南宮敬淑と周に行く。而立
前515-　・ブッダガヤで悟りを開き，伝導を開始	孔子(36)斉の国へ亡命
前512	孔子(39)斉の国へ亡命
前503-　・ベナレス郊外のサルナート(鹿野苑)で最初の説法を行う	孔子(48)魯の大夫陽虎の専制　不感
前506	孔子(50)魯に帰国。定公は中都の宰で優遇
前498　・教団(サンガ)の成立	孔子(53)夾谷の会
前496　・カッサパを三兄弟が弟子入り・女性の出家をみとめる	孔子(55)失脚。14年間亡命生活　衛→宋→陳・菜→葉→衛→魯
前495	孔子(56)匡の国で拘束される
前494	孔子(57)不倫?　霊公の妻南子と
前492	孔子(59)桓魋，孔子を襲う
前490　最後の伝道の旅へ	孔子(61)
前484　釈迦(80)逝去〈入滅〉	孔子(67)耳目
前482	孔子(69)魯に帰国
前481	孔子(70)一人息子鯉(享年50)
前480	孔子(71)高弟顔回死去
前479	孔子(74)逝去

(出所) 中村元『ブッダ伝』，白川静『孔子伝』他。

諸国を放浪し，或いは伝道し，多くの弟子を残した点は共通している。多くの弟子があった為に，その思想が2500年を経て，現在でも脈々と受け継がれているのである。釈迦も孔子も紀元前6世紀の人間である。もう一つ重要なことは，その思想が漢字文明に浴して，理論的・体系的・精緻化・分派化して発展したことも共通である。両思想とも，時代により，政治勢力との関わり方に強弱あり，当該の政権分析に欠かせない要素でもある。

3. 風土分析（和辻哲郎，1889-1960）

　和辻哲郎『風土』（1935）によれば，自然環境（風土）は①モンスーン型（亜細亜，日本）は湿潤で気紛れな自然から，受容的・忍従的性格を育む。②砂漠型（中東，北アフリカ）は過酷な自然から，対抗的・戦闘的性格を育む。これにより厳格な一神教が成立する。③牧場型（欧州）は，穏やかで規則的自然から合理性を育む。

　インドは雨季と乾季の差が著しく，モンスーンがあっという間に 農作物を流し去ってしまうような厳しい自然環境である。[インドの年間総降水量と主要都市の雨量を見てみよう。モンスーンは 6 月頃から 3 ヶ月程，連日雨が降り続き，その間に粗の雨量はだいたい 1 年分の降雨量に相当する。例えば，ムンバイ（旧ボンベイ）では，6〜9 月に年間総雨量 2200 ミリの殆どが集中し，連日豪雨に見舞われる（山下博司『古代インドの思想』32 頁）]。そこから，「輪廻」というインド思想に共通する発想が発生。アーリア人は死者の魂は現世での行為である「業」（カルマ）に応じて再生し，生と死の無限の連鎖が続くと考えられた。ウパニシャッド哲学は，自らのうちにあるアートマンが宇宙ブラフマンから生まれ，ブラフマンと一体であることを悟ることによって，大きな宇宙の根源と一体となり（梵我一如），輪廻の苦しみから解脱して永遠を得ることができる。煩悩に打ち勝ち，我執から自己を解放することによって，悟りの境地（涅槃）に達する。岡倉天心は，西欧との比較において，日本の宗教は，世俗と浄土の概念に大きな違いがあるとした（『日本の覚醒』）。

4. シンクレティズム（Syncretism）分析（『クレタ島』文庫クセジュ）

　Syncretism は宗教学や文化論での融合を意味し神仏習合が充てられるが，この語源は地中海の「クレタ島の人」に由来する。Syn は together という意味の接頭辞。Cretism がクレタ島化を意味している。クレタ島の面積は 8,336 平米（東京都 2,191，神奈川県 2,416，埼玉県 3,798 = 8,405 平米）。東地中海の中心にあるクレタ島は，北にギリシャ，トルコ，イタリアの欧州・亜細亜，東にシリア，パレスチナの中東，南にエジプト，リビア，チュニジアのアフリカ

大陸がある。紀元前 2000 〜 1400 年頃クレタ文明。ギリシャ神話の宝庫で，迷宮（ラビュリンス）はクノッソス宮殿の数百の部屋や複雑な構造から由来する。クレタ文字の線文字 A は未解読。（しかしギリシャ本土のミケーネ文字の線文字 B は 1952 年ヴェントリスが解読した）紀元前 1 世紀にローマ帝国の支配下。東西分裂後はビザンツ帝国に。820 年代アラブ人の支配下。1204 年ヴェネツィアの支配は 17 世紀まで続く。1645 –1669 年のクレタ戦争でオスマン帝国領。独立したばかりのギリシャ王国は名目的にはオスマン帝国の臣下でありつつ事実上独立していたエジプトのムハンマド・アリ朝であった。この争いは 20 世紀初頭にギリシャによる領有が確定した。第二次世界大戦中は一時ナチス・ドイツにより占領された。そのめまぐるしい歴史過程で，宗教的（旧教・正教・回教）・文化（ギリシャ・ローマ・イスラム）融合が進んだ。これが語源の由来である。クレタ島で宗教や文化が融合されたことから，宗教・文化の融合を意味するようになった。日本ではこの用語は神仏習合に当たる。神仏習合はそれ程昔のことでない。例えば鎌倉の鶴岡八幡宮では明治初年まで「別当」と称する僧侶が全てを管理していた。明治政府の神仏分離令（1868 年）により，神社が仏像を御神体にすることを禁じた。政府の通達で，僧侶を復飾（還俗）させ，神社に勤めることを命じた。鎌倉の八幡宮でも維新前僧侶だった人物が分離令後還俗して総神主となり，境内の大塔や仏像等仏教的な事物を取り除く計画書を神奈川県庁に提出。仏教色を持つ建物は僅か 10 日程で破壊された（読売新聞，令和 3 年 8 月 3 日夕刊「日本史アップデート」）。

5.　神の概念 中村元(1912-1999)　(表 2 参照)

　「天空」は印欧語所属で，共通で，ヴェーダ詩人は天に向かって「天なる父よ」，ギリシャ人は「ゼウスなる父よ」，ローマ人は「天空のイェピテルよ」に対応する（中村元『東洋の心』14-15 頁）。このことを発見したのは，マックス・ミュラー（Friedrich Max Muller 1823-1900）である。天空デイヤウスが初期の印欧語族の最高神であったように，ヴァルナはインドとイランに分化する以前のインド・イラン人の最高神であったかもしれない（上村勝彦『インド神話』24 頁）。

表2 自然神と仏教用語

	インド	ギリシャ	中国	日本	仏教
天	Dyaus	Zeus	天		
太陽	Surya Visnu	Apollon Helios	日 （義和が10個 の日を生む {山海経}）	天照大神 蛭子	日天(十二天)
月神	Candra Soma		西王母(好娥が 月の中に入る)	月読神(尊)	月天(十二天)
暴風神(雷神)	Indra	Pallas-Athene		素戔嗚尊	帝釈天(十二天)
風神	Vata Vayu		湘君と湘夫人 飛廉	志那都比古命	風天(十二天)
地神	Prthivi	Gaia Ge Demeter	盤古 （天地を作った）	大国主命 大地主命	地天(十二天)
水神	Ap (Apas) Varuna	Poseidon （海神）	河伯 （黄河の神）	大綿津見神 （海神）	水天(十二天)
火神	Agnis	Hephaistos （火と鍛冶の神） Hestia （女神）	炎帝 竈神	火結神 （火山神） 興津比古 興津比売	火天(十二天)

（出所）中村元『東洋のこころ』東京書籍，1985,17頁，仏教語は筆者が加筆した。

6. 言語学的接近(印欧語族)(表3・表4参照)

　アーリア人が所属すると思われるインド・イラン語語族はこの語族に分類さ
れる。インドに定住するまで，遊牧民であったことが，家畜名（羊・山羊・馬）
に関してこの語族はその諸言語間に高い類似性があり，穀物（稲・小麦）や農
水産物（綿・米・鶏肉・魚）の名称には見られないことから分かる（原楕円「印
度文化と希臘及び西南亜細亜の文化との交流」『東洋思潮』9，1934年）。

表3　梵語（サンスクリット語）と他の印欧諸語の音価（音声）類似性

	梵語	古典ギリシャ語	ラテン語	ドイツ語	フランス語	英語	備考：古典ギリシャ語
父	pitar	pater	pater	Vater	père	father	πατηρ
母	matar	mater	mater	Mutter	mère	mother	μτηρ
兄弟	bhratar	phrayer	frater	Bruder	frère	brother	φρατηρ
7	sapta	hepta	septem	sieben	sept	seven	ηϵρτα
名前	naman	onoma	nomen	Name	nom	name	ογομα
新しい	nava	neos	novus	neu	nouveau	new	γεοσ
ある	asti	eimi	sum	sein	être	be	ειμι

(備考)古典ギリシャ語はギリシャ文字をラテン文字に翻字した。

〔引用文献〕木村武雄『10カ国語経済・ビジネス用語辞典』創成社。

表4　梵語（サンスクリット語）と他の印欧諸語の文法類似性

	梵語	古典希臘語	ラテン語	ドイツ語	フランス語	英語
名詞の性	男女中	男女中	男女中	男女中	男女	無
単数・複数	単・複・双	単・複・双	単・複	単・複	単・複	単・複
格変化	8	8	6	4	無(3)	無(3)
態	能・受・中	能・受・中	能・受	能・受	能・受	能・受
	(反射態)	デポーネンティア	デポーネンティア			
法	直・可・命・	直・接・条	直・接	直・接	直・接・条	直・仮
	使役・希求	命・不・分	命・不	命・不	命・不	命

(備考)名詞の性：男性・女性・中性，単数・複数：単数・複数・双数，格変化：格変化の数を表す。梵語は主格，属格，奪格，与格，為格，具格，対格，呼格の8格。古典ギリシャ語は，主格，属格，奪格，与格，処格，具格，対格，呼格の8格。ラテン語は，主格，属格，奪格，与格，対格，呼格の6格。ドイツ語は，主格，属格，与格，対格の4格。フランス語，英語は格変化は無いが，主格・(直接・間接)目的格はある。以前はドイツ語のように格変化があったが，発展の過程で退化した。態：能動態・受動態・中動態・デポーネンティア。中動態は古典ギリシャ語特有の形で，能動態に比べ主語の利害，再帰的，相互的を強調する。デポーネンティアは能動態欠如動詞。　法：直接法・可能法・命令法・使役法・希求法・不定法・条件法・仮定法・分詞法。

〔引用文献〕木村武雄『10カ国語経済・ビジネス用語辞典』創成社，106-107頁（主要印欧語文法用語対照表），2014.11.20，及びJ. ゴンダ，鎧淳訳『サンスクリット語初級文法』春秋社，1974(2008. 新訂18刷)。

7.　ブラーフミー文字(紀元前3世紀頃)(『世界の文字の図鑑』普及版)

　ヴェーダ時代は文字が無く，口誦伝承が厳密に行われた。インドに文字が普及したのは，正に仏教の興起時であった。それがブラーフミー文字で，ブラーフマー（梵天）所説の文字の義である。ウェーバー及びビューラーの研究によると，北セム系文字の古形に源を発し，古代フェニキアの碑文並びにメシャ王碑文あたりを契機としてメソポタミアを経，前8世紀頃，通商者の手によって海路もたらされたものであるという。このセム系文字の流れを受け，インドのサンスクリットに適合するように改良が加えられた。現在のインド連邦では，ヒンディ語を公用語とし，ブラーフミー文字を祖とするデーヴァナーガリー文字をつかっている。パキスタンではアラビア文字を，バングラデシュではベンガル文字，スリランカではシンハラ文字を各自公式に用いている。

8.　ヴェーダ時代(紀元前10世紀頃) のバラモン教の神々

　①火の神（アグニ Agni）は，後世の仏教名は，火天（十二天）南東の守護神。ラテン語の ignus（火），英語の ignition（点火）の語源である。『リグ・ベーダ』の全体の五分の一はこの神への賛歌。

　②太陽神（スーリア Surya）は，後世の仏教名は，日天（十二天）である。インド神話では3つの眼を持ち，万物を見守る存在。

　③風の神（ヴァーユ Vayu）は，後世の仏教名は風天（十二天）である。

　(なお①から③はバラモン教の三大神である)

　④雷神（インドラ Indra）は，後世の仏教名は，帝釈天（十二天）東の守護神。本来のインドラ神は，阿修羅とも戦闘したという武勇の神であったが，仏教に取り入れられて，成道前から釈迦を助け，またその説法を聴聞したことで，梵天と並んで仏教の二大護法善神となった。

　⑤死の神（ヤマ Yama）は後世の仏教名は閻魔天（十二天）南の守護神。地獄，冥界の主。冥界の王として死者の生前の罪を裁く神。

　⑥月の神・酒の神（ソーマ Soma）は，後世の仏教名は月天（十二天）。『リグ・ヴェーダ』第9巻全体がソーマ賛歌。ヒンズー教では月が神々の酒盃と

みなされた為に，ソーマは月の神ともみなされる。

⑦司法神（ヴァルナ Varuna）は，後世の仏教名は水天（十二天）。西の守護神。ミトラと同様にその起源は古く，ヴェーダ時代以前からその存在が確認されていた。天空の水に住む神であり，その水を恵みの雨として降らせる豊穣神として祀られている。上記の神格に加え，創造神，司法神としての役割を持つ最高神に等しい存在であったが，時代が下ると，司法神はヤマに，創造神はブラフマーに奪われ，最終的には西方を守護する護神にして水や海を司る神に落ち着いた。

⑧悪霊（ヤクシャ Yaksa）は，後世の仏教名は夜叉（八部衆）。梵名ヤクシャは暴悪の意味。鬼神で男はヤクシャ，女はヤクシーと呼ばれた。仏教では護法善神（仏教を守護する天の神々）の一尊。

⑨富と財宝の神（クヴェーラ Kuvera）は，後世の仏教名は毘沙門天（十二天）北の守護神。地下に埋葬されている財宝の守護神であり，ローカパーラの一人として北方の守護神とされる。日本では2通りに伝わる。1）Vaisvana で，バラモン教の富と財宝の神で「七福神の毘沙門天」の基になった。2）中国に伝わって，仏法の北の守護神の性格から武神とされ，上杉謙信がこの毘沙門天を軍神と崇めたのは有名な話。　越後は京や関東から北である．

⑩安産・子育ての女神（ハーリティー Hariti）は，後世の仏教名は鬼子母神。ヒンズー教では，子授け，安産，子育ての神として祀られている。

⑪魔神（アスラ Asura）は，後世の仏教名は阿修羅（八部衆）北西の守護神。『リグ・ヴェーダ』に見られるように，古代インドにおいてアスラは悪役的な要素はない。時代が下ったところではアスラは魔族として扱われた。「アスラはア（a=非）・スラ（sura=生）である」という俗語源説もある。

9. ヒンズー教時代（紀元前後）のヒンズー教の神々

①太陽光の神，繁栄の神（ヴィシュヌ Visnu）ヴィシュヌは10の化身（アヴァターラ）となり，世界を混迷から救うとされた。マツヤ，クールマ，ヴァーラー，ヌリシンハ，ヴァーマナ，パラシューマ，ラーマ，クリシュナー，ブッ

ダ，カルキ。第9の化身がブッダで，仏教の開祖のブッダである。

②破壊神（時に両性具備）（シヴァ Siva）は，後世の仏教名は大自在天。シヴァの別名がマハーカーラ Mahakala の漢訳が大黒天で戦闘・財宝・冥府の3つを司る。日本では七福神の大黒天の起源である。

③創造神（ブラフマー Brahma）は，後世の仏教名は梵天（上を担当の十二天）。ウパニシャッド哲学の「梵」の元になった。宇宙の根源原理。

④音楽の女神，水の女神（サラスヴァーティ Sarasvati）は，後世の仏教名は弁財天。後年，日本の七福神の唯一の女神の弁天様となった。

⑤軍神（スカンダ Skanda）は，後世の仏教名は韋駄天。仏教に取り込まれると，四天王の増長天の八将軍のうちの一人になり，韋駄天と呼ばれた。彼は誰よりも早く駆け付け，仏や神々を護った。スカンダはアレクサンドロス大王の東方における呼び名イスカンダル Iskandar に由来すると言われている。太宰治の『走れメロス』にも韋駄天が出てくる。

⑥幸福・豊穣の女神（ラクシュミー Laksmi）は，後世の仏教名は吉祥天。

第2節　古代インド史（仏教を中心に）

(The World:an illustrated history, Times Books Limited)

　現在5億3000万人のインド信者を擁しているヒンズー教の基本的要素は，まず前1500年頃インドへのアーリア人の侵入に認められる。しかし，『ヴェーダ』として知られた梵語（サンスクリット）の宗教的賛歌が集成されたのは，かなりのちのことである。ヴェーダはヒンズー教の信仰上の諸規律の基となった。カーストという概念がインド人の生活を規制するに至った基本的社会組織が確立されたのは，アーリア人が侵入してから1000年もあとのことであった。ヒンズー教徒は多くの神々を崇拝しているが，そのうち最も重要なのはヴィシュヌ神とシヴァ神である。ヴィシュヌ神はラーマやクリシュナの英雄を含め，多くの化身として現れる。宇宙の柱であり，永遠に遍在する霊である。沢山の腕は救済の活動と普及を表している。シヴァ神は破壊と同時にヨガ行者

の神でもある。神力の予測し難しい側面を表し，この世の移ろいやすい性格を
もっている。シヴァ神の妃である母神は，優しいパールヴァティ女神であると
同時に荒々しいカーリ女神でもある。ヒンズー教社会は厳格な身分階層社会
（欧州人はカースト caste と呼んだ，インド人自身は生来の身分をジャーティ（生まれ）
と呼んでいたが，ポルトガル人が家系・血統を意味するカスタということからカースト
の言葉が生まれた）。カースト組織の起源は創造主であるブラフマの体の4つの
部分に対応する社会の4区分に遡る。即ちブラフマの口から生まれた祭司及
び知識階級のバラモン，腕から生まれた貴族や武士のクシャトリヤ，太ももか
ら生まれた農民や商人のヴァイシャ，足から生まれた貧農や労働者のシュード
ラの4つの身分階層である。このカースト組織の外にある人々は「不可触民
untouchable」と知られた。一連の再生を通じた魂は善行（カルマ）によりそ
の他の地位を改善し，また善行を欠くことによって地位を下げることもあった。
このような多様な儀礼を持つ多くの祭式が，ヒンズー教の中に併存した。また
ヒンズー教は多くの神々を崇拝しながら，修行・瞑想等によって信仰の奥義に
到達する種々の方法を提供した。それは単なる一つの宗教以上のものであり，
完全な生き方に関わるものであった。しかし紀元前6世紀には，やはりその
信仰に批判者が現れた。ヒンズー教の最も重要な改革者の二人，マハーヴィー
ラとガウダマ＝シッダールタは共に貴族の生まれであった。

1. 定　義

　インド哲学・宗教史において取り扱う「インド」は，今日行政上のインドとは違う。
古来，そこに居住する人々が，ある共通の意識と一定の文化を構築した地域とし
てのインドであり，今日のインド連邦共和国よりも遥かに広範な地域［パキスタン・
バングラデシュ・セイロン（スリランカ）・ブータン・ネパール・アフガニスタン・イラン・
ビルマ（ミャンマー）・タイ・カンボジア（世界遺産アンコールワットは12世紀ヒンズー
教の寺院）・インドネシア（ジャワ島のボロブドゥールの仏教遺跡，8-9世紀）］に渡って
いる。

2.　歴史区分(D. D. Kosambi, 1907-66)

①先史時代インダス文明の時代（前2600 - 前1800頃）

　　紀元前30〜15世紀，ドラヴィダ人がインダス河流域に築いたインダス
文明の遺跡からは，インド神話の源流とされる神像等が発掘されている。前
13世紀頃，黒海とカスピ海に挟まれたカフカス（コーカサス）地方を現住所
とする騎馬民族アーリア人は，欧州と中央アジアへと幾つかのグループに分
かれ移動し，パンジャブ地方に定住した。これがインド・アーリア人と呼ば
れた。先住民ドラヴィダによるヒンズー教の源流となるインド土着の信仰が
誕生した。インド神話の破壊王シヴァのプロット・タイプや牛の像が作られ
た。

②古代前期　バラモン教　ヴェーダの宗教（前1800 - 前500）

③古代中期　仏教興起時代（前500 - 後320）

④古代後期　ヒンズー教の成立（320 - 520）

⑤中　　世　グプタ朝崩壊前後の分裂期を経て，イスラムのムガール帝国に
　　　　　　よる支配に至る。(520-1858)

⑥近　　世　英国によるインド統治時代（1858-1947）

⑦近代・現代インド　1947年の独立以降。

3.　本　編

　　インドでは，紀元前1500年〜紀元前1000年頃に掛けて，中央アジアから
北西インドに侵入したアーリア人によって，バラモン教という自然神崇拝の信
仰体系が形成された。更に前1000年頃，アーリア人はガンジス河の上・中流
域へと移動すると同時に，元来の遊牧民的生活から定住型の農耕生活へと推移
した（分析手法6. 言語学的接近参照）。その過程で，アーリア人と先住民ドラヴィ
ダとの間の階層化が進展し，カースト制の基となるヴァルナ制が成立し，その
頂点に君臨するのが，司祭階級であるバラモンである。次にアーリア人侵入前
にあったインダス文明について記す。

（1）インダス文明の特徴（金岡秀友『古代インド哲学史概説』）

①均質・統一的保守性

インダス文明は紀元前 2500 年 〜紀元前 1500 年頃に存在したが，その遺跡が広範に分布しているが，その文化や生活において，時間的（歴史的）・空間的（地域的）な隔差，断層が殆ど見られない（ミルチア・エリアーデ『世界宗教史 1』185-191 頁）。文化の発展性・進化性が殆ど認められない。つまり，時間が止まった如くであるということである。

②インダス文字が未解読

古代文字で未解読なのは，エーゲ文明の線文字 A とインダス文明のインダス文字がある。今後の研究の進展が望まれる。

③都市文明

文明を支えたのは農民と商人であった。インダス河の小さい支流にダムは作られ，灌漑用水に活用され，大規模な農業生産を可能にし，その集積地として都市が発達したと想像される。リグ・ヴェーダの神話にインドに侵入したアーリア人がこのダムを破壊したことが載っている。

④非軍事性

文明の遺跡から，武器は数が少なく，特に防御用武器が散見できない。長い間，外敵の侵入を受けず平和を謳歌したと言える。

⑤宗教統治

軍事的統治でなく，宗教をもって人々を統治したと想像される。遺跡には，樹霊や動物崇拝等の痕跡が残っている。

以上のような特徴を持つインダス文明であったが，ヒンドウクシュ山脈を越えて侵入した遊牧民であるアーリア人の怒涛のような勢いの前に屈服した。文明滅亡の原因は，（未解読文字がある以外を除く）先の特徴の全てのアンチ・テーゼであった。勿論，アーリア人の軍事的優位は否めないが，インダス文明が平和時の，農耕民族による閉鎖的・均質的文明で，頑なに同一性を墨守し，時代的・空間的変化に即応し難い保守的文明であったことが悲劇だった。

次にアーリア人について てみよう。

(2) アーリア人の概念と実態（松波誠達『ウパニシャッドの哲人』）

考古学の成果から，確実に言えることがある。アーリア人の故地はカフカス地方であること。人種的には，白色のコーカサス人種に属している。インドに定住するまで，彼らの生活が遊牧生活だったこと。比較言語学では，印欧語族の根源に共通の祖語として原インド・欧州語があったと想像される。因みに，アーリア（arya）は「浄める」を意味する動詞語幹リ（√r）から派生。「高貴」な意味もあり，カースト制の最上位の３カースト（ブラーフマン・クシャトリヤ・ヴァイシャ）を意味していた。インドやイランに侵入した彼らの一部は，自らアーリアと称したことが言語学的・文献的に確認されている。彼らにより，ガンジス河上中流域の開発が進展し，前６世紀頃多くの都市国家が成立。「16 王国時代にバラモン教による祭式至上主義を批判する新しい思想が続々誕生する。

表5　インドカースト制度

日本語 梵語 漢訳 内容	ヴァルナ Varna 姓	ブラーフマン Brahmana 梵天 バラモン階級 （僧侶階級）	クシャトリヤ Ksatriya 殺帝利 王族階級	ヴァイシャ Vaisya 毘舎 庶民階級	シュードラ Sudra 首陀羅 奴隷階級

〔引用文献〕平川彰『インド仏教史（上）』春秋社，1974 年（新版3刷2019年，19頁）。

(3) バラモン教

アーリア人の原始宗教を基に成立。明確な体系を持たず，『ヴェーダ』を聖典とし，犠牲をする祭式を尊重している。祭式を執行するバラモン教の言行は神々以上の重みを持っていた。アーリア人がインドにおける優位性を確立する為に，バラモンを最上位とするヴァルナ制を作る。

(4) ウパニシャッド哲学（金岡秀友『古代インド哲学史概説』142-151 頁）

ウパニシャッドとは，「座す」を意味する動詞語幹シャッド（√sad）に接頭辞 のウパ（upa-,〜の方向へ）とニ（ni-, 下に）を付けた「誰かの近くに座る」が導出された。本来は伝授を目的として師と弟子との信頼に結ばれた座を意味している。「秘教」の意味に転じた。日本語では「奥義書」と訳されるのはそ

ういう所から由来する。奥義書によれば，宇宙の根本原理である梵（ブラーフマン）と，自己の本体である我（アートマン，atman）とが，本質的に一体であること（梵我一如）を理解した時に，解脱が可能となる。しかし，厳格なカースト制度の下で，修行できるのは，バラモン教だけだった為に，不満や批判があった。紀元前6世紀頃，バラモンの権威を否定して合理的な考えを説く，自由思想家と呼ばれた集団が現れた。ヴァルダマーナ（前549-477）は徹底した苦行（アセティシズム，asceticism）と不殺生（アヒンサー，ahimsa）の実践を説き，ジャイナ教を開いた。ブッダは苦行の原因とその解決策を提示して回った。

(5) ジャイナ教（The World:an illustrated history）

　バラモン教の祭祀と階級制度を否定。極端な不殺生主義を採り，厳しい戒律を守り，徹底した苦行による解脱が目標。不殺生の教えから，農業に従事することが許されず，信者はヴァイシャ，特に商人に広まった。根本教義は，魂は全てのもの——風や石，火にさえ——の中に捕らえられるという信念であり，彼らは非暴力の理念に帰依するのである。ジャイナ教徒は厳格な菜食主義者で，道を歩くときに虫を踏みつぶさないように小さい箒を携帯しなければならず，偶然に吸い込んでしまってハエを殺してしまうのを避けるために，ヴェールをまとわなければならない。この非暴力主義は，マハトマ＝ガンディー（1869-1948）の生き方や活動にも大きな影響を与えた。

(6) ブッダの教え　基本原理（Reishaur, E.）

　万物は流転する（＝諸行無常），不変の実体を持つものもない（＝諸法無我）。これが真理なのに，我々は事物に執着心（＝煩悩）を持ってしまう。それにより，真理が見えなくなる（無明）。だからその事物が失われると，苦しみが増大する。ならば真理を悟って煩悩を捨てれば，心の安らぎ（涅槃 nirvana）を得る。

(7) ブッダの普遍的教え（梵天勧請）（保坂俊司『宗教と情報』78~96頁）

　ブッダは，梵天の依頼を受け入れて，悟りの境地から一歩進んで自らの体験を客観視し，他者に語るという新たな段階に進むことができたのである。つまり，仏教が生まれる為には，ブッダの悟り体験だけで不充分で，既存の宗教の働きかけが不可欠である。仏教は他の宗教（ヒンズー教）を自らの宗教教理に

取り入れることで，他者との共生関係を築いてゆくという宗教構造を持っていた。

（8）インドで仏教が衰退した理由（平川彰『仏教史 下 』5~31頁）

　バラモン教の階級制を否定するブッダが創設した仏教は次第に世界各地で普遍的になった。しかし7世紀頃からバラモン教を土台とする多神教のヒンズー教が中心になり，インド社会に根付いていった。仏教衰退の理由を纏めるとこうなる。

①グプタ朝（320~550）はバラモン教を国教として採用した。ヒンズー教もバラモン教の哲学や習俗を採り入れ，バラモン教と習合し，それによって社会の上層階級の支持を受け，急速に拡大した。
②バラモン教と民間信仰が習合したヒンズー教の儀式等が密着することによって，庶民階級にも流布された。
③商人からの経済的支援を失った。
④熱烈なヒンズー教信仰が起こり，仏教の排斥が起こった。
⑤仏教が高度な学問へと発展し，一般庶民の日常生活から離れた難解な思想となった。

（9）何故死滅したインダス文明が永続したか（中村元『古代インド』49頁）

　アーリア人の侵入とともに，インダス文明は死滅した筈である。後世のインド文明のうちにその影響が認められるのは何故か。インダス文明は都市文明である。都市の基盤が脆弱であるので，外来侵入民族の暴力によって完膚なきまでに破壊された。しかし，その周辺にある後背地（ヒンターラント）としての農村はなかなか滅びない。インドの農村が後世に及ぼした可能性がある。

おわりに

　仏教は紀元前5世紀頃，インド北部のガンジス河流域で釈迦（本名 ガウタマ・シッダールタ）が興した宗教である。「仏様」というのは，サンスクリット語（梵

語) の buddha (ブッダ) のことで「目覚めた人」「悟った人」という意味である。仏教は釈迦の死後百年を経て，教義が発展の過程で上座部仏教と大乗仏教に分かれた。仏教の分派の禅は，梵語の Dhyana (ジャーナ) の音訳で，静かに考えることを意味している。例えば，柔道剣道等を練磨する広間を道場と言っている。道場は宗教的練習に使われる場所である。その梵語 bodhimandala の原意は「悟りの場所」である。心身を統一し，瞑想する修行方法で，悟りの境地に至るための徳目として重んじられる。インド神話ではアーリア人の戦士，ヴェーダ (バラモン教) では雷神であるが，仏教では帝釈天 (十二天) で東の守護神に当たる。インド神話で死者の神，ヴェーダ時代でも死の神で，仏教の閻魔天 (十二天) で南の守護神であり，地獄の王である。例の閻魔様で，舌を抜かれる。ヒンズー教の三大神の破壊王で，一方で福の神の側面もあった。日本では七福神の大黒天に当たる。インド神話で邪悪の指導者神で，ヴェーダ

図1　インドの宗教

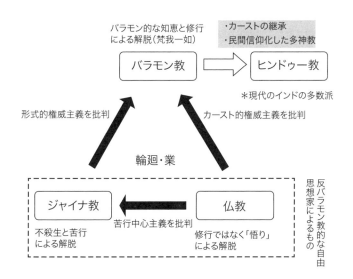

〔引用文献〕中村隆文『世界がわかる比較思想史入門』ちくま新書，2021年，97頁。

時代は富と財宝の神であったものが，仏教の毘沙門天で，北の守護神。日本では軍神。上杉謙信が戦いの前に武運を祈った神である。この神は七福神の一つで，富の恵みや目標の成就の神でもあるのは興味深い所でもある。

図2　インドシステム

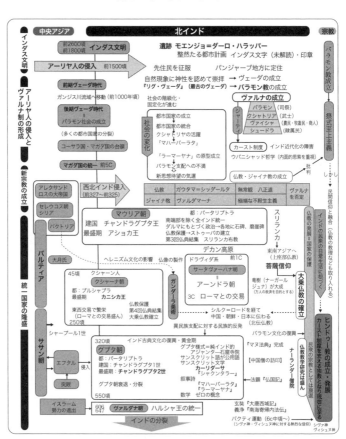

〔引用文献〕『世界史図録ヒストリカ新訂版』山川出版，2013年（3刷，2017年），著者一部修正。

(引用文献)

1. 青木健『アーリア人』講談社選書メチエ 438,　2009 年。
2. 赤松明彦「古代インドにおける世界と魂」伊藤邦武他編『世界哲学史 1』ちくま新書 1460,　2020 年。
3. アンリ・アルヴァン, 渡辺照宏訳『仏教』文庫クセジュ 707,　白水社,　1990 年。
4. 石井公成『東アジア仏教史』岩波新書 1778, 岩波書店,　2019 年。
5. 井筒俊彦他編『インド思想史 1~3』東洋思想（全 16 巻）岩波書店,　1988 年。
6. 岩本裕『ラーマーヤナ』1 東洋文庫 376,　平凡社,　1980 年。
7. A. ヴィディヤランカール, 中島巌編訳『インド思想との出会い』東方出版, 2018 年。
8. 植木雅俊『仏教学者中村元』角川選書 543,　株式会社 KADOKAWA, 2014 年。
9. ミルチア・エリアーデ, 中村恭子訳『世界宗教史 1~8』ちくま学芸文庫,　2000 年。
［Mircea ELIADE, Histoire des Croyances et des Idees Religieuses Paris:Editions Patyot,1976］
10. 大林太良『世界の神話』NHK ブックス,　1976 年。
11. 岡倉天心, 夏野広訳『日本の覚醒』講談社学術文庫 2253,　2014 年。［Okakura kuzou,The Awakening of Japan, New York:Century,1904］
12. 岡本隆司『「中国」の形成』岩波新書 1808, 岩波書店,　2020 年。
13. 沖田瑞穂「インド神話」『世界の神話』岩波ジュニア新書 902, 岩波書店, 2019 年。
14. トーマス・カスーリス, 衣笠正晃訳『神道』筑摩書房学芸文庫 1300,　2014 年。［Thomas P. Kasulis, Shinto, The Way Home,　Honolulu, Univ. of Hawai' I Press, 2004］
15. 上村勝彦『インド神話』ちくま学芸文庫,　2003 年（16 刷,　2017 年）。
16. 金岡秀友『古代インド哲学史概説』佼成出版社,　1979 年（新装改題版,　2017 年）
17. かみゆ歴史編集部『インド神話』イースト・プレス,　2017 年。
18. 木村武雄「インド・ヨーロッパ語族（印欧語）」「ポーランド歴史年表」『EU におけるポーランド経済』創成社,　2009 年。
19. 木村武雄「主要印欧語文法用語対照表」『10 カ国言語経済・ビジネス用語辞典』創成社,　2014 年。
20. 木村武雄「ギリシャの神々と英雄」『10 カ国語経済・ビジネス用語辞典』創成社,　2014 年。
21. 木村武雄「思想史にみる伝統思想と西欧思想の相克」『地方創生と社会システム』五絃舎,　2019 年。
22. J. ゴンザ, 鎧淳訳『サンスクリット語初級文法』春秋社,　1974 年（新訂 18 刷,　2008 年）。
23. J. ゴンザ, 鎧淳訳『インド思想史』岩波文庫青,　2002 年（10 刷,　2016 年）。
24. 三枝充真『インド仏教思想史』講談社学術文庫 2191,　2013 年。
25. 佐々木閑『大乗仏教』NHK 出版,　2017 年（8 刷,　2018 年）。
26. 佐藤和彦『インド神々の事典』学研。
27. 菅沼晃『インド神話伝説辞典』東京堂出版。
28. 鈴木大拙, 北川桃雄訳『禅と日本文化』講談社,　2006 年（原著 Zen Buddhism and its Influence on Japanese Culture, Kyoto:The Eastern Buddhist Society, 1938）。
29. レイチェル・ストーム, 山本史郎他訳『ヴィジュアル版世界の神話百科東洋編』原

書房。

30. 大法輪編集部編『仏教キリスト教イスラム教神道どこが違うか』大法輪，1991 年。
31. Roger J. Davies, Japanese Culture, Tokyo:Tuttle Publishing, 2016, Axial Age.
32. 武光誠『「宗教」で読み解く世界史の謎』PHP 文庫。
33. 手塚治虫『ブッダ』（1〜6 巻）潮出版社，2011 年。
34. 東京外語大学アジア言語研究所編『アジア文字入門』河出書房新社，2005 年。
35. 辻直四郎『リグ・ヴェーダ讃歌』岩波文庫，1970 年。
36. 『中村元生誕 100 年（永久保存版）』（新装新版）河出書房新社，2005 年。
37. 中村元訳，丸山勇写真，佐々木一憲解説『ブッダの言葉』新潮社，2014 年。
38. 中村元・春日屋伸昌編『比較思想から見た仏教』東方出版，1987 年。
39. 中村元・春日屋伸昌編訳『日本思想史』東方出版，1988 年。
40. 中村元『ブッダ真理のことば・感興のことば』岩波文庫青 302-1, 1978 年。
41. 中村元他訳注『浄土三部経（上・下）』岩波文庫青 306-1,2,1963 年。
42. 中村元『般若心経・金剛般若経』岩波文庫青 303-1,1960 年。
43. 中村元『ブッダ最後の旅』岩波文庫青 325-1, 1980 年。
44. 中村元『仏弟子の告白』岩波文庫青 327-1, 1982 年。
45. 中村元『尼僧の告白』岩波文庫青 327-2, 1982 年。
46. 中村元『神々との対話』岩波文庫青 329-1, 1986 年。
47. 中村元『悪魔との対話』岩波文庫青 329-2, 1986 年。
48. 中村元『真理のことば（仏典をよむ l）』岩波現代文庫 G373，2018 年。
49. 中村元『ブッダの生涯（仏典をよむ 2）』岩波現代文庫 G374，2017 年。.
50. 中村元『大乗の教え（上）（仏典をよむ 3）』岩波現代文庫 G373，2018 年。
51. 中村元『大乗の教え（下）（仏典をよむ 4）』岩波現代文庫 G376，2018 年。
52. 中村元『龍樹』講談社学術文庫，2002 年。
53. 中村元『東洋のこころ』講談社学術文庫，2005 年。
54. 中村元『パウッダ』講談社学術文庫，2009 年。
55. 中村元『慈悲』講談社学術文庫，2010 年。
56. 中村元・三技充直『バウッダ（佛教）』講談社学術文庫 1973，2009 年 (原著三技充直著，小学館ライブラリー，1987 年)。
57. 中村元『古代インド』講談社学術文庫，2004 年。
58. 中村元『ブッダ伝』角川ソフィア文庫 19197,2015 年。(原著『NHK こころの時代ブッダの人と思想上下』1995 年)
59. 中村元『仏教語源散策』角川ソフィア文庫，2018 年。
60. 中村元『続仏教語源散策』角川ソフィア文庫，2018 年。
61. 中村元『仏教経典散策』角川ソフィア文庫，2018 年。
62. 中村元『原始仏典』ちくま学芸文庫，2011 年。
63. 中村隆文『世界がわかる比較思想史入門』ちくま新書 544，2021 年。
64. 納富信留「ヤスパースの「世界哲学」構想」伊藤邦武他編『世界哲学史 1』ちくま新書，2020 年。
65. 服部正明『古代インドの神秘思想』講談社現代新書，1979 年。
66. 原楕円「印度文化と希臘及び西南亜細亜の文化と交流」『東洋思想』9，1934 年。
67. 原田正俊編『宗教と儀礼の東アジア』勉誠出版，2017 年。
68. 平岡聡『浄土思想入門』角川選書 608，2018 年。

69. 平川彰『インド仏教史（上・下）』(新版) 春秋社，1974 年（新版 3 刷 2019 年）。
70.「仏教を考える」『現代思想』2018 年 10 月臨時増刊号（46 巻 16 号），青土社。
71. 保坂俊司『宗教と情報』北樹出版，2018 年。
72. 松濤誠達『ウパニシャッドの哲人』講談社，1980 年。
73. 宮元啓一他『ビックリ！インド人の頭の中』講談社，1980 年。
74. 山下博司『古代インドの思想』ちくま新書 1098，2014 年。
75. 宮田洋一『零の発見』岩波新書赤 R-13,1939 年 (115 刷，2019 年)。
76. Edwin Oldfather Reischuer, The Japanese Today, Cambridge, MA:Belknap Press, 1988.

(辞典・事典)
1.『岩波哲学・思想事典』岩波書店，1998 年。
2.『20 世紀思想家事典』誠信書房，2001 年。
3.『岩波世界人名事典』岩波書店，1998 年。

第4章　中国システム

はじめに

　中国では，道教は，儒教・仏教と並んで，紀元前から重要な役割を果たした。漢民族の土着的・民族的宗教である。時の権力者が民衆の道教信仰を採用したこともあった。特に異民族であった，モンゴル族の元王朝（1271-1368）・満州族の清王朝（1616-1912）のときは顕著であった。政治・宗教・思想としてだけではなく，文学・芸術・医術等の分野においても，道教は多大な影響を及ぼした。老子の「道」の思想を出発点に，古代神仙思想，後漢末の太平道と五斗米道，六朝知識人の修養法等，仏教・儒教の思想・大衆運動を取り込みながら習合した。日本には，地下水脈的な影響を残している。七五三祝い・桃の節句・端午の節句・お中元・お守り・風水占いは全て道教に由来する（お宮参り・初詣は神道由来，法事・盆・彼岸は仏教由来）。日本文化の創成期に影響を与えている。平安時代初期空海が『三教指帰』と文を書いて，三教（道教・仏教・儒教）についての自身の考えを述べている。

　この三教論争は中国では秦・漢代から元代に至るまで，皇帝がどの思想・宗教を採用するか最重要課題だった。江戸時代の貝原益軒の『養生訓』には道教的な思想（外丹・内丹）が多く含まれている。

第1節　分析手法

1.　三教論争（道教故事物語，巻末資料 i～XXiV）

　三教論争（道教・儒教・仏教）が始まった。中国史において，皇帝の政治路

線や宗教政策とも絡んで複雑な論争であった。その結果，仏教の論理性から，土着的道教や君主的儒教に影響を与え，また，仏教も漢字文化圏で進化し，より精緻化洗練されたものになっていった。政治が宗教を利用した時代から，政治が宗教と距離を置くようになった。中国が共産党政権になって完全に宗教を等閑視するようになった。寧ろ，共産党が一種の一神教の宗教かもしれない。

520　道士の姜斌と仏僧の曇無最，北魏の光明帝の面前で道・仏両教の優劣について論争

574　武帝，仏・道両教を廃止し，通道館を建立。

580　北周の静帝，詔を発して道・仏両教を復活。

626　唐の高祖，道・仏両教を粛清。

637　唐の太宗，道・仏両教の序列を道先仏後と定める。

690　唐の武則天，道・仏両教の序列を仏先道後と定める。

733　唐の玄宗，『道徳経』を経典の首位に。

742　玄宗，荘子に南華真人，文子に通玄真人の称号。

796　徳宗，道・仏・儒3教の討論会。

827　文宗，道・仏・儒教3教の討論会（白居易「三教論衡」）

845　武帝，仏教を弾圧。

961　北宋朝，道・仏・儒3教の討議禁止。

972　道・仏両教の序列を朝廷では仏先道後，郊外で天帝を祭るときは道左仏右とする。

983　太宗，還俗した道士と仏僧が科挙を受験することを禁止。

1106　徽帝，仏寺や道観に道・仏・儒3教の神像を合祀することを禁止。

1107　徽帝，宮中の序列を道先仏後とした。

1133　高宗，宮中の序列を仏先道後とした。

1142　南宋朝，道士と仏僧への度牒への発給を停止。

1167　王朝陽，全真道を創始。

1188　金の世宗，王朝陽の弟子丘処機を召し，高宗法師の号を授け天長観に

　　住させる。

1190　金の章宗，「衆を惑わし民を乱す」として全真道・仏教・五行を禁止。

1219　丘処機，金の章宗と南宋の寧宗の招請に応じず，モンゴル朝のチンギ
　　スカン（元の太祖）の招請に応ずる。

1360　呉王の朱元璋（のちの明の太祖），第42代天師の張正常から「天命，
　　帰す有り」という符命を受ける。

1391　明の洪武帝，天下の道観と仏寺を統合し，創建を禁ず。

1406　永楽帝，張宇初に道蔵の編集を命ず。（1445『正統道蔵』5305巻）

1651　満州族の清朝順治帝，第52代天師の張応京に正一継大真人の号を授
　　け，官位を一品。

1702　康熙帝，蜀中の道士の陳清覚に碧洞真人を授け，全真道竜門派碧洞宗
　　を創始。

1747　乾隆帝，正一嗣教真人の官位を正五品に降格し，朝見を禁止。

1904　張元旭，第62代天師に。

1924　張恩簿，第63代天師に。

1970　張源先，台湾で第64代天師に。

2.　諡号と廟号（富谷至『中国思想史』21~25頁）

　中国では名前の呼び名が複雑である。諸葛亮と孔明と忠武は同一人物である。
「亮」は①本名諱であり，「孔明」は②字，そして「忠武」は③諡のカテゴリー
に属し，全て同一人物である。

　①　諱は，親からの付けられた名前。「いみな」とも呼ばれている。本来は，死者
の生前の名前を慎んで口にしなかったことから「諱むべき名」といい，死後に
関するものだったのが，秦漢時代以降には，生前の本名を直接に読んだり書い
たりするのを憚ったことから，生前の本名を意味するようになっていく。始皇
帝の本名が政（正）であったため，正月が1月と呼ばれるようになり，晋武帝
の伯父司馬師の師を慎んで都を意味する京師が京都になったのも，偉い人の名
と同じ字を直接に使うことを憚ったから生じたものである。

②字は相手の本名を呼ぶのを避けるのが礼であることから，字（あだ名ではない）といういまひとつの名称が生まれた。男子は 20 歳の元服をもって，女子は 15 歳で結婚年齢に達すると，主君と父親以外からは，字をもって呼ばれるようになった。周時代，周公の弟「康叔」というのが文献に見える最も古い字だが，周代にそういう制度，習慣がすでにあったかどうかは決めがたい。ただ，孔丘（孔子）が仲尼という字であったことからも，春秋時代には字という呼称が定着していたのは間違いない。仲は二男を表し，尼は出身地の曲阜尼山の尼である。「尼山の二男」という意味である。

③諡は，生前の功績に因んで死者に贈った名で，主として天子，皇帝，諸侯に贈ったもの。歴代皇帝で，文帝，武帝，高帝等である。唐玄宗皇帝の諡は「至道大聖大明孝皇帝」で，長文で実用性がない。それに代わるのが廟号である。皇帝の宗廟は太祖，高祖，太宗，高宗等である。この廟号が諡号の代わりに使われた。国の危機を救ったり，大きな功績を残したりした王は「祖」を，徳を以て国を治めた王は「宗」を冠した。高祖・太祖は王朝の創業者，太宗は第 2 代目，世祖は遷都とした皇帝である。大宗は（宗法制における始祖の嫡長子孫）直系祖王。なお，明代からは，皇帝ごとに一世一号が使われたので，洪武帝というように皇帝を元号で呼ぶようになった。明太祖洪武帝,清聖祖康熙帝の「洪武」「康熙」は年号にほかならない。

3. 十干十二支（『令和3年神宮宝暦』神宮館，10 頁）

中国歴の十干十二支は殷代の暦法による日の数え方だったが，漢代に年を表すことにも用いられるようになった。以下示す十種類の十干（じっかん）と十二種類の十二支（じゅうにし）の相互の組み合わせで，六十干支があり，60 の周期で示す。1甲子（きのえね），2乙丑（このとうし），3丙寅（ひのえとら）・・・10 癸酉（みずのととり）・・・35 戊戌（つちのえいぬ）・・・48 辛戌（かのとい）・・・60 癸酉（みずのととり）。

1)　十干（じっかん）

1甲（きのえ）　　　2乙（きのと）　　3丙（ひのえ）　4丁（ひのと）

5戊（つちのえ）　　6己（つちのと）　7庚（かのえ）　8辛（かのと）

9壬（みずのえ）　　10癸（みずのと）

2)　十二支（じゅうにし）

1子（ね）　　2丑（うし）　　3寅（とら）　　4卯（う）

5辰（たつ）　6巳（み）　　7午（うま）　　8未（ひつじ）

9申（さる）　10酉（とり）　11戌（いぬ）　12亥（い）

例）西暦4年が甲子（きのえね）である。壬申の乱（672年）は壬申（みずのえさる）。
戊辰戦争（1868年）は戊辰（つちのえたつ）。甲申事変（1884年）は甲申（きのえさる）。
辛亥革命（1911年）は辛亥（かのとい）。

4.　授時暦と貞享暦

　暦の基本形は①太陽暦で，古代エジプトが最初で，太陽の運行で，季節を加
味した365日説。②太陰暦でシュメールが基本形で月の満ち欠けで，354日説。
③太陰太陽暦で，古代バビロニア・インド・中国等，広く農耕社会で用いられ
た。太陰暦に太陽暦を加味した季節調整したもの。

　中国暦は前1300年頃から使われていたが，先進的だったイスラム暦の影響
で，元朝の1280年郭守敬が「授時暦」を採用する。これは1年を365.2422
日とし，4年に1度閏年とした。日本は江戸時代の1685年の「貞享暦」でこ
れを採用した。

5.　九星術（『令和3年神宮宝暦』神宮館，2及び10頁）

　1から9までの数字に白，黒，碧，緑，黄，赤，紫の7色に当て，更にこれ
に木，火，土，金，水の5行を配置し，この数字が場所を変え，解釈するのが，
九星である。この九星を八角形の図に当てはめる。中央（中宮）に五黄土星を
置き，他の8星を8方向に配置。これを本位という。

　この配列は年にするのが一般的であるが，運勢暦には月と日にも配当された

のが出ている。ここでは年に配列されている場合について説明する。この図形は毎年変化し，9つの変形を繰り返し，9年目に一巡するのである。中央 (中宮) には毎年違う星が入れ替わって配置される。中宮に入る星を，その年の「本命星」という。生まれた年の本命星が自分の本命星になるのである。そして毎年の本命星と自分の本命星の相互関係で運勢が決定される，というのがこの九星占術の基本である。相性^{あいしょう}の良い悪いとはどういう場合をいうのか。五行相生^{そうせい}の関係→相性がいい。五行相克の関係→相性が悪い。五行比和^{ひわ}の関係→相性がいいとはいえない。

例) 本命星 X と本命星 Y とが相性関係は如何に。

　　二黒土星の人と九紫火星の人の関係は如何に。→火と土は相生関係→ 相性はいい。

　　二黒土星の人と四緑木星の人の関係は如何に。→土と木は相克関係→ 相性が悪い。

6.　年号

　我が国の元号は，「大化」(645 年) から始まるが，定着したのは文武天皇「大宝元年」からであろう。中国では漢の武帝の「建元^{けんげん}」から始まるとされる。14 世紀，明の朱元璋 (洪武帝，太祖) 即位の 1368 年から，一皇帝一元号，一世一元の制がはじまった。日本では明治からである。明治以降，平成までは，元号名は何故か儒教経典から採られた。明治は『易』「聖人は南面して天下を聴き，明に郷^{むか}いて治^ちす」(郷明而治)，大正は，大畜「能く健に止まり，大いに正し」(能止健大正)，昭和は『尚書』堯典「百姓，昭明にして，万邦を協和す」(百姓昭明，協和万邦)。そして平成も『尚書』大兎模「地，平かにして，天，成る」(地平天成)。令和は万葉集 (全 20 巻) の第 5 巻「梅花の歌 (梅花歌 32 首併せて序)」「初春令月，気淑風和，梅披鏡前之粉，蘭薫楓後之香」。

7.　おみくじとお札（道教起源，坂出祥伸『道教とはなにか』）
①御神籤^{おみくじ}

　古代においては国の祭政に関する重要な事項や後継者を選ぶ際に神の意志を占う為に籤^{くじ}引きをすることがあり，これが御神籤の起源とされる。現在の御神

籤の原型は比叡山の元三慈恵大師源上人（912~985）が開始した言われている。

②お札（横手裕『中国道教の展開』）

お札は中国では非常に古い起源を持っているが，道教の発祥する後漢時代には，道教と深く結びついている。戦国時代の紀元前三世紀中末，湖北省雲夢県睡虎地の墓から，竹簡「日書」の「兎符」なる「符」が出土した。それから，鬼神信仰と深く関わる「符」の使用は道教を特徴づけている。「符」は邪鬼から身を守ったり，また鬼神を使用する等，神秘的な力を持つとされる一見奇妙な図形であり，日本でいうところの「おふだ」に当たる。

8. 十二直説（暦中の道教的習俗）

運勢歴の六曜の下の段には，ひらがなで，たつ（建つ），のぞく（除く），みつ（満），たひら（平），さだん（定），とる（執），やぶる（破），あやぶ（危），なる（成），なる（成），おさん（収），ひらく（開），とづ（閉）と記載されている。括弧内は，本来の漢字である。江戸時代の暦では，「中段の吉凶」と称されて重視されている。どういう占いかを最初の一つのみ解説する。

たつ　この日は「建」の意を含み，最吉日に当たり，神仏の祭祀，婚姻，開店，棟上げ，新規の開始等の開始は大吉である。但し，屋敷内の動土，蔵開きは凶。戦国時代の秦国の墓から出土した竹簡にこれが記載されていたので，十二直説は前3世紀にまで遡ることができる。日本では，正倉院にある「具注歴」に十二直の記述がある。江戸時代では，「中の段」として親しまれ，「伊勢暦」では，各日の下に「かのえいぬ」「みつのえね」等の干支の指示の下に，「なる」「おさむ」「ひらく」などと，ひらがなでの十二直の記述がある。それが今日の運勢暦にも残っている。

9. 六曜説・鬼門説（道教的習俗）

①六曜説は，今日の運勢暦の下段近くに，日毎に記載されている「先勝」「友引」「先負」「仏滅」「大安」「赤口」の名称のことである。これは各日の吉凶禁忌を示している。この六曜説の基本的なルールは，①先勝→友引→先負→仏滅→大

安→赤口の順の繰り返し。②旧暦の正月・七月の朔日は先勝，二月・八月の朔日は友引，三月・九月の朔日は先負，四月・十月の朔日は仏滅，五月・十一月の朔日は大安，六月・十二月の朔日は赤口。また，旧二月十五日は仏滅（涅槃会，釈迦入滅），旧四月八日は大安（降誕会，釈迦誕生），旧十二月八日は先勝（成道会，釈迦大悟）。我が国の六曜説と起源とされる中国の栄代の『事林広記』のそれは違いがある。『事林広記』の大安→（日本では）大安。留連→友引，速喜→先勝，赤口→赤口，小吉→先負，空亡→仏滅。大安と赤口のみが共通している。

　②鬼門説は，早くから伝来した道教的辟邪信仰である。「家相八方位吉凶一覧」「家相二十四山の吉凶早見表」に図がある。東北方，つまり寅・ごん・丑を含む方位，俗に表鬼門の箇所には，「井戸，便所他不浄物，台所，浴室，洗面所等は大凶。階段，神棚，仏壇，大木，凶」等と記され，西南方，つまり未・坤・申を含む方位，俗に裏鬼門の箇所には，「井戸，台所，便所，門，玄関，階段，築山，泉水は凶。神棚，仏壇は大凶」等と記されている。このような鬼門説は日本ではいつから始まったのか。初見は『吾妻鏡』嘉禎元年（1235）年正月 21 日幕府の条に鎌倉幕府が五大堂を幕府鬼門の方位に設けたとある。

10.　長岡京・平安遷都（道教に仏教を加えた構想）（高橋徹『道教と日本の宮都』）

　武帝を尊敬し，数奇な運命を辿った桓武天皇（50 代天皇 737 ～ 806，在位 781 ～ 806）の母（高野新垣は百済の武寧王の末裔とされる和氏の出身）は渡来系の一族。長岡京造営長官の藤原種継，それにブレーンの一人の藤原小黒麻呂も渡来人と深い関係を持つ。長岡京（784 ～ 794，京都府向日市）のある場所は巨大な宮を誇った渡来系族秦氏の勢力圏の一画だった。道教思想によると南に朱宮というものがあり，そこに天界に通じるとされる。日本の律令国家作りに手本となった，唐の都長安（現西安）は終南山という聖なる山の北側に造られた。道教では山は特別の意味を持つ。中国山東半島の泰山には人の寿命を司る東岳大帝という神が住むと考え，山は神仙の棲み家という思想があった。桓武天皇もまた，道教思想を背景に（後の長岡京の）交野山を見ていたに違いない。桓武天皇が長岡京を造ったのは，南に聖なる山を臨む理想の都を求めたからである。聖な

る山は，道教思想によると天界に最も近い場所だからである。理想の都として，モデルにしたのは，当然ながら中国古代の帝王たちが考えていたように，帝王が住むのと同じ構造をもつ都であった。桓武天皇は何故平城京から長岡京に都を移し，更に平安京を造ったのか。桓武天皇は道教思想に仏教思想をプラスした思想背景を基に，理想の都プランを練り直し，それに基づいて平安京を造った。続く身内の不幸と天災や東北経営の失敗の躓きで，都プランの再構築を余儀なくされた。何よりも大きな要素は長岡京には大きな仏寺がないことだった。最愛の母や后妃に亡くなられ，彼らの死後を考えた場合には仏教は欠かせない。長岡京は道教思想に基づく理念を優先させた。不老長寿と現世利益を重んじる宗教の限界でもある。遷都と同時に神泉苑（苑池は聖なる水信仰の道教の神仙思想）と東寺西寺（仏教）を起工，将軍塚（都の西北に道教の毘沙門天を祀る）を築いたのは，道教と仏教の双方に比重を置いたことを物語っている。

11.　地鎮祭（道教的習俗）（高橋徹『道教と日本の宮都』）

　1988 年秋から翌年春までの長岡京の発掘調査から地鎮祭の痕跡が見つかった。下級官吏たちの邸宅の敷地の真ん中と思しき所から，30 余りの銅銭が出土した。銅銭は和同開珎（発行 708 年），万年通宝（同 760），神功開宝（同 765）。銅銭と一緒に埋められたのは，焼けた木切れで，穴の深さも僅かで，何よりも敷地の中央の建物がない部分に埋められていたことから，この宅地全部の工事の始まる前の地鎮祭の跡ではないかと推測される。長岡京で地鎮祭が行われたことは，この左京六条一坊の調査でももはや疑いはない。それも仏教ではなく道教思想に基づくものである。銭が埋められていたことが最大の理由である。土地を使わせてもらうのに金銭を使うのは，買地券で見られるようでいかにも道教的である。権利を金で買うという思想である。長岡京時代はまだ，銭は充分に流通しなかった（14. 富本銭参照）。

12.　道教の神々（坂出祥伸『道教とはなにか』中公叢書）

　唯一神を信仰するのではなくて多神教である。しかし，道教は「気の宗教」

であるから本来は偶像的な信仰対象を持っていない。けれども，二世紀頃に西から偶像崇拝を伴った仏教が広く普及し始めると，それに刺激されて，道教側でも太上老君（老子の化身）等の神像が造られた。唐代以降は元始天尊，霊宝天尊，道徳天尊の三清にとって代えられ，太上老君が道徳天尊と同一視されることもあった。民間信仰においては，三清の上に玉皇大帝という至高神が位置付けられている。現在の華僑の世界では商売の神である関羽と航海の神である媽祖への信仰がある。関羽の出身地である山西商人の活動範囲が広がるのに伴い，義を重んじる武神兼財神の関聖帝君として広く崇められている。天妃とも呼ばれた媽祖は元々福建省，文昌帝君は四川省の地方神であった。

13.　科挙（隋から清まで）

中国で行われた官吏の採用試験。試験科目は四書五経。門地（家柄）や出自や貧富や出身地や卒業学校に関係なく，試験に合格すれば高級官僚になれる。隋（598）に始まり，清朝の末期（1905）に廃止された。元の時代に一時廃止されたがすぐ復活した。この制度により約 1300 年間官僚制が維持されたことになる。科挙以前の官吏任用制度は前漢（前 202 〜後 8）の郷挙里選や魏（220 〜 265）の九品中正法があったが，有力貴族から選抜されたので，不合理なものであった。朝鮮は高麗から科挙制度を採った。中国で科挙が廃止されたのは日清戦争に敗れたほぼ 10 年後，西太后による。この決定を提案した康有為は「科挙のない日本にも優秀な人は多い」と言ったとされる。日本は明治維新以降（1887 〜）この制度を採っている。これは歴史の皮肉である。

14.　富本銭（日本最古の貨幣）（『読売新聞』2021.4.20 夕刊）

日本貨幣史における従来の説では 708（和銅元）年の和同開珎が日本最古の貨幣とされた。1990 年代，奈良県明日香村の飛鳥池遺跡での発掘調査から，天武天皇政権が，680 年代，日本最古の貨幣である富本銭を発行したことが明らかになった。富本銭は飛鳥の宮都や続く藤原京等で使用された。古代の銭貨は従来の 12 種類（和同開珎から 10 世紀半ばの乾元大宝まで）から 1 つ増え，13

種類になった。

15．八卦（はっか）（道教の教義）（『中国歴史文化事典』858 頁）

『周易』において自然現象を象徴する 8 種類の図形で，「—」と「— —」の2 つの基本符号で構成される。名称と図形は次の通り。

乾（☰）　坤（☷）　震（☳）　巽（☴）

坎（☵）　離（☲）　艮（☶）　兌（☱）

これらの区分は，天・地・雷・風・水・火・山・沢等の自然現象を象徴したものであり，中でも乾と坤の両卦は自然界と人間社会のあらゆる現象の原初とされ，そこに唯物論的素朴弁証法の合理的な要素が含まれている。後に道教がこれを吸収・拡大してその教義を説明するようになった。

表 1　八卦と六十四卦

出所：『中国歴史文化事典』858 頁。

16．陰と陽（『宗教学大図鑑』67 頁）

老子の思想は，宇宙の性質とその成り立ちについて熟考することから始まっている。中国思想においてはこれは陰と陽となる。陰は，闇，湿，柔，寒，女といった性質を持つもので，陽は，光，乾，剛，暖，男といった性質を持つものである。この陰と陽とで成り立っているとされ，そのバランスが保たれている時に調和が生まれるとされる。道教では，精神的にも身体的にも陰と陽のバランスを保つことが大切である。

17．道（タオ）とは何か（『宗教学大図鑑』66 頁）

老子の『道徳経』には，「道（タオ）」とは力であり原理であり，全てのものの基盤となり，全てのものを持続させ，また，宇宙の秩序の源となると書かれている。

18.　有為と無為（『宗教学大図鑑』67 頁）

　道自体は永久に続く不変のものである。そして，その道の周りで渦巻いているのが人間の暮しである。道に従って生きる為には，人間は，物質への執着を捨て，野望や怒りといった破壊的感情を消し去らなければならない。自己の衝動ではなく，自然と調和し，生活することである。これが，道に備わっている「無為」。老子は，謙虚，柔順，不干渉，無抵抗，超然，といった徳が無為に繋がり，それらを日常生活で重んじるべきであるとした。

第 2 節　古代中国史（道教を中心に）

　古代中国思想史では，民衆的・土着的・中国固有の道教，君主的・道徳的・中国固有の儒教，宗教的・哲学的・印度由来の仏教，の三つ巴の切磋琢磨した思想・政治論争が続いた緊張した時代であった。これらの思想は何れも濃淡があるが，日本に渡来した。朝鮮半島を経由したものもあるが，直接海路で伝来した時もあった。上世紀における中国思想は孔子に濫觴して戦国諸子に氾濫し，漢に入って儒教で統一されるが，中世期に入ると新たに仏教の力が加わって道教の成立を促し，儒仏道の三教が対峙するに至った。そうして近世期に入るに及んで，仏教哲学の影響が儒教に及び，新しく儒教が改造された。そうしてこの改造された儒教の代表的なものは朱子学と陽明学とである（武内義雄）。

1.　歴史区分（武内義雄『中国思想史』岩波全書 1936）

①上世紀（前 552 から後 183）

　紀元前 552 年孔子誕生から紀元後 183 年後漢滅亡の 735 年（春秋末から後漢末）。

（1）諸子時代（前漢の景帝以前）

　孔子の生誕を振り出しとして，老荘揚墨孟荀韓非等の諸子百家が引つづき現れて各々一家言を立て甲論乙駁蘭菊の美を競うた時代で諸子時代と呼ぶ。

（2）経学時代（武帝以降）

　前漢の武帝がその即位の初にあたり名儒董仲舒の言を用いて儒教を尊敬し諸子を抑圧して以来，儒教だけが栄えて諸子が衰え，儒教の教説が当時の思想を代表し儒教の経典即ち五経の研究が学問の全体である様な観を呈する様に成った。そうして諸子時代と経学時代とはかなり変った面目を示しているが，何れも中国において中国の民族が案出した思想学説であって，未だ外来思想の影響を受けていない点は同じである。

②中世期（後184から755）

　三国の初（西紀184）頃から唐の玄宗の末年（755）までの約550年。

　この期間の初に当たって儒教は猶前の期の余生を持続して経学の研究も相当行われていたが，当時を支配した思潮は寧ろ老荘の哲学であって，当時の経注には老荘思想によって儒教の経典を注釈したと思われるものが多い。そうしてこれと同時に後漢の頃中国に入ったと言われている印度思想即ち仏教もこの時期に入ってから頻にその勢力を増し，本当に中国人に理解せられ信奉せられる様に成るとともに，一方当時を風靡した中国固有の思想即ち老荘の思想を刺激して道教と称する一種の宗教の確立を促し，かくしてこの期の後半に至り儒道仏の三教が対立して栄える様に成った。即ち隋唐の際は儒道仏の三教が対立した時代であるが，三教の中最も深遠な哲学を持っていたのは仏教であって，当時第一流の思想家学者は皆仏教者であった様に思われる。

③近世期（756年以降現在に至）

　唐の玄宗（756）以降現在に至る約1200年間。4つの時代に分けることができる。

（1）宋学の準備時代（中唐から五代に至る200余年）

（2）宋学の時代（北宋の初（963）から南宋末（1279）に至る320年間）

（3）元明両期即ち1280から1661に至る約380年間。

この時代の中心は明にあって，元はその過渡期である。

(4) 清朝

　清朝は所謂考証学の全盛を極めた時代であるが，思想としてはさして発達したものがない。蓋し近世期は第二期に栄えた仏教哲学の深遠な点に顧みる所があって，中国固有の儒教を改造して新しい体系を構成することを主な目的としている。

　これを要するに上世紀における中国思想は孔子に濫觴して戦国諸子に氾濫し，漢に入って儒教で統一されているが，中世期に入ると新たに仏教の力が加わって道教の成立を促し，儒仏道の三教が対峙するに至った。そうして近世期に入るに及んで，仏教哲学の影響が儒教に及び，新しい儒教が改造された。そうしてこの改造された儒教の代表的なものは朱子学と陽明学とである。

2.　本編

　中国思想の主な特徴（中村隆文『世界がわかる比較思想史入門』121 頁）

①「天」の思想→全ては天の命令で動く（非人格的実体としての「天」）

　人間は凡て天から生まれたものと古代の中国人は考えた（武内義雄）。そして彼らはまた，帝域は天は，常にその子を地上に降して下民を治めている。彼らが主権者を呼ぶに天子の名を以てしたのはこれがためである。天子とは蓋し上帝の命を奉じて生民を導き治めるために天から降生した人を意味している。

②「道」の思想→人や物がそうあるべき理を備えた「道」があり，それを理解し，それに沿って生きるべき，という考え方。

　儒家にあっては人倫の道（道徳規範）。道家にあっては道は万物の起因する本源，或いは形而上的な原理を意味し，「易」の天道観と結合しながら中国的宇宙論を構成する。

③中華思想→世界の中心的文化圏（中華）において，天命を授かった君主（天子）が，天下（現実世界）を治める。

　黄河の中流域一体を天下の中心と考え，その一帯を中原地域と称した。この地域で活動していた民族は主に華族であった為，この地域は中華とも称された。華族の活動範囲は不断に拡大し続け，近隣の兄弟民族と経済・文化等の面で影

響し，融合しあって密接な関係の基に中華文化を形成した。最近では，習近平政権の「中華思想」は「新天下主義」と呼ばれている（許紀霜『普遍的価値を求める』53-86 頁）。新疆ウイグル自治区，尖閣諸島，南シナ海での緊張はこの拡張主義のことを指している。

（1）道教（中村璋八『世界がわかる比較思想史入門』121 頁）

①宗教的特徴

道教は，古来からの雑多な民間信仰を基盤として，それが儒家思想や外来の仏教の影響を受けながら次第に整備されていった中国民族（漢民族）固有の土着的，伝統的な宗教である。しかし，キリストというような明確な教祖，また，開祖をもつ仏教等とは異質な宗教である。

②教理

そこで，その教理は，長生不死を求める神仙思想を中心に置いて，老荘思想，讖緯説，五行説や，更に占卜，占星の説，本草・経路の原始医術，巫祝の呪術等の多くの要素を包含している。しかし，人間が最も希求する「長生不死」を如何にして実現するかという極めて現実的なものであったと思われる。

③日本への渡来履歴

紀元前二世紀頃から朝鮮半島を経て中国の漢字によって表現される文化の波が押し寄せていたし，又，五世紀前後（応神・仁徳の頃）にも，多数の半島を中心とする地域から，更に中国揚子江デルタ地域から帰化人が，大陸の文化を携えて渡来した。更に中国の六朝時代中葉から六世紀の始め（日本では雄略朝から欽明朝）には，華北でも江南でも道教教団の組織が固まり，王朝によって認められた頃には，それらの帰化人が急増した。大和朝になると，その人々が中央や地方の各分野で中枢な地位を占め，活躍した。推古・欽明両朝に仕えた王仁の子孫である河内松岡山の王後の古墳や，大和葛城郡の新山古墳等の多くの場所から発掘された神獣鏡には，道教的神である東王父や西王母の名が記され，また，「延年益寿」とか「寿如金石」とかの道教的成句もしばしば見受けられる。これらの神獣鏡は，中国の後漢時代のものである。『日本書紀』や『万葉集』にも道教の痕跡がある。

（2）仏教

①中国仏教の歴史的性格（鎌田茂雄『中国仏教史』）

A）二大文化圏の交流

　古代アジアに成立した2つの大きな文化圏はインド文化圏と中国文化圏である。この二つの文化圏は同じアジア大陸内にありながら，チベット高原やヒマラヤ山脈によって隔絶された為，全く異質の文化圏を形成した。前1500年頃，インドではヴェーダ文明に対して，中国においては殷周文明は開花した。仏教の開祖釈迦が活躍した前五・四世紀頃，中国では春秋戦国時代に当たり，孔子・老子を始め多くの思想家が百家争鳴していた時代であった。この二つの文化圏が交流するのは，張騫の帰朝（前126）年以降，中国西域経略の結果である。

B）漢訳『大蔵経』

　中国に伝えられた経典は陀羅尼を除いて全て漢語に訳された。これは文字に優越感と自負を持っていた中国人の中華意識の現れであり，自らの言葉で仏教を理解した結果である。膨大な漢訳『大蔵経』の成立をみた。これにより，中国仏教が成立し，東アジア仏教圏では漢字文化圏の成立と相まって漢訳経典が伝播した。経典の翻訳のみならず，中国の仏教者は多くの仏教典籍を著したのである。

C）大乗仏教の伝播

　スリランカ（セイロン），ミャンマー（ビルマ），タイ等の南方仏教と最も異なるのは，中国仏教は大乗仏教である。大乗仏教は中国において発達し形成され天台宗や華厳宗の教理を形成し，禅や浄土の実践仏教を生んだ。インド仏教の発展過程から言えば，原始仏教より小乗仏教が発達し，更に大乗仏教が興起したのであるが，中国仏教が受容された時代は，インドにおいて大乗仏教が盛んであった為，インドから中国に齎されたものは，インド仏教の発展過程とは何らかの関わりなく，主として大乗仏教が最初に中国に流入した。中国仏教者は最初から大乗仏教から出発し，専ら大乗仏教の真意義を追求し，遂に大小乗を打って一丸とした一乗仏教の教理を開拓し，更にそれを実践化して中国独自の仏教たる禅宗や浄土教を生みだすに至った。

D）中国仏教の歴史的意義

　一乗仏教の理想を確立し，漢訳『大蔵経』に基づく中国仏教は東アジア世界に伝播し，特に朝鮮仏教，日本仏教の源流となった。

E）中国における仏教の影響

　儒教を初め諸子百家の優れた政治・倫理の思想は存在していたが，宗教思想や宗教文化において欠ける面もあった。仏教を摂取することによって中国思想界は深さと広さを増大させ，視野を拡大して，その内容を豊富にした。儒教においては宋学や陽明学を完成させ，道教においては道教儀礼や道教教義を発展させるのに大きな貢献した。仏教は外来宗教としてではなく，中国人の血肉の中に，その大地性を獲得するに至り，中国人の精神生活の糧となったのである。

F）大乗仏教と小乗仏教の相違

　小乗は「我は空，法は有」を主張し，実在の我は否定したが，客観世界は否定しないのに対して，大乗は「我・法みな空」を主張して，両者を共に否定した点にある。小乗がただ釈迦だけを仏として尊崇するのに，大乗は三世十万〔過去・現在・未来及びあらゆる場所〕に仏があると主張する。小乗がただ自身の解脱を得て阿羅漢果（悟りの最高位）を証得（得悟）することを求めるのに対して，大乗はあまねく衆生を済度し，仏の浄土を建てることを最高の追求目標とする。修行の内容と方法では，小乗が戒・定・慧の三学と八正道（涅槃を求める8種の正道）に対して，大乗は「六度」（六波羅蜜。人を彼岸成仏に到達させる為の6種の方法）を兼修する。

（3）儒教

A）儒学と儒教

　儒学と儒教はほぼ同じものを指しているが，前者は孔子によって始められた学問体系全般を指すのに対して，後者は孔子以前から中国で伝えられていた敬天思想（宇宙の主宰者である天を敬う）や葬祭等の礼法を重んじる倫理思想・政治思想を指し，儒学よりもやや広い。儒教は四書五経を含み，後に科挙の試験科目となった。

B）学説

　政治面では「礼楽」を尊び，「仁義」を提唱し，「徳治」と「仁政」を主張し

た。道徳面では「忠恕」の道，即ち「己れ，立たんと欲して人を立て，己れ，達せんと欲して人を達す」「己れの欲せざるところを人に施すなかれ」を提唱。天道観の面では，天命を信じて「死生は命あり，富貴は天にあり」として「天命を畏れ，大人）［為政者］を畏れ，聖人の言を畏れる」を強調。教育面では「教えありて類なし［教育が決定的であり生まれつきではない］として，丁寧に善導することを主張した。戦国時代，儒家は当時の「顕学［重要学派］」の一つだった。

C）焚書坑儒と董仲舒

　秦の始皇帝の中国統一後，「焚書坑儒」が行われ，儒家は大打撃を被った。漢の武帝に至って，董仲舒の建議があって［百家を排斥し，独り儒術のみを尊ぶ」ことになり，その後，儒家の学説は次第に中国封建社会の正当思想となった。

D）朱子学の学説（理気二元論）

　自然観の面では，「理」が宇宙の本体であり，「未だ天地あらざるの先，畢竟これまず理あり」，万物には万理があり，「天地万物の理を総ぶる，便ちこれ太極」とし，封建社会の秩序と倫理道徳も「理」から生ずる，人性には「天理」と「人欲」の対立が，その為「天理を存し，人欲を滅ぼして」て「三綱五常」等の本性を回復しなければならない［天理人欲］，とする。道徳修養の面では，「居敬窮理［内省と真理探究］」を強調し，「居敬窮理」を通じて「仁」を追求した。人の本性は万物と共通の理であって善なるものだが，肉体を構成する気によって乱されており，悪の存在はその乱れに由来する。

E）朱子学と陽明学の違い

　「理」がどこにあるか。朱子の立場では理は人間の心を含めた万物すべてに宿っている。だから，心を正しくするために一物一物に宿る客観的な真理を研究することが求められる。これに対して王陽明は，理は心の中だけにある。「心の本体は該ね（包括）ざるところなし」とし，「到良知」「知を致すは物を格すにあり」「知行合一」知ることと行うことはいずれも心の働きであって，表裏一体と見なす。朱子学者は客観的な世界の理を求めようとするが，陽明学は，理（真実）はあくまで心の内面にあるとした。正しい行いができるよう絶えず心を磨かねばならないと。

表2　仏教・ウパニシャッド哲学用語

日本語	韓国語	中国語	梵語	英語	英語の説明
仏教	불교 プルギョ	佛教 Fójiào	Buddha-śāsana	Buddhism	teaching of the Buddha *1
釈迦	석가 ソッカ	釋迦牟尼 Shìjiámóuní	Śākya	Shakamuni	founder of Buddhism
大乗仏教	대승 불교 テスンプルギョ	大乘 dàchéng	Mahā-yāna	Great Vehicle	*2
小乗仏教 （上座部仏教）	소승 불교 ソスンプルギョ	小乘 Xiǎochéng （上座部佛教）	Hīna-yāna （Sthavira）	Lesser or Smaller Vehicle （Upper seat）	*3 *4 *5
業 （ごう）	업 オップ	业 yè	Karman	an Act	A deed which is produced by action of the mind
涅槃 （ねはん） （悟りの境地）	열반 ヨルバン	涅槃 nièpán	nir-vāna	nirvana	final goal of Biddhist a spiration and practice where evil passion are extinguished and the highest wisdom attained
悟り	깨달음 ケダルム	醒悟 Xíngwiù	buddha	enlightenment	spiritual, awakening free from ignorance
輪廻 （りんね）	윤회 ユンフェ	轮回 Lúnhuí	samsāra	transmigration	endless circular spiraling chain
解脱 （げだつ）	해탈 ヘタル	解脱 Jiétuō	vi-mukti	emancipation	*6
浄土	정토 チョント	浄土 Jingtú	Sukhāvatī	Pure land	the pure land of buddha, especially Amida
煩悩 （ぼんのう）	번뇌 ポンニェ	烦恼 Fánnáo	kleśa	afflictions Illusion	Those mental functions which disturb the mind
我 （ガ）	나 ナ	自我 Ziwó	ātman	atman	self proper,soul,self *7
梵 （ボン）	기자 ポム	梵天 Fàntián	brahman	brahman	fundamental principle of the universe *8
空 （クウ）	공 コン	空 Kōng	śūnya śūnyatā	void, emptiness	the opposite of Yóu 'existence'.
有 （ユウ）	유 ユ	有 Yóu	brava	Being, existence	the opposite of non existence or relativity （mu and cu）
世俗	세속 セソク	非宗教（性）的 Fēi zōngjiào （xìng）de	sam-vrti	secular	worldly （contrasted with spiritual or heavenly）, not religious or spiritual

(参照文献)（発行年順）

1. 『英華大辞典(第3改訂版)』A New English-Chinese Dictionary(Third Revised Edition), 北京：商務印書館, 1956年（北京修正第3版第2次印刷 2000)。

2. Japanese-English Buddhist Dictionary, Tokyo:Daito Shuppansha, 1965.（Revised Edition, Third Printed, 1999)。

3. 愛知大学編『中日大辞典』大修館書店, 1968年（増訂2版7刷 1999)。

4. J. ゴンザ, 辻直四郎校閲, 鎧淳訳『サンスクリット語初等文法』1974年。

5. Hisao Inagaki, A Dictionary of Japanese Buddhist Terms, Kyoto:Nagata Bunshodo, 1984.（1988 third edition, with supplement)

6. 大阪大朝語研究室編塚本勲他『朝鮮語大辞典2巻補巻付』角川書店, 1986年。

7. 鈴木学術財団編『梵和大辞典』山喜房佛書林, 1986年（新訂3刷 2020)。

8. 金洛駿他編著『金星版国語大辞典第2版（全2巻）』ソウル：Kum Sung Publishing, 1991年（第2版1刷 1999.)（韓国語の百科事典)。

9. 廣松渉他編著『岩波哲学・思想事典』岩波書店, 1998年（2刷 2003)。

10. 臭景栄他編著『新時代漢英大辞典』New Age Chinese-English Dictionary 北京：商務印書館, 1999年（第4次印刷（縮印本）2009年)（中国語)。

11. 夏征衣主編『辞海（全5巻）』上海：上海辞書出版社, 1999年9月中国語の原色百科事典。

12. 『精選中韓韓中辞典』, 北京：商務印書館, 2002年（7刷 2004)（中国語・韓国語)。

注

*1 spiritual foundation of Japanese culture

*2 the teaching which conveys all sentient beings to Buddhahood

*3 a derogatory term applied by Mahayanists to various schools of Buddhism which aim at the salvation of one's own self.

*4 there were 20 Hinayana schools about 300 years after the Buddha's death.

*5 today Theravada(school of elders) is popular used for Hinayana.

*6 Freedom from the bonds of illusion and suffering in the three worlds

*7 it is traditionally understood as that which is eternal,ingrated,the controller of the body,and that part of the individual which makes the decision.

*8 The ultimate reality of all things, the supreme being,in non-Buddhist Indian phylosophy, especially in Upanisads and Vedanta.

三 法 印	Seals of three laws.
諸 行 無 常	Nothing is permanent.
諸 法 無 我	All things are selfless.
涅 槃 寂 静	Nirvana is quiescence.

おわりに

　中国思想の道教・儒教・仏教を宗教学の形象面から分析する。宗教の8要件［①性格（世界宗教 / 民族宗教，一神教 / 多神教，（大乗仏教は「万物には神的なものが内在しているとする「汎神教」））②信者③信仰対象④聖典⑤儀礼・戒律⑥行事⑦教会⑧聖地］から見ると，道教と仏教はこの8要件を満たしているが，儒教は①⑦⑧がなく宗教としては疑わしい。紀元前後に中国に齎された仏教は，宗教というよりも，新奇な哲学の一つとして知識層に受け止められた。仏教が伝来した当時の中国には既に儒教と道教という道徳イデオロギーが定着していた。仏教にはこれらと相反する教えが多く，社会的に受け入れられにくい側面があった。そこで，仏教側は，「仏教における出家は，道教の隠棲に通じる」等，儒教・道教との類似を積極的に説いた。一方，儒教・道教側も，時代が下がるに連れ教義が古びていった為，その刷新を図って，仏教思想を取り入れるようになった。仏教・儒教・道教の3つの教えは，互いに国の庇護を争う立場だった。しかし実際には，反発と受容を繰り返しながら，中国社会に適した形へと次第に融合していった（三教合一）。中国は伝統的に家族や社会を重視し，儒教・道教もそれに即している。仏教は目標・手段とも個人的で，受け入れられにくかった。因みに，儒教・道教・仏教の目標は，社会の秩序，不老長寿，悟りと解脱。手段は各自，礼・仁・孝の実践，正しい生活，修行。履行の場所は各自，在家，在家及び隠棲，出家。マックス・ヴェーバーによれば，「世俗内宗教」と「世俗外宗教」，「カリスマ（達人）宗教」と「大衆宗教」といった分類を行った。道教は世俗と世俗外の両方の性質をもっている。ジークムント・フロイトは，全てのもの宗教は無意識化にある性衝動（リビドー）から説明できるとした。彼の弟子であるカール・ユングらは，信者個人の意識，或いは信者諸氏の集団意識といった面から分析を行った。

道教思想史文献リスト（発行年順）

1．武内義雄『中国思想史』岩波全書，1936 年。（1976.1220.34 刷）
2．曽景来『台湾宗教と迷信因習』台北・台湾宗教研究会，1938 年。
3．道端良秀「唐朝に於ける道教対策－特に官道観設置と道挙に就いて」『支那仏教史学』第 2 号，1940 年。
4．Max Weber, Konfuzianismus und Taoismus , Gesammmelte Aufsaetze zur Religionssoziologie Ⅰ, S.276~536, Tuebingen, 1947（邦訳マックス・ウェーバー，森岡弘道訳『儒教と道教』筑摩書房，1970 年）。
5．Edwin O.Reischauer, Ennin's Travels in T'ang China, New York:John Wiley & Sons, Inc., 1955（邦訳エドウィン・O・ライシャワー，田村完誓訳『円仁唐代中国への旅』講談社学術文庫，1999 年）。
6．Japanese - English Buddhist Dictionary, Tokyo:Daito Shuppansha, 1965.11.30.(Revised Edition, Third Printed, 1999.1.15.)
7．仁井田隆『東洋とは何か』ＵＰ選書，東京大学出版会，1968 年。
8．柏楊『中国歴史年表』上冊，星光出版社，1977 年。
9．諸橋轍次『中国古典名言事典』講談社学術文庫 397，1979 年（2012.10.30.46 刷）
10．鎌田茂雄『中国仏教史』岩波全書 310，1979 年。
11．Wolfram Eberhard, Geschichte Chinas, Alfred Kroener Verlag, 1980（邦訳ヴォルフラム・エーバーハルト，大室幹雄他訳『中国文化史』筑摩書房，1991 年）。
12．武部良明『漢字の用法第 2 版』角川書店，1982 年。
13．福井康順他監修『道教 1～3』全 3 巻，平河出版社，1983 年他。
14．Hisao Inagaki, A Dictionary of Japanese Buddhist Terms, Kyoto:Nagata Bunshodo, 1984.（1988 third edition, with supplement）
15．大阪大朝語研究室編塚本勲他『朝鮮語大辞典 2 巻補巻付』角川書店，1986 年。
16．鈴木学術財団編『梵和大辞典』山喜房佛書林，1986 年（新訂 3 刷 2020.3.31）
17．窪徳忠『道教百話』講談社学術文庫 875，1989 年。
18．東亜出版社編集部編『漢韓大辞典』東亜出版社，韓国ソウル特別市，1990 年。
19．田部井文雄他編著『漢詩・漢文小百科』大修館書店，1990 年。
20．高橋徹『道教と日本の宮都』人文書院，1991 年。
21．楮亜丁他，鈴木博訳『道教故事物語』青土社，1994 年（中大図書館蔵）
22．窪徳忠『道教の神々』講談社学術文庫 1239，1996 年。
23．孟慶遠主編，小島晋治他訳『中国歴史文化事典』新潮社，1998 年。
24．横手裕『中国道教の展開』世界史リブレット 96，山川出版社，2008 年。
25．金文京『漢文と東アジア』岩波新書（新赤版）1262，2010 年。
26．加地伸行『沈黙の宗教－儒教』ちくま学術文庫，2011 年。
29．井ノ口哲也『入門中国思想史』勁草書房，2012 年。
30．小島毅『朱子学と陽明学』ちくま学術文庫，2013 年。
31．The Religions Books, Dorling Kindersley Book, London, 2013（邦訳ドーリング・キンダースリー社編，島薗進他監修豊島実和訳『宗教学大図鑑』三省堂，2015 年）

32. 野中根太郎『全文完全対照版論語コンプリート』誠文堂新光社 2016 年。
33. 平岡昇修『耳から覚えるサンスクリット』山喜房佛書林，2016 年。
34. 小島佑馬『中国思想史』KK ベストセラーズ，2017 年。
35. 佐藤信弥『中国古代史研究の最前線』星海社，2018 年。
36. 森和也『神道・儒教・仏教』ちくま新書，2018 年。
37. 保坂俊司『グローバル時代の宗教と情報』2018 年。
38. 石平『なぜ論語は「善」なのに，儒教は「悪」なのか』PHP 新書，2019 年。
39. 島崎晋『哲学と宗教』徳間書店，2020 年。
40. 許紀霜『普遍的価値を求める』法政大学出版局，2020 年。
41. 神塚俶子『道教思想 10 講』岩波新書（新赤版）1848，2020 年。

表 3　中国システム（仏教と儒教・道教の違い）

中国は伝統的に家族や社会を重視し，儒教・道教もそれぞれに即している。仏教は目標・手段とも個人的で，受け入れにくかった。

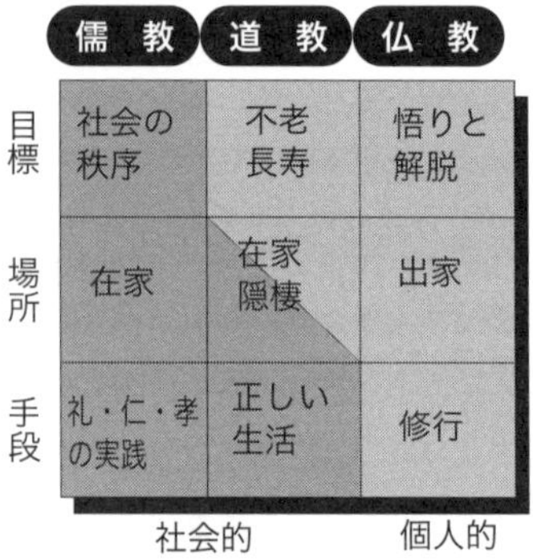

〔引用文献〕『図解宗教史』成美堂出版，2008 年（2 刷），114 頁。

表4　中国システム（仏教と儒教・道教の違い）

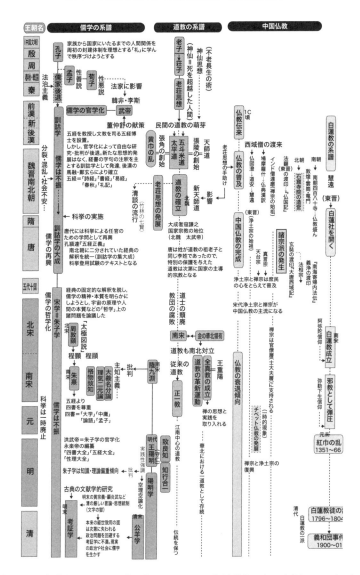

〔引用文献〕『流れ図　世界史図録ヒストリカ（新訂版）』山川出版, 2017年（3刷）, 116頁。

図1　道教の多様な教派

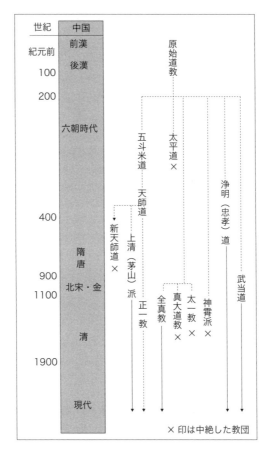

〔引用文献〕竹光誠『宗教で読み解く世界史の謎』PHP 文庫, 2016 年, 273 頁。

巻末付録

研究課題

第 I 部　社会システムの分析手法

1-1　イングルハートの価値次元で，日本民族を分析せよ。

1-2　イングルハートの価値次元で，ポーランド民族を分析せよ。

2-1　マッキンゼーの地政軸について説明せよ。

3-1　グローバリズムと時間軸の関係について論ぜよ。

4-1　パーソンズの AGIL モデルを説明せよ。

5-1　ハーバーマスの下位システムと社会諸科学の関係について論ぜよ。

5-2　ハーバーマスの生活世界とシステムの関係について論ぜよ。

第 II 部　社会システム（基底的・複合的）

第 1 章　労働システム

1-1　聖書に見る労働観について記せ。（「罰」として課された労働）

1-2　古代ギリシアの労働観について記せ。（労働は奴隷の仕事で市民はない）

1-3　経済体制と労働観（資本主義の搾取という労働観から社会主義体制が誕生）

1-4　国家分裂と労働観（労働観の違いから民族対立，連邦国家分裂へ）

1-5　仏教的労働観（労働はボランティア活動から）

1-6　儒教的労働観 (商業活動は立派な労働)

1-7　派遣労働，業務請負労働，出向労働の異同を問う。

1-8　労働経済学について記せ。

1-9　日本の女子労働力構造を検証せよ。

1-10　失業者の定義を述べよ。

1-11　労働可能人口は何歳以上か。

1-12　労働統計を纏めよ。

1-13　労働市場の需要・供給バランスを人の移動の観点から図示せよ（井出多加子『グローバル時代の日本の働き方』7 頁）。

1-14　日本における労働力構造を説明せよ（2004 年）。

1-15　個人の所得構造を説明せよ。

1-16　日本銀行と米国連邦準備委員会（FRB）の機能について，異同を問う。

1-17　英語の work と labour について比較せよ。

1-18　労働経済学の起源について記せ。

1-19　米国の中央銀行に当たる FRB について論ぜよ。

1-20　日本のマクロの労働供給の特徴は何か。

1-21　賃金の変化を 2 つの要素に分解し説明せよ。
　　　①所得効果とは何か。②代替効果とは何か。（永野仁，後掲書 29 頁）

1-22　ヒックスのバック・ベンドを説明せよ。

1-23　日本の人口のピーク及び労働人口のそれは何年で, 何万人か。

1-24　労働供給の 3 次元を説明せよ。

1-25　労働需要の 3 要素を説明せよ。

1-26　限界生産力逓減の法則とは何か。

1-27　完全競争市場とは何か。(巻末付録参照)

1-28　コブ・ダグラス型生産関数とは何か (高橋泰蔵編『体系経済学辞典 (第 6 版)』 379 頁)。

1-29　CES 生産関数とは何か (同上)。

1-30　規模に関して収穫不変は数学的には何と言うか。

1-31　独や韓国での外国人労働者の導入の種々の影響について記せ。

1-32　改正入管難民法 (2019 年 4 月 1 日施行) と他国の先例について述べよ。

1-33　新入管法の残された課題について記せ。

1-34　外国人労働者の経済効果を図で説明せよ。

1-35　高度技術者のみ外国人労働者として受入れる経済合理性について記せ (小崎 223 頁)。

1-36　少子化対策として外国人労働者を受入れるデメリットを分析せよ (小崎 224 頁)。

1-37　日本の統計上の「失業者」の定義を述べよ。

1-38　G5 の失業率の定義を比較検討せよ。

1-39　失業者と景気変動に何故ラグがあるのか。

1-40　フィリップス曲線とは何か。

1-41　日本のフィリップス曲線を図示せよ (栗林世「日本経済の政策課題」『経済学論纂 (中央大学) 第 57 巻第 5・6 合併号 (中野守教授古稀記念論文集)』2017 年 3 月, 169 頁)。

1-42　オークンの法則を説明せよ。

1-43　UV 分析を英国とポルトガルでせよ (井出多加子, 引用書 16 頁)。

1-44　日本の UV 分析 (1967-2015) を図示せよ (栗林世, 前掲書 167 頁)。

1-45　オークンの法則を実証せよ。

1-46　米国 1960 年代のトレード・オフ曲線を図示せよ。

1-47　完全失業率 G7 (1980-2012 年) を図示せよ (井出多加子, 前掲書 6 頁)。

1-48　自然失業率仮説とは何か (樋口美雄『労働経済学』東洋経済新報社, 285-290 頁)。

1-49　労働市場における失業を図示せよ (横軸に労働量, 縦軸に賃金率)。

1-50　労働市場における賃金決定メカニズムを図示説明せよ (賃金率, 労働量, 超過供給, 超過需要, 上昇, 下落, 右下がり, 右上がり)。

1-51　①労働人口増加, ②労働人口減少, ③景気後退, ④技術進歩がある場合。①から④までの変化で, 労働市場の均衡点はどのように推移するか。各場合を図示説明

　　　せよ。

1-52　労働市場において，⑤労働需要曲線が左に，次に労働供給曲線が右にシフトした場合，均衡賃金率はどのように変化するか図示説明せよ。

1-53　労働市場において⑥労働需要曲線と労働供給曲線が共に左にシフトした場合，均衡賃金率はどのように推移するか図示説明せよ。

1-54　不安定な労働市場では，均衡賃金率はどう変化するか図示説明せよ。

1-55　労組や最低賃金が労働市場に与える影響を図示説明せよ。

1-56　日本の春闘は，西欧諸国に比べて特異なものか（脇田成，引用書 23 頁）。

1-57　賃金格差の諸側面とその発生原因を挙げて分析しなさい。

1-58　OJT（on-the-job training）と Off JT（off-the-job training）　を説明せよ。

1-59　補償賃金仮説とは何か（樋口美雄『労働経済学』229 頁）。

1-60　ヘドック賃金関数とは何か（同上）。

1-61　賃金ファイルとは何か。

1-62　賃金体系を述べよ。

1-63　差別的嗜好理論を使用し，男女雇用機会の問題点を挙げて分析しなさい。

1-64　アファーマティヴ・アクションを説明し，合わせて弊害も論じなさい。

1-65　労働者の差別の定義について記せ。

1-66　パートタイマーの問題点を挙げて分析しなさい。

1-67　正規労働者と非正規労働者の定義は何か。

1-68　非正規労働者の問題点を挙げよ。

1-69　経済学上の財とサービスを比較せよ（表 8-3）（木村武雄・江口充崇『経済分析手法』237 頁）。

1-70　経済サービス化の統計資料を検証せよ（廣松毅他『経済統計』174-175 頁，永野仁『労働と雇用の経済学』9 頁）。

1-71　米国のコンティジェント労働者とは何か。

1-72　フリーターとは何か（木村武雄『10 ヵ国語経済・ビジネス用語辞典』123 頁99，小峰隆夫『日本経済の基本　第 3 版』37 頁）。

1-73　ニートとは何か（木村武雄同上書同頁 100，小峰隆夫同上箇所）。

1-74　英語の「サービス」の語源に照らして，意味の変遷を述べよ（木村武雄・江口充崇『経済分析手法』235-239 頁）。

1-75　男女雇用機会均等法の問題点を挙げて分析しなさい。

1-76　男女賃金格差の原因を分析せよ。

1-77　間接雇用（派遣契約と業務請負契約）を説明し，問題点を指摘しなさい。

1-78　表 8 を用いて，日本の国内変化及び各国の女性労働力率・年齢層別比較をせよ。

1-79　高齢者の労働力率の長期的トレンドの規定要因を挙げて分析しなさい。

1-80　高齢者の労働需要の規定要因を挙げて分析しなさい。

1-81　高齢者の就職促進のための公的制度改革について述べなさい。

1-82　ラジアーの理論(定年退職性の正当化理論)を説明しなさい(清家篤引用書164頁)。

1-83　嘗て，日本の美徳とされた年功序列賃金制度がある。これは，定年制とセットであったことを例証しなさい。

1-84　高齢者の労働供給の決定要因を4つ掲げ説明せよ。

第2章　国際システム

2-1　ミードの云う「豊かさの中の貧困」とは具体的には何を指すか。

2-2　直接投資について記せ (FDI，FPEI，FPI，グリーンフィールド投資，クロボーダー，ポートフォリオ)。

2-3　世界直接投資で，対内・対外直接投資の2000～2013年の間のベストテン国の変遷を記せ。

2-4　タックスヘイブンについて記せ（5分類と5タイプのタックスヘイブン会社）。

2-5　新国際収支について記せ。

2-6　オリーンの弾力性アプローチを説明せよ。

2-7　マーシャル＝ラーナー条件とは何か。

2-8　アソープションアプローチを用いて，輸出マイナス輸入は何か，証明せよ。

2-9　購買力平価を説明せよ。

2-10　アセット・アプローチを説明せよ。

2-11　クローサーの国際収支発展論を用いて，日本経済はどの段階か確認せよ。

2-12　ヘクシャー・オリーンの定理を説明せよ（リプチンスキーやストルパー・サミュエルソン定理）。

2-13　相互需要の原理を説明せよ。

2-14　レオンチェフの逆理を説明せよ。

2-15　マンデル＝フレミング・モデルを説明せよ。

2-16　マンデルの最適通貨圏とユーロ・システムを説明せよ（賃金の伸縮性，労働の自由な移動）（木村武雄『EUにおけるポーランド経済』242頁注2）。

2-17　マンデルのポリシー・ミックス・モデルを説明せよ。

2-18　余剰分析を使用し，貿易利益を①関税②輸入割当③輸出税④輸出補助金の各々の場合を比較して事例研究せよ。

2-19　表を用いて，1999年のユーロ参加の合否過程を詳しく説明せよ（木村武雄『ポーランド経済』247-249頁）。

2-20　1999年の参加条件を同時期日本経済に適用せよ。また，その後の日本経済の進行を踏まえ研究せよ（木村武雄『欧州におけるポーランド経済』243頁及び木村武雄『10カ国語経済・ビジネス用語辞典』162-163頁）。

2-21　金融市場の均衡を仮定条件・縦軸・横軸及び4段階に渡り詳しく展開せよ。

2-22　財市場の均衡を仮定条件・縦軸・横軸及び4段階に渡り詳しく展開せよ。

2-23 IS・LM 分析を用いて，①投資家の投資増加②貯蓄意欲の増大③貨幣供給量の減少④貨幣流通速度の増加，における利子率及び国民所得の変化を分析せよ。

2-24 日本経済に IS・LM 分析は可能か（マイナス金利，巨額の財政赤字，貿易摩擦）。

2-25 クズネッツの逆 U 字仮設は日本に適用可能か，表 5 を使用し説明せよ。

2-26 経済成長の先進国と後進国の格差を，表 6・7 を使用し説明せよ。

2-27 日本の経済成長を，投資率と限界産出・資本比率で，説明せよ。

2-28 未富先老とは何か。

2-29 ルイスの二重構造的経済発展論を説明せよ。

2-30 転換点とは何か。

2-31 日本における転換点を説明せよ。

2-32 トービンのポートフォリオ分離定理を説明せよ。

2-33 トービンの q 理論を説明せよ。

2-34 日本経済におけるトービンの限界 q と平均 q の時系列を説明せよ。

2-35 ベッカーの人的資本の経済効果 4 つ掲げて説明せよ。

2-36 ベッカーの人的資本論で日本の終身雇用と年功序列を分析せよ。

2-37 日本の介護保険におけるヴァウチャー制度を分析せよ。

2-38 教育を人的投資と考え，大学教育を生涯賃金額と教育投資の観点から分析せよ。

2-39 失われた 10 年に日本の産業競争力は低下したか（ROA，総資本回転率）。

2-40 日本の産業競争力の低下分野での低迷原因を分析せよ。

2-41 「世界競争力報告」での日本の競争力を分析せよ。

2-42 日本企業の国際競争力での産業別強弱を説明せよ。

2-43 日本企業の弱点である，経営判断・戦略性・人知財に関して説明せよ。

2-44 日米修好通商条約は，どういう性格の条約か。

2-45 戦間期の日本の貿易の特徴を記せ。

2-46 ガリオア・エロア協定について述べよ。

2-47 日本の FTA・EPA 戦略について記せ。

2-48 TTP について記せ。

2-49 OECD 及び G20 が，2015 年 10 月に採択した，多国籍企業の租税回避国対策の要旨を述べよ。

2-50 日欧 EPA についての記（農産物の GI，GDPR，輸入，輸出）。

2-51 RCEP（アールセップ）について記せ。

第 3 章　普遍主義システム

3-1 欧州の普遍論争について記せ。

3-2 ギリシャ正教とローマ・カトリックを比較せよ。

3-3 第 3 ローマ論について記せ。

3-4 ニーコン改革と古儀式派について記せ。

3-5　ロシアにおける普遍主義（スラヴ派と西欧派）について記せ。

3-6　現代における普遍論争について記せ。

第Ⅲ部　社会システム（文化的・国民的）

第1章　ポーランドシステム

1-1　歴史的含意について記せ。

1-2　宗教システムと政治的独立性について記せ。

1-3　教育システムと宗教的独立性について記せ。

1-4　政治システムと政治思想について記せ。

1-5　政治システムと経済システムの相克について記せ。

第2章　日本システム

2-1　日本システムにおける伝統思想と西洋思想の相克について記せ。

2-2　日本の仏教について記せ（本地垂迹，神仏習合，殉死の禁止，百済，宋，禅，世俗化，新仏教，妻帯世襲，一向宗）。

2-3　日本の思想（儒教，仏教）と西洋哲学を比較論評せよ（テオリア，形而上的認識，超越的世界，内向的実践，道徳，禅，政治，自我，学問，形而下的認識）。

2-4　徳川幕府と朱子学について記せ（陰陽五行思想，居敬窮理，理気二元論，武士道，諸子百家，李退渓，林羅山，上下定文，存心持敬，天に向かう傾向）。

2-5　日本の近世（江戸時代まで）と近代（明治維新以降）の連続性について記せ（朱子学，荻生徂徠，もののあわれ，徳治主義，政治，忘れられた思想家，本居宣長，陽明学的志士，本多利明，大久保利通）。

2-6　日本の近世と近代の不連続性について記せ（MODERN，古医方，後世方，近世，近代，蘭学，現代，華岡青洲，荻生徂徠，コッホ）。

2-7　明治思想の二重構造について記せ（儒教，加藤弘之，明治政府の官僚，教育勅語，倫敦，終戦の詔，社会契約論，新島襄，中江兆民，基督教）。

2-8　徳川政権の宗教政策について記せ（キリシタン，仏教，触頭，本末制度，寺請制度，神仏習合，儒教，追い腹，神道，上下定文の理）。

2-9　近代化以前の日本について記せ。

2-10　明治維新の背景について記せ。

2-11　明治維新の過程と近代化について記せ。

2-12　近代化の意義について記せ。

2-13　市民革命及び産業革命の観点から近代化を論ぜよ。

2-14　日本の経済近代化について記せ。

2-15　近代経済成長とは何か。それは工業化とどういう関係にあるのか。

2-16　ウォーラースティンの近代経済システムについて記せ。

2-17　英国の19世紀の近代経済システムを阿片戦争前後で，変遷を記せ。

2-18　幕末から明治維新にかけて，日本は何故，西欧列強の世界戦略に組み込まれずに

済んだのか。

2-19 全要素生産性について記せ（資本生産性・労働生産性・技術進歩性）。

2-20 高度成長を齎した要因を説明せよ。

2-21 物価変動の要因について説明せよ。

2-22 マネーサプライについて説明せよ（M_0, M_1, M_2, CD）。

2-23 バブル発生を誘発しやすい経済構造を説明せよ（日米経済関係，金融緩和政策，金融的環境）。

2-24 バブルの形成過程を説明せよ（企業，金融機関，地価）。

2-25 バブルと実体経済について論ぜよ。

2-26 バブルを資金流路（調達面と運用面）から論ぜよ。

2-27 資産価格の高騰について，収益還元モデルから説明せよ（株価，地価）。

2-28 バブルの経済的影響について説明せよ。

2-29 バブルによる資源配分の歪みについて論ぜよ。

2-30 バブル崩壊後の経済状況を記せ。

2-31 バブルの後遺症であるバランスシート問題の発生について記せ。

2-32 デフレの要因を掲げ，説明せよ。

2-33 デフレの弊害について論ぜよ。

2-34 松方デフレ，大正デフレ，井上デフレ，ドッジ・デフレ，平成デフレの経過と原因，政府の対応等について比較せよ。

2-35 デフレ・スパイラルを説明せよ。

2-36 デフレ・スパイラルが実体経済に及ぼす 2 つの側面について記せ。

2-37 日本の輸出入依存度は，意外に低い。何故か。

2-38 国際収支の天井について記せ。

2-39 世界貿易（輸出入）の構造は，21 世紀に入ってどのように変化したか。

2-40 日本の輸出競争力に関して，2000 ～ 2013 年の変化を貿易特化係数及び顕示比較優位指数を使って詳述せよ。

2-41 企業内貿易と多国籍企業の関係について記せ（タックスヘイブン，連結会社）。

2-42 実存的神道と本質的神道について記せ。

第 3 章　インドシステム

3-1 何故仏教は文明の起こったインダス河流域でなく，ガンジス河流域で誕生したか。

3-2 何故インドで濫觴した仏教が衰退したか。

3-3 カンボジアの世界遺産「アンコールワット」は 12 世紀ヒンズー教文化の遺跡だったことを論評しなさい。

3-4 仏教は何故キリスト教やイスラム教と違い，普遍的宗教なのか。梵天勧請を使って説明せよ。

第 4 章　中国システム

4-1　中国民衆史における道教について記せ。

4-2　中国仏教における歴史的意義について記せ。

4-3　中国史における儒教について記せ。

4-4　中国では，何故正月を 1 月と呼ぶのか（始皇帝）。

補問（巻末付録参照）

A-1　現代経済学の 20 流派とその代表的論者を挙げ，学説間の親疎の程度がよく取れるような系統樹にして図示せよ。但し，直接の師弟関係や学派の継承関係を実線で，学説上の影響を破線で示すこと。

A-2　経済学の代表的な古典を 10 冊とその著者及び発表年を挙げよ。

A-3　限界革命の 3 学派とその代表的論者とその著書を挙げよ。

A-4　英国古典派の論者 (5 名) とその代表的な著書 (3) とその発表年を挙げよ。

A-5　重商主義の論者 (2 名) とその代表的な著書とその発表年を挙げよ。

A-6　重農主義の論者 (2 名) とその代表的な著書とその発表年を挙げよ。

A-7　ドイツ歴史学派の論者 (3 名) とその代表的な著書とその発表年を挙げよ。

A-8　米国歴史学派の論者 (3 名) とその代表的な著書とその発表年を挙げよ。

A-9　ケンブリッジ学派の論者 (3 名) とその代表的な著書 (2) とその発表年を挙げよ。

A-10　ローザンヌ学派の論者 (2 名) とその代表的な著書とその発表年を挙げよ。

A-11　オーストリア学派の論者 (4 名) とその代表的な著書とその発表年を挙げよ。

A-12　スウェーデン学派の論者 (2 名) を挙げよ。

A-13　20 世紀マルクス主義の論者 (2 名) とその代表的な著書とその発表年を挙げよ。

A-14　ケインズ左派の論者 (4 名) を挙げよ。

A-15　新古典派総合の論者 (2 名) を挙げよ。

A-16　シカゴ学派の論者 (4 名) を挙げよ。

A-17　制度派経済学の論者 (2 名) を挙げよ。

B　ノーベル経済学賞特定回の受賞者（複数の場合は全員で最大 3 名）に関して，氏名，国籍生年月日及び（存命中の者を除き）死亡年月日，出身地，主な業績（発表年も）及び代表的著作，博士号の取得大学及び主な職歴を記せ。なお，特定回（複数）は無作為に教官が試験当日指定する。

キーワード

第Ⅰ部　社会システムの分析手法
イングルハート，価値軸，所得軸，マッキンゼー，地政軸，グローバリズム，時間軸，パーソンズ，AGIL，モデル，ハーバーマス，生活世界，労働力，労働所得。

第Ⅱ部　社会システム（基底的・複合的）
第1章　労働システム
第1節　原罪，アダム，イブ，奴隷，搾取，一人当たり GNP，知識（仏教用語），行基，派遣労働，業務請負労働，出向偽装請負。

第2節　労働，仕事，労働経済学，労働力率，就業者，失業者，雇用者，M字カーヴ，FRB

第3節　労働供給の3次元，無差別曲線，所得効果，代替効果，バック・ベンド。

第4節　派生需要，労働需要の3要素，生産量，生産技術，生産要素の相対価格，生産要素（資本，労働，土地），生産関数，限界生産力，完全競争市場。

第5節　特定技能1号，特定技能2号，人口オウナス，ガスト・アルバイター，日系ブラジル人。

第6節　失業者，フィリップス曲線，トレードオフ曲線，オークンの法則，UV 曲線，潜在成長率，デフレ・ギャップ，自然失業率仮説。

第7節　最低賃金制度，春闘，労組（労働組合），トレード・ユニオン。

第8節　法定福利費，賃金体系。

第9節　経済的差別，差別的嗜好理論，アファーマティヴ・アクション。

第10節　非正規労働者，パートタイマー，フリーター，ニート，神への奉仕，召使の仕事，兵役，物質的生産過程以外で機能する労働。

第11節　女性労働率，男女雇用機会均等法，コース別管理，派遣契約，業務請負契約。

第12節　自営業者の減少，公的年金，定年制，ラジアー理論。

第2章　国際システム
第1節　豊かさの中の貧困，国際均衡，国内均衡，均衡化への3つの目標，ミード報告，国際収支。

第2節　オリーン国際収支の発展段階説，未成熟の債権（債務）国，成熟した債権（債務）国，債務返済国，債権取り崩し国，弾力的アプローチ，マーシャル＝ラーナー条件，アソープション・アプローチ，購買力平価説，アセット・アプローチ，ヘクシャー・オリーンの定理，相互需要の原理，国際価値論。

第3節　マンデル＝フレミング・モデル，最適通貨圏理論，ポリシー・ミックス・モデル。

第4節　IS-LM 分析，金融市場の均衡，財市場の均衡，IS 曲線，LM 曲線。

第5節　クズネッツ逆U字仮説，近代経済成長，クズネッツの波，投資率と限界算

　　　　　出・資本比率，未富先老。
第6節　二重構造的発展，過剰労働論，転換点。
第7節　ポートフォリオ分離定理，トービンの q 理論，限界 q，平均 q。
第8節　人的資本の経済要因，教育投資，人的資本分析，犯罪の経済学，ヴァウ
　　　　　チャー・システム。
第9節　総資本営業利益率（ROA），総資本回転率，戦略なき投資，世界競争力報告，
　　　　　デファクトスタンダード，水平統合型生産システム，垂直統合型生産システ
　　　　　ム，アライアンス。
第10節　日米修好通商条約，関税自主権，日英同盟，ガリオア・エロア協定，自由貿易
　　　　　協定（FTA），TTP（環太平洋経済連携協定），医薬品，乳製品，原産地規則，
　　　　　著作権，国有企業，ISDS 条項，OECD，G20，日欧 EPA，RCEP。

第3章　普遍主義システム
　　　　　テトラド思想，トライアド思想，フィリオクェ論争，古儀式派。

第III部　社会システム（文化的・国民的）
第1章　ポーランドシステム
　　　　　プワスキ，人身保護律，ヘンリク条項，認知的不協和。

第2章　日本システム
第1節　仏教，神道，神仏習合，神仏分離令，日本的霊性，浄土系，禅，鈴木大拙，主
　　　　　客未分，見性体験，悟道，無功用行，神通妙用，兼中到，一切法空，色即是
　　　　　空・空即是色，鬼窟裡の活計，無分別の分別・分別の無分別，即非の論理，儒
　　　　　教，超越性，世俗化，荻生徂徠，古医方。
第2節　封建主義統治，高い教育水準，商業・金融の発達，交通網の整備，循環型環境
　　　　　システムの完成。
第3節　近代化，政治的近代化，社会的近代化，文化的近代化，経済的近代化，前近
　　　　　代化的条件，近代経済成長の条件準備，ゲマインシャフト，ゲゼルシャフ
　　　　　ト。
第4節　近代化，三角貿易，開国，中核，覇権，周辺。
第5節　全要素生産性，技術革新，耐久消費財，円レート，貯蓄率。
第6節　インフレ，GDE デフレータ，超過需要，インフレ的成長，マネーサプライ，
　　　　　狂乱物価，第4次中東戦争，過剰流動性，日本列島改造論，インフレ，石油
　　　　　価格高騰説，キャッチ・アップ。
第7節　バブル，プラザ合意，前川レポート，財テク，ノンバンク，規律付け機能の緩
　　　　　み，ファンダメンタルズ，ワラント債，転換社債，四全総，リゾート法，モラ
　　　　　ル・ハザード，銀行離れ（ディスインターミディエーション），収益還元モデル，
　　　　　PER（株価収益率），バランス・シート。
第8節　松方デフレ，大正デフレ，井上デフレ，ドッジ・デフレ，平成デフレ，資産デ

フレ，デフレ・スパイラル。

第9節　輸出入依存度，国際収支，貿易収支，移転収支，資本収支，国際収支の天井，世界最大の債権国，IS バランス，中国，世界経済，世界貿易，EU，貿易特化係数，RCA，企業内取引。

第3章　インドシステム

輪廻，ウパニシャッド哲学，シンクレティズム，ヤスパース，ライシャワー。

第4章　中国システム

老子，道，神仙思想，三教論争，五斗米道，道徳経，仏教，釈迦，大蔵経，大乗仏教，上座部仏教，輪廻，儒教，孔子，焚書坑儒，董仲舒，朱子学，陽明学。

ノーベル経済学賞受賞者

回・年	受賞者名（国名）	主な業績及び代表的著作	博士号及び主な職歴
第1回 1969	ティンバーゲン（オランダ）① Jan Tinbergen (1903.4.12〜1994.6.9) ライデン生まれ	経済理論と統計との経済動態モデルに成功『景気循環論の統計的検証』(1937)	ライデン大経済学博士 アムステルダム大，エラスムス大，オランダ中央統計局長官
	フリッシュ（ノルウェー）② Rognar Anton kitil Frisch (1895.3.3〜1973.1.31) オスロ 生まれ	数学的手法と統計学的手法を組み合わせて経済学的仮説の検証に応用し，自ら名付けた計量経済学を創設した。『限界効用の新測定法』(1932)	オスロ大博士 オスロ大，パリ大 イェール大
第2回 1970	サミュエルソン（アメリカ合衆国） Paul Anthony Samuelson ③ (1915.5.15〜) ゲーリ（インディアナ州）生まれ	顕示選好理論，乗数と加速度の相互作用，「要素均等化命題」から「公共財」の現在的定義等，経済のあらゆる分野での，基本的概念や理論を提供した。国民所得決定の45度線は彼の発案したものである。	ハーバード大博士 MIT 『経済学』は世界的に売れた教科書。
第3回 1971	クズネッツ（アメリカ合衆国）④ Simon Kuznets (1901.4.30〜1985.7.9) クラクフ生まれ（現ポーランド，当時はロシア領）	『経済分析の基礎』(1947) 経済成長の実証的分析から近代経済成長論を確立した。	コロンビア大博士 ペンシルバニア大
第4回 1972	ヒックス（イギリス）⑤ John Richard Hicks (1904.4.8〜1989.5.20) レミングストン・スパー生まれ	『近代経済成長の分析』(1966) 分配の限界生産力説，ＩＳ-ＬＭ図表の発明，無差別曲線や一般均衡論に貢献。 『価値と資本』(1939, 2版1953)	オックスフォード大 ロンドン大 マンチェスター大
	アロー（アメリカ合衆国）⑥ Kenneth Joseph Arrow (1921.8.23〜) ニューヨーク生まれ	新古典派理論を集合論や位相数学を使い発展させた。 『社会的選択と個人的評価』(1951, 2版 1963)	コロンビア大博士 シカゴ大，スタンフォード大，ハーバード大
第5回 1973	レオンチェフ（アメリカ合衆国）⑦ Wassily Leontief (1906.8.5〜1999.2.7)サンクト・ペテルブルク生まれ	投入産出分析（産業連関分析）を開発し経済問題へ適用した。 『投入－産出の経済学』(1966)	ベルリン大博士 NBER ハーバード大
第6回 1974	ハイエク（オーストリア）⑧ Friedrich August von Hayek (1899.8.5〜1992.3.27) ウィーン生まれ	貨幣と経済変動に関する経済理論を確立し，社会・経済制度の相互関係を体系化し，自由主義論を展開。 『景気と貨幣』(1929)	ウィーン大法学博士 ウィーン大経済学博士 ウィーン大，ロンドン大シカゴ大，フライブルク大，ザルツブルク大
	ミュルダール（スウェーデン）⑨ Karl Gunnar Myrdal (1898.12.6〜1987.5.17)	貨幣中立的均衡論を展開し，更に発展途上国の経済社会問題を扱う。 『貨幣的均衡』(1939)	ストックホルム大博士 ジュネーブ大・ストックホルム大。スウェーデン国会議員商工大臣，国連欧州経済委員会行政官。
第7回 1975	カントロヴィチ（旧ソ連）⑩ Leonid Vitalijevich Kantorovich (1912.1.19〜1986.4.7)サンクト・ペテルブルク生まれ	のちに線型計画法と呼ばれる応用数学で，ラグランジュ乗数の一般化，そして最適計画化問題で，分権的概念となるシャドウ・プライスを開発した。 『資源の最適利用の経済計算』(1965)	レニングラード大博士 (1935年)
	クープマンス（オランダ）⑪ Tjalling Charles Koopmans (1910.8.28〜1985.2.26)	計量経済学の連立方程式的手法での，完全情報最尤法に貢献した。異時点に渡る比例的な最大成長経路の分析をターンパイク定理の拡張として行っている。 『計量経済学的方法研究』(1953)	ライデン大博士 プリンストン大 シカゴ大，イェール大
第8回 1976	フリードマン（アメリカ合衆国）⑫ Milton Friedman (1912.7.13〜) ニューヨーク生まれ	総需要の決定要因としての貨幣の役割を復活させたマネタリズムの唱道者。 『消費関数の理論』(1957)	コロンビア大博士 コロンビア大 シカゴ大
第9回 1977	ミード（イギリス）⑬ James Edward Meade (1907.6.22〜1995.12.22)	国際貿易を中心に，国際経済政策論を体系化した。所得分配の諸問題に分析を加えた。 『国際経済政策の理論』(1951) 『直接税の構造と改革』(1978)	オクスフォード大 国際連盟 内閣局経済課長 ロンドン大 ケンブリッジ大
	オリーン（スウェーデン）⑭ Bertil Gothard Ohlin	相対的に豊富な生産要素を用いる商品を輸出し，逆に希少な生産要素のそれは輸入するという「ヘクシャー―	ストックホルム商科大博士

298

回・年	人物	業績・著作	学歴・所属
	(1899.4.23〜1979.8.3) クリッパン生まれ	オーリン」の定理を確立する。国際資本移動論に貢献した。 『地域間及び国際間貿易』(1933，2版1967)	コペンハーゲン大 ストックホルム商科大 国会議員 商務大臣
第10回 1978	サイモン（アメリカ合衆国）⑮ Herbert Alexander Simon (1916.6.15〜2001.2.9) ミルウォーキー（ミネソタ州）生まれ	経済組織内部における意思決定分析で先駆的業績。 『組織論』(1958)	シカゴ大政治学博士 カリフォルニア大 イリノイ工科大 カーネギーメロン大
第11回 1979	シュルツ（アメリカ合衆国）⑯ Theodore William Schultz (1902.4.30〜1998.2.26) アーリントン（サウスダコタ州）生まれ	農業経済学における数多くの貢献、特に発展途上国の経済発展分析。人的資本理論の「開祖」 『農業近代化の理論』(1964)	ウィスコンシン大博士 アイオワ州大 シカゴ大
	ルイス（イギリス）⑰ William Arthur Lewis (1915.1.23〜1991) セントルチア（西インド 諸島）生まれ	発展途上国開発の研究において，古典派の「最低生存費」の概念を復活させ，「無制限労働供給」の理論を生み出す。 「無制限労働供給での経済発展」『マンチェスター・スクール』(1954年5月号)	ロンドン大博士 マンチェスター大 西インド大 カリブ海開発銀行頭取 プリンストン大
第12回 1980	クライン（アメリカ合衆国）⑱ Lawrence Robert Klein (1920.9.14〜) オマハ（ネブラスカ州）生まれ	大規模な多元方程式計量経済学モデル作成とその応用による功績。 『ケインズ革命』(1947，2版1966) 『ブルッキングズモデル』(1975)	MIT博士 ペンシルヴァニア大
第13回 1981	トービン（アメリカ合衆国）⑲ James Tobin (1918.3.5〜) キャンペイン（イリノイ州）生まれ	金融市場における投資活動の理論的根拠を投資の収益率に加え、リスク要因をも導入し、資産の「ポートフォリオ理論」を確立した。 「リスクへの行動としての流動性選好」 『レビュー・オブ・エコノミック・スタディーズ』(1958年2月号)	ハーバード大博士 ハーバード大 イェール大
第14回 1982	スティグラー（アメリカ合衆国）⑳ George Joseph Stigler (1911.1.17〜1993.12.2) レントン（ワシントン州）生まれ	産業組織に関しての産業構造、市場の機能、政府の規制政策の独創的研究。 『小さな政府の経済学』(1975)	シカゴ大博士 アイオワ州立大 ブラウン大、コロンビア大、シカゴ大
第15回 1983	ドゥブリュー（アメリカ合衆国）㉑ Gerard Debreu (1921.7.4〜) カレー（フランス）生まれ	位相幾何学の手法を用いて、一般均衡理論の厳密な再定式化をした。 『経済のコアに関する極限定理』(1963)	シカゴ大コールズ委員会 イェール大 カリフォルニア大バークレー校
第16回 1984	ストーン（イギリス）㉒ John Richard Nicolas Stone (1913.8.30〜1991.12.6) ロンドン生まれ	国連が開発した新国民経済計算体系（新SNA）の開発指導者。 『投入・産出と国民所得』(1961) なお、国連は1953年よりSNA、68年よりストーンが中心となった「1968年SNA」（新SNA）を採用し、93年には「1993年SNA」が採択され、現在に至っている。	ケンブリッジ大博士
第17回 1985	モジリアーニ（アメリカ合衆国）㉓ Franco Modigliani (1918.6.18〜) ローマ生まれ	ケインズ体系にIS−LM曲線を使用して、再構築に貢献。ライフサイクル仮説を唱えた。 「流動性選好と利子論と貨幣」	新社会研究学院博士 コロンビア大、イリノイ大、MIT
第18回 1986	ブキャナン（アメリカ合衆国）㉔ James McGill Buchanan (1919.9.2〜) マーフリーズボロ（テネシー州）生まれ	非市場的な意思決定理論である「公共選択の理論」の創始者。 『財政理論』(1966)	シカゴ大博士 ヴァージニア大
第19回 1987	ソロー（アメリカ合衆国）㉕ Robert Merton Solow (1924.8.23〜) ニューヨーク生まれ	経済成長を齎らす諸要因を理論的に解明した。 『経済成長への一貢献』『クウォーター・オブ・ジャーナル・オブ・エコノミックス』(1956年2月号)	ハーバード大博士 MIT
第20回 1988	アレー（フランス）㉖ Maurice Feli Charles Allais (1911.5.31〜) パリ生まれ	市場と資源の有効利用に関する先駆的業績。 『純粋経済学概論』(1943)	パリ大博士
第21回 1989	ホーヴェルモ（ノルウェー）㉗ Trygve Haavelmo (1911.12.13〜1999.7.28)	計量経済学の確率基礎理論の確立と同時発生的経済構造の分析に貢献。 『計量経済学における確率的接近』(1944)	ハーバード大博士
第22回 1990	マーコヴィツ（アメリカ合衆国）㉘ Harry M.Makovitz (1927.8.24〜) シカゴ生まれ	金融論、特に企業財務の分野で貢献。 『ポートフォリオ選択論』(1959)	シカゴ大博士

		業績	学歴
	シャープ（アメリカ合衆国）㉘ William Sharpe (1934.6.16〜) ケンブリッジ生まれ	資産運用の安定性を高める為の一般理論の形成に寄与した。 『資産価格』(1958)	カリフォルニア大博士 (1961年)
	ミラー（アメリカ合衆国）㉙ Merton Miller (1923.5.16〜2000.6.3) ボストン生まれ	企業財務理論の各分野での新たな展開に寄与。モジリアーニ＝ミラーの定理 （資本コストは投資の資金源泉とは無関係）は有名。 『資本コスト、企業財務と投資理論』(1958)	ジョーンズ・ホプキンス大博士(1952年)
第23回 1991	コース（イギリス）㉚ Ronald Harry Coase (1910.12.29〜) ロンドン生まれ	経済の制度的構造に寄与し、市場取引それ自身を可能ならしめる「市場取引コスト」を解明した。後に彼の着眼点が、財産権の経済学、法の経済学として、開花した。 「社会的費用の問題」『ジャーナル・オブ・ロー・アンド・エコノミックス 』(1960年10月号)	ロンドン大博士 バッファロー大 ヴァージニア大 シカゴ大
第24回 1992	ベッカー（アメリカ合衆国）㉛ Gary Stanley Becker (1930.12.2〜) ポッツタウン（ペンシルヴァニア州）生まれ	人間の活動様態を経済学の人的資本形成の一般理論にまで、押し上げた功績 『人的資本』(1964, 2版1975)	シカゴ大博士 コロンビア大 シカゴ大
第25回 1993	フォーゲル（アメリカ合衆国）㉜ Robert William Fogel (1926.7.1〜) ニューヨーク生まれ	経済史を計量経済的手法（クリオメトリックス）分析する新しい展開を示した。 『鉄道とアメリカの経済成長』(1964)	ジョーンズ・ホプキンス大博士 ロチェスター大
	ノース（アメリカ合衆国）㉝ Douglass Cecil North (1920.11.5〜) ケンブリッジ（マサチューセッツ州）生まれ	経済構造を財産権、国家、倫理的な信念のシステムの総合と捉えて、新古典派経済学と計量経済学の標準的なツールで分析しなおした。 『経済史の構造と変化』(1981)	シカゴ大 カリフォルニア大博士 ワシントン大 ケンブリッジ大
第26回 1994	ナッシュ（アメリカ合衆国）㉞ John Forbes Nash Jr. (1928.6.13〜)	「非協力的なゲーム理論」に数学的手法を採り入れて経済学の一分野に押し上げた。お互いが相手の行動を読んで行動する現代社会では、結局ある落としどころ（ナッシュ均衡）があることを、数学的に証明した。 『非協力的なゲーム』(1951)	プリンストン大博士
	ハーサニ（アメリカ合衆国）㉟ John Charles Harsanyi (1920.5.29〜2000.8.9) ハンガリー生まれ	分配の公正の問題に新功利主義の立場から個人の効用の加重和として社会の厚生が示されることを証明等、ゲームの理論で多大な功績があった。 『ゲーム及び社会状態における合理的行動と交渉均衡』(1977)	スタンフォード大博士 カリフォルニア大
	ゼルテン（ドイツ）㊲ Reinhardt J. Selten (1930.10.10〜)	利害の異なる経済主体の非協力的行動の結果は、「ナッシュ均衡」に沿う、戦略的信頼性の概念を導入し、完全均衡を唱えた。	フランクフルト大博士
第27回 1995	ルーカス（アメリカ合衆国）㊳ Robert Emerson Lucas Jr. (1937.9.15〜) ヤキーマ（ワシントン州）生まれ	合理的期待仮説の理論を発展、応用に寄与し、ケインズ主義経済学と対峙するまでになった。 『景気循環論の研究』(1981) 『合理的期待形成と計量経済学的計算』(1981)	シカゴ大博士 カーネギー・メロン大 シカゴ大
第28回 1996	マーリーズ（イギリス）㊴ James Alexander Mirrlees (1936.7.5〜) スコットランド生まれ	非対称情報下での経済的誘因のゲームの理論に貢献。 「最適所得課税理論における探究」『エコノミック・スタディーズ』38(1972)	ケンブリッジ大博士 オックスフォード大 ケンブリッジ大
	ヴィカリー（カナダ）㊵ William Spencer Vickrey (1914.6.21〜1996.10.11) ブリティッシュコロンビア州生まれ	非対称情報下での社会的意思決定の理論、課税論、公共交通料金の設定、混雑緩和の手段の分野で貢献した。	コロンビア大博士 コロンビア大
第29回 1997	マートン ㊶ Robert C.Merton (1944.7.31〜) ニューヨーク生まれ	金融経済学におけるデリバティブの分野の発展に寄与。	MIT博士 ハーバード大
	ショールズ ㊷ Myron S. Scholes (1941.7.1〜)	金融経済学におけるブラック・ショールズの公式が有名。	シカゴ大博士 スタンフォード大
第30回 1998	セン（インド）㊸ Amartya Sen (1933.11.3〜) ベンガル州	開発経済学において，所得分配の不平等性や，貧困と飢餓に関する研究に寄与。 『不平等の経済学』(1973)	ケンブリッジ大博士 ハーバード大 ケンブリッジ大
第31回 1999	マンデル（アメリカ合衆国）㊹ Robert A.Mundell (1932.10.24〜) オンタリオ州（カナダ）	開放経済下で安定化政策や最適通貨圏の分析に貢献。 『国際経済学』(1968)	MIT博士 シカゴ大 コロンビア大

第32回 2000	ヘックマン（アメリカ合衆国）㊺ James J. Heckman (1944.4.19〜) シカゴ生まれ	個人や家計の行動を通じて経済活動を分析するミクロ経済学の統計研究 『労働市場データの経度分析』（編集）(1985)	プリンストン大博士 シカゴ大
	マクファデン（アメリカ合衆国）㊻ Daniel L. McFadden (1937.7.29〜) ローリー（ノースカロライナ州）生まれ	個人の職業選択や消費を分析する際、個別のデータを適切に抽出して実証研究に役立てる新手法を開発 『生産理論』（編集）(1978)	ミネソタ大博士 カリフォルニア大
第33回 2001	スティグリッツ（アメリカ合衆国）㊼ Joseph Eugene Stiglitz (1943.2.9〜)	投資家と企業経営者など、持っている情報の量や質が異なる経済主体間の市場取引が非効率になることを証明した。 『公共部門の経済学』(1986)	MIT博士 コロンビア大
	アカロフ（アメリカ合衆国）㊽ George Arthur Akerlof (1940〜)	『経済学者の物語集』(1984)	MIT博士 カリフォルニア大バークレー校
	スペンス（アメリカ合衆国）㊾ Andrew Michael Spence (1943〜)	『国際競争力』（編集）(1988)	ハーバード大博士 スタンフォード大
第34回 2002	カーネマン（アメリカ合衆国・イスラエル）Daniel Kahneman ㊿ (1934〜) テルアヴィヴ生まれ	不確実性の下での心理学的研究を経済学に導入。投資家の意思決定は経済合理性でなく、主観に基づくことを実証した。 『不確実性下の判断：発見的教授法と偏り』（編集）(1982) 『幸福：快楽心理学の基礎』（編集）(1998)	カリフォルニア大心理学博士（1961年）プリンストン大
	スミス（アメリカ合衆国）51 Vernon Lomax Smith (1927.1.1〜) ウィチタ（カンザス州）生まれ	経済学に実験的な手法を取り入れる「実験経済学」の基礎を確立。実際の人間に仮想空間で取引させ、文化や価値観が異なる国で、市場参加者の行動がどう異なるかを分析する。温暖化ガスの排出権取引制度の設計に活用された。 『実験心理学論集』(1991) 『取引と市場行動：実験心理学論集』(2000)	ハーバード大博士（1955年）ジョージメーソン大
第35回 2003	エングル（アメリカ合衆国）52 Robert F. Engle (1942〜) シュラキューズ（ニューヨーク州）	時系列分析手法（ARCH（アーチ））の確立。経済予測や分析の精度を高めるのに高い貢献があった。株等の資産価格の変動を過去の変動から予測する手法を開発し、投資に伴うリスク分析に大きな役割を果たした。 『ARCH：選集』オックスフォード大出版 (1995) 『金融計量経済学−新技法を伴う新しい手法』PDF版。	コーネル大経済学博士（1969年）ニューヨーク大教授（現在）
	グレンジャー（英国）53 Clive W. J. Granger (1934.9.4〜) スワンスィー（ウェールズ，英国）	「共和分」と呼ばれる時系列分析の基礎的な概念を確立。複数のデータが中長期で相関関係を持つ「共和分」の状態にあるかどうかにより分析の仕方を変える必要があることを指摘。過去の貨幣供給量が現在の経済成長にどの程度寄与したかを示すことができるようになり、将来の経済予測に役立っている。 『経営・経済予測入門』アカデミック出版 (1980)〔邦訳宣真真勇他訳，有斐閣，1949年〕 『経済学に於ける実証的モデル：想定と評価』ケンブリッジ大出版 (1999)。	ノッティンガム大統計学博士（1959年）カリフォルニア大サンディエゴ校教授（現在）
第36回 2004	キドランド（ノルウェー）54 Finn E. Kydland (1943〜)（ノルウェー）	「動学的不整合性仮説」足元の経済動向に左右されて裁量的な政策を実施するよりも、厳格なルールに基づいた政策運営が政策効果が大きいことを理論化した。どこの国でも政府や中央銀行等の政策当局は、一度決めた増税を実行しなかったり、インフレ抑制策を決めたのに足元の賃金上昇率が低下すれば金利引上げを見送る等、目先の事情で政策を変えがちだ。この理論は1970年代の世界的なインフレに各国の政策当局が適度な対応を採れなかったことに対する説明として注目され、後の英サッチャー政権や米レーガン政権の政策にも反映された。 「国際的実質景気循環論」『ジャーナル・オブ・ポリティカル・エコノミー』1992年，共著	カーネギーメロン大学経済学博士（1973年）カーネギーメロン大教授（現在）

	プレスコット（アメリカ合衆国） Edward C. Prescott ⑤ （1940.12.26）グレンフォールズ（ニューヨーク州）生まれ	「実物的景気循環」技術革新や生産性向上等の供給側の要因が景気循環に繋がると分析。伝統的に、需要が減少すると景気後退に繋がるとするケインズ経済学の考え方が主流だったが、供給側の要因という新たな視点を加えた。この考えは、政府による需要創出の役割を小さくし、市場に任せようとする米レーガン政権や英サッチャー政権の政策運営にも反映された。1990年代の日本経済の低迷は、不良債権問題ではなく、労働生産性の低下が主（おも）な原因とする論文を纏めたこともある。マネタリズムの流れを組む『金持ちへの障害』S.L.プレンテと共著、MIT出版、2000年	カーネギーメロン大学経済学博士（1967年） アリゾナ州立大学教授、ミネアポリス連銀顧問（現在）
第37回 2005	シェリング（アメリカ合衆国） Thomas Crombie Schelling ③ （1921.4.14～）（アメリカ合衆国）	「コミットメント」ゲーム理論を使って、利害対立する人々がどのような意思決定すると長期的な信頼関係が醸成されるかを解明した。例えば、テロリストとは絶対に交渉しないと事前に宣言し、厳守すれば、テロリスト側のリスクが大きくなり、結果的にテロの発生自体を減少させる効果があることを論理的に証明。1960年の著書『対立の戦略』の中で、国際紛争の際、実際に報復に踏み切るよりも「脅し」をちらつかせ続ける方が相手側に対して最終的に優位に立てるとの分析を示し、冷戦下で核を用いた武力行使を回避する学術的な説明となった。その後はゲーム理論を国際紛争に止まらず、現代の企業間競争にも応用した。 『国際経済学』1958年アライン・ベイコン出版［高中公男訳『国際経済学』時潮社、1997年］、『対立の戦略』1960年オックスフォード大学出版、『ミクロ動機とマクロ行動』1978年、ノートン出版「棲み分けの動学モデル」1971年。	ハーヴァード大学経済学博士（1951年） メリーランド大学教授（現在）
	オーマン（アメリカ合衆国・イスラエル） Robert J. Aumann ③ （1930.6.8）フランクフルト・アムマイン（ドイツ）生れ	「繰り返しゲーム」長期間に渡って何回も同じ成員で繰り返されるゲームでは、短期的利益の追求より長期的な信頼関係を築いた方がゲーム参加者にとってプラスになるという考え。日本企業の特徴とされる系列取引や、長期的な雇用関係、更に国家や政党間の長期的な戦略を説明する考え方として知られる。又ゲーム理論に於いてベイジアン・ゲームの「相関均衡」を定義したことで知られている。相関均衡は従来のナッシュ均衡より柔軟性に富んでおり、相関均衡が定義されたことにより非協力ゲームに対する分析対象を大きく広げることに貢献した。 『不完全情報を持つ繰り返しゲーム』MIT出版、1995年、『精選論集』全2巻、MIT出版、2000年。	MIT（マサチューセッツ工科大学）数学博士（1955年） ヘブライ大学合理性研究所、米国科学アカデミー会員
第38回 2006	フェルプス（アメリカ合衆国） Edmund S. Phelps ③ （1933.7.26～）エヴァンストン（イリノイ州）生れ	「自然失業率仮説」失業率とインフレ率は短期的には逆相関関係にあるが、長期的には成立しない、財政・金融政策は失業率に影響を与えないこと。1960年代後半に、失業率は長期的には労働市場の柔軟化等の構造政策で決まると主張した。不景気になれば、政策金利を引下げ、減税等のインフレ容認のマクロ政策（ケインズ政策）の考え方に異論を唱えた。この理論は1970年代の先進各国が高インフレと高失業率が同時発生する「スタグフレーション」という事実で実証された。 『雇用とインフレ理論のマクロ経済的基礎』（1970年）	イェール大学経済学博士（1959年） ペンシルベニア大学、ニューヨーク大学、コロンビア大学教授（現在）
第39回 2007	ハーヴィッツ（アメリカ合衆国） Leonid Hurwicz ⑤ （1917.8.21～2008）モスクワ生まれ	「制度設計理論」：従来の経済学は、制度乃至経済システムは「与件」として扱われ、その中で経済主体は最適化を行い、その結果何か起こるか、という分析が主流だった。しかし、彼は制度そのものを「変数」とする革命を起こし、可能なあらゆる制度を視野に入れたモデル分析が可能になる枠組みを構築。このメカニズム・デザイン論の創立者。「動機整合性」：市場機構は往々にして、利己的な経済主体はウソをついてまでも配分を有利にねじ曲げる。そこで彼は効率性を損なわないことと、経済主体が正直な申告を促すことが不可欠なことを証明。「資源配分に於ける制度設計」AER 63,1973.	ワルシャワ大学法学修士（1938） ミネソタ大教授（現在）

	マスキン（アメリカ合衆国） Eric Stark Maskin ⑩ （1950.12.12 〜）ニューヨーク生まれ	「マスキン単調性」：1977年，ハーヴィッツの（ワルラスの一般均衡）枠組みとは少し異なる社会選択理論の枠組みの中で，動機整合性よりも弱い要求であるナッシュ遂行性の必要・十分条件を提示。ある状態で望ましいとされる結果は，その結果が同程度以上選好される別の状態でも望ましいとされる，という条件を満たす必要がある。 「ソフトウェア特許」：ソフトウェア特許は開発意欲を制激するよりも革新の阻害要因が多いとした。この業界は歴史的にみて特許の保護が弱く，革新的な成果は互いに補う性格のもので，動的な業界において不向きと主張。	ハーバード大学応用数学博士号（1976） ケンブリッジ大，MIT，ハーバード大学を経てプリンストン高等研究所（現在）
	マイヤーソン（アメリカ合衆国） Roger Bruce Myerson ⑪ （1951.3.29〜）ボストン生まれ	「入札理論」：ハーヴィッツの動機整合性の定式化を不確実性の問題に拡張し，制度設計理論をより実践的な分析道具に仕立てた。そして制度設計を入札の応用に成功。入札理論はビジネスを左右するような，全価値の定まらない財資源に対して，適正な価格付けを説明する重要な研究領域。米国連邦通信委員会の周波数入札では，「同時競り上げ入札」という仕組みが設計され，莫大な国庫収益が齎された。資源の採掘権や電力供給にも入札理論が使われた。 「最適入札仕組み」マティマティクス オペレイションズ リサーチ 6，1981年 『ゲーム理論』ハーバード大学出版部，1991年。	ハーバード大学応用数学博士号（1976） ノースウェスタン大学を経てシカゴ大学経済学教授（現在）
第40回 2008	クルーグマン（アメリカ合衆国） Paul Krugman ⑫ （1953.2.28〜）オルバニー（ニューヨーク州）生まれ	「不完全競争下の貿易理論」（独占的競争，規模の経済性）：彼は，現実の貿易パターンは，従来の完全競争を前提とする比較優位説の貿易論からは，資源賦存の差から説明できないこと，そして収穫逓増が通例であることを受入れて，独占的競争理論に基づく一般均衡を表現するディキシトン＝スティグリッツ・モデルを使って，消費者の需要が国によって違わず，資源の量にも違いがないとしても，収穫逓増によって貿易が発生することを示した。大きい需要を抱える国に立地する産業は需要地が近くにあって輸送費を節約できる分，多くの賃金を支払うことができる。T型フォードがミシガンの大工場で生産され規模の経済を享受。 「空間経済学」（集積の利益）：彼はまた同様のモデルを使って，多数の互いに関連性の薄い産業が特定の地域に集積して都市を形成するメカニズムを分析し，輸送費が小さければ小さい程，また，収穫逓増の程度が大きい程，都市への集積が起こりやすいことを厳密に明示した。 「規模の経済学，製品差別化，貿易パターン」AER，1980 「収穫逓増と経済地理学」JPE，1991。	MIT博士号（1977） イェール大，MIT，スタンフォード大を経てプリンストン大学教授（現在）
第41回 2009	オストロム（アメリカ合衆国） Elinor Ostrom ⑬ （1933.8.7〜2012.6.12）ロスアンジェルス（カリフォルニア州）生まれ （初の女性受賞者）	「経済統治」：伝統的に市場のみを対象とする経済理論を海洋資源，山林，湖といった共有財産や民間企業等の管理・分析に応用した。 「共有地の協同組合的管理手法」：天然の共有資源（漁業資源，牧草地，森林，地下資源等）を利用者が管理しようとしても利害が対立し，政府が管理するか私有地にする必要があるとされていた。協同組合等の共有管理でもうまく行くことを証明。乱獲を防ぐ為の規制で利害を調整することが有効と結論付けた。例えば，ネパールでは農民の手による灌漑システムが，アジア開発銀行や世界銀行等のシステムより，高効率，低コストで運営されている。	カルフォルニア大学ロサンジェルス校（UCLA）で政治学博士号（1965）。全米政治学会長 インディアナ大学教授（受賞当時）
	ウィリアムソン（アメリカ合衆国） Oliver Eaton Williamson ⑭	「ナノ経済学」：企業統治論を展開し，売り手と買い手の利害対立の解消に関し，市場と企業のような組織でどう	カーネギーメロン大学で経済学博士号（1963）。

	（1932.9.27〜）スペリオル（ウィスコンシン州）生まれ	違うかを分析。競争原理が働き，他の取引相手を選べる場合は市場で取引相手を探す方がよい。一方，競争が不完全な場合は，市場より系列のような企業グループ内で取引を完結させる方が効率的になると主張した。例えば，同じエネルギー分野であっても，ある企業は鉱山だけで，別の企業は鉱山の他，発電施設を手掛ける等，組織の規模や事業範囲に違いがある。これは，各企業が調達等の取引にかかる「取引費用」を勘案し，効率性の観点から選択した結果だと指摘。企業の効率性や組織のあり方を理論的に実証。ミクロ経済学より細かい経済現象に焦点を当てたため，「ナノ経済学」や「ピコ経済学」とも呼ばれ，現在，産業規制や競争政策の分野に生かされている。	エール大学教授を経て，カリフォルニア大学バークレー校教授。
第42回 2010	ダイヤモンド（アメリカ合衆国）Peter A. Diamond ⑱（1940.4.29〜）ニューヨーク生まれ	「サーチ理論」：伝統的経済学で前提としていた「需要と供給」のみで価格が決定する市場でなく，情報不足等「市場の摩擦」と呼ばれる様々な原因でマッチングに時間がかかったり，ミスマッチングが起きたりする市場を説明する理論。これまで考慮されなかった『構造的失業』の問題を説明可能にした。失業手当が高すぎたり，給付期間が長すぎたりすると，失業者が就業先をえり好みする傾向が強まり，その結果失業率が高まると結論づけた。	MIT［マサチューセッツ工科大学］経済学博士号（1963）MIT教授
	モルテンセン（アメリカ合衆国）Dale T. Mortensen ⑳（1939.2.2〜）エンタプライズ（オレゴン州）生まれ	ダイヤモンド教授が理論の基礎を作り，それをモルテンセン教授とピサリデス教授が労働市場に応用した。労働市場以外にも，不動産市場や貨幣の機能等様々な経済分析に利用されている。	カーネギーメロン大学で経済学博士号（1967）ノースウェスタン大学教授
	ピサリデス（英国・キプロス二重国籍者）Christopher A. Pissarides ⑰（1948.2.19〜）ニコシア（キプロス）生まれ	三人の研究は，失業者数の水準を左右するのは景気の波でなく，政府の雇用政策のあり方にも大きく影響されることを明らかにした。研究成果は失業手当の仕組み等，実際の政策にも生かされている。多くの国では，その結果を踏まえ，失業手当の給付方法等を工夫している。例えば，給付期間の最初の時期に就業先を決めた場合でも，残りの期間も一定の給付を続ける仕組み等を導入している。給付期間が残っている為に求職者が就業機会を先延ばししないようにする為である。08年秋のリーマン・ショック以降，先進国では失業率の高止まりが共通の悩みになっている。	LSE（ロンドン・スクール・オブ・エコノミックス）経済学博士号（1973）［森嶋通夫門下生］LSE教授
第43回 2011	サージェント（アメリカ合衆国）Thomas John Sargent ⑱（1943.7.19〜）パサデナ（カリフォルニア州）生まれ	「鞍点経路」：合理的期待均衡に関して，経路が最適経路であり，又その鞍点経路（三次元空間）は安定であって他の経路は排除されるという命題を発展させた。「裁量的政策の無効命題」：マクロ経済政策について，如何なる裁量的な財政・金融政策も効果が無いという政策無効命題を提示し，従来のマクロ経済学の学説に真っ向から挑戦した。中央銀行が紙幣を増刷して景気を浮揚させようとしても，事前に家計や企業が物価上昇を「期待」する為予（あらかじ）め，物価が上昇し，政策の効果が織り込み済みになり，政策自体が無効となる。著書『マクロ経済理論』（1979年）	ハーヴァード大学で経済学博士号（1968）シカゴ大，スタンフォード大を経て，ニューヨーク大学バークレー校で経済学・経営学教授（2002年〜）。2007年全米経済学会会長。
	シムズ（アメリカ合衆国）Christopher Sims ⑲（1942.10.21〜）ワシントンD.C.生まれ	「ベクトル自己回帰分析」（VAR）：政策による効果がどのくらいの期間に渡って，続くか等を巡って，データを駆使して分析する手法。政策から経済へ，経済から政策へという両方向の影響の因果関係を明確化した。このVARは，日本の内閣府の経済財政分析にも応用されている。	ハーヴァード大学で経済学博士号（1968）ミネソタ大教授を経て，プリンストン大学教授
第44回 2012	シャープレー（アメリカ合衆国）Lloyd Stowell Sharpley ⑳	ゲール＝シャープレー・アルゴリズム（協力的ゲーム理論）：お互いに駆け引きしながら意思決定する経済主体	プリンストン大学で博士号（1953）

	（1923.6.2～）ケンブリッジ（マサチューセッツ州）生まれ	を分析するゲーム理論を応用開発した。1962年デヴィット・ゲール（2008年死亡）と共著の『男女の結婚』で，男女の結婚を希望する人同士のマッチング（組み合わせ）に関して，抽象化した数学理論を構築してマッチング理論を創始した。	カリフォルニア大ロサンジェルス校名誉教授
	ロス（アメリカ合衆国） Alvin Elliot Roth ⑦ （1951.12.18～）	「制度設計論」：「市場がない」或いは「市場が正常に機能しない」状況をマーケット・デザインを通じて理論構築した。シャープレーの技法を経済領域に応用した。1984年の論文で，米国の研修医と研修病院のマッチングの問題解決に成功し，実証した。研修医のマッチングは，結婚を希望するカップルの問題と違って，嘘の希望表やカップルの問題は顕在化しないし，たとえあったにしても，参加者が得になる可能性は非常に低いことが理論的に裏付けされた。2003年日本でも，ゲール＝シャープレー・アルゴリズムを用いた研修医のマッチング制度を導入した。公立学校における学校選択制度のマッチング，腎臓移植の際のドナー（臓器提供者）と患者のマッチングに適用されている。	スタンフォード大学で博士号（1974） イリノイ大，ピッツバーグ大を経て，ハーヴァード大学経済学部教授（～2013） スタンフォード大学教授（2013～）
第45回 2013	シラー（アメリカ合衆国）⑫ Robert James Shiller （1946.3.29～）デトロイト（ミシガン州）生まれ	「ケース・シラー住宅価格指数」：株価や資産価格の分析に心理学的要素を取り入れた（行動経済学）。人間は常に合理的行動をとる訳でなく，時にはそうでない行動をとることも考慮に入れた分析。2008年のリーマン・ショックの原因になった米国の住宅バブル崩壊に警鐘を鳴らしたことでも知られている。 著書 『根拠なき熱狂』(Market Volatility) MIT，2000年。 「株価は将来の配当によって合理的に充分すぎる程決められているか」AER 1981.	MITで経済学博士号（1971年） ペンシルヴァニア大，ミネソタ大を経て，1982年よりエール大。
	ファーマー（アメリカ合衆国）⑬ Eugene F. Fama （1939.2.14～）ボストン（マサチューセッツ州）生まれ。	「効率的市場仮説」：市場はある時点で入手可能な情報〔例えば，東証株価指数（TOPIX）〕によって合理的な行動をする。これに基づいて，TOPIX連動型という投資信託「インデックス・ファンド」が生まれた。	シカゴ大学で博士号（1964年） 1963年よりシカゴ大学。
	ハンセン（アメリカ合衆国）⑭ Lars Peter Hansen （1952.10.26～）シャンペーン（イリノイ州）生まれ	「一般的モーメント法」（GMM）：資産価格を統計的（動学的確率的一般均衡）の分析手法の確立。具体的には計量経済学の方法論で，媒介変数（パラメーター）の取り扱い方とそれに起因する推計量のバイアスの困難性の問題を解決した。	ミネソタ大で経済学博士号（1978年） カーネギーメロン大を経て，1981年よりシカゴ大学。

補遺：ノーベル経済学賞受賞者 (2014 ～ 2020) 第 46 回～第 52 回

第 46 回（2014 年）ノーベル経済学賞受賞者

ティロール（フランス）⑮

Jean M. Tirole (1953.8.9 ~) トロワ（フランス）生まれ

フランス，トゥールーズ第一大学教授

「規制の経済学」：企業内部の情報を持たない政府がどのように情報を引き出して規制をすべきかについて競争政策の理論的基礎を築いた。欧州を中心に，銀行や通信産業での実際の規制に反映される等政策にも影響を与えている。リーマン・ショック後に高まった銀行規制のあり方の議論でも有益である。従来の理論では凡ゆる業界に一律のルールを設けるべきだとする考えが一般的だった。同氏はゲーム理論や契約理論を応用，独占企業に競争を促す為，各産業の実態に即した異なる規制基準の設定が望ましいことを示した。

「契約理論」：「産業組織論」（企業内や企業間で起こる問題についての分析）にゲーム理論や情報の経済学を取り入れ，理論的な枠組みを一変させた。規制する政府側が企業内部の詳細な情報を持っていないこの「情報の非対称性」が存在する現実に，どのような規制政策をすべきか。基本的考え方は，複数の規制メニューを提示し，企業側に選択させる。選択結果により，政府側がある程度情報を把握できると同時に，望ましい規制を実現できる。

著書①『石油寡占の動学的モデル』(1983)②『産業組織論』(1988)

第 47 回（2015 年）

ディートン（アメリカ合衆国・英国二重国籍者）⑦⑥

Angus S. Deaton (1945.10.19 ~) エディンバラ（英国スコットランド）生まれ

プリンストン大学教授

「ほとんど理想型需要モデル」(AIDS)：(Almost Ideal Demand System)消費行動モデルを提唱し，物価や個人の所得に応じて人々の消費行動がどのように変化するのかを分析する手法を開発。貧困度を測るうえで，個人の消費データを見ることの重要性を指摘。家計消費数種類の財(食料，衣料，住宅，教育等)に中分類して，人々は所得と価格を所与として，それをどう配分しているかをみる分析手法。家計消費が異様に低いことが貧困の象徴と考えるようになり，関心を貧困の問題に移っていった。同氏の手法により，消費税等の税制変更が消費に与える影響にも分析が可能になった。日本の消費税増税で関心の高い軽減税率についても，低所得者負担軽減というメリットと消費を歪めるというデメリットを比較する際の材料になっている。

途上国の貧困：消費に関する研究を起点に，途上国で政策決定に不可欠な家計データ等統計の整備を後押しし，インド等での詳細な世帯調査に基づく貧困研究を手がけた。

福祉の格差：経済格差等の社会・経済的な要因が，人々の健康や幸福に与える影響に関する研究。貧富の差は健康格差に繋がり，寿命にも影響。途上国ばかりか，米国での，貧困層の短命と富裕層の長命の現象が見られる。

『経済学と消費者行動』（共著）『大脱出』(2013)（邦訳みすず書房）

第 48 回（2016 年）

ホルムストロム(Bengt Holnstrom) MIT(マサチューセッツ工科大学)教授⑦⑦

ベントホルムストロム (1949.4.18-)ヘルシンキ（フィンランド）生まれ

ハート(Oliver Hart) ハーバード大学教授⑦⑧

オリバーハート (1948.10.9-) ロンドン（英国)生まれ

「契約理論」への貢献：経済学では通常，市場取引を軸に議論が展開される。しかし現実には，瞬時に取引される場合を除き，取引の裏側で売買契約等が取り交わされている。また企業内では単なる取引でなく，雇用契約が重要な役割を果たしている。こうした「契約」が交わされるのは，出来るなら支払いをせずに物を受け取りたい，或いはあまり努力をせずに給料を得たいというように，当事者間で潜在的な利害対立があり，それを「契約」で調整する必要があるからだ。最適な契約を結ぶ方法論は，経営者と労働者の関係，経営者と株主の関係，企業同士の関係に応用できる。両者は企業の契約理論を確立。ホルムストロム氏は契約理論の創始者，ハート氏は中興の祖と言われている。特に従業員

がどの程度実際に怠けているか分からない，個々の能力が十分に分からない等，所謂「情報の非対称性」が存在する場合には，そこから生じる問題点を，契約を工夫することにより解決或いは軽減する必要性も生じる。賃金の業績連動度合いだけで契約すると，努力の結果が必ずしも良い業績に繋がるとは限らない。たまたま景気が良いときで業績が上がったかもしれない。

「完備契約」：ホルムストロム氏が提唱。凡ゆる要素を対象にする契約。例えば企業が労働者を雇う際，契約書には給与や営業成績だけでなく他社の業績等も細かく契約した方が，互いに良い関係が築けるという。賃金だけでなく昇進が大事な契約や，複数の業務を労働者が手掛ける場合の課題等に重要な研究成果を上げている。

不完備契約：ハート氏が提唱。世の中で予測不可能な事態が常に起こるから，契約書で全てを具体的に決めるのは難しい。その際誰かが対策を決めること(決定権)が重要だと主張。企業同士の関係でも現実に完全な契約は難しい。「契約は完全でない」との考え方は企業買収を説明するのに役立つ。ある取引会社を合併して持株会社の傘下に置くか置かないかの違いは，持株会社がその会社の所有権ひいては決定権を持つべきかどうか(企業統治)の違いと整理できる。

第49回 (2017年)
セイラー
リチャードセイラー(Richard H.Thaler) ⑦⑨ シカゴ大学教授
(1945-)ニュージャージー州生まれ

行動経済学：嗜好の相違や後悔する感情等の心理学的側面で人間の判断が左右されること。伝統的な経済学が，人は自らの利益を最大化するために合理的な判断を下すという仮定を置き，理論構築するのとは異なる考え。

ナッジ (nudge):（「相手を肘で軽くつつく」の意味)人間は合理的ではないことを前提に，人々に「ナッジ(小さな動機ずけ)」を充てることで，より良い社会をつくる理論構築。米国確定拠出型年金 (401k) (企業年金) の加入者を増やすため，セイラー氏は目先の手続きの煩雑さでためらう人間の特性に着目。自動加入でかつ自由に解約できる形にすることで，利用者や年金貯蓄額を大幅に増やした。

SIF :(supposedly irrelevant factors) (想像上無関係な要素) 標準的な経済学では意思決定に影響しないとされるが，実際には系統的な影響を与える要因(デフォルト・バイアス)をSIFと呼ぶ。SIFを逆手に取って利用すれば，選択を良い方向に導ける。日本では，ジェネリック医薬品(後発医薬品)の利用をデフォルトとするように処方箋を改定し，医療費の削減に成果を発揮した。

第50回 (2018年)
ノードハウス(77歳) William Dawbney Nordhaus
ウィリアムノードハウス⑧⓪ エール大学教授 CEA 委員，ボストン連銀議長
(1941-)アルバカーキー(ニューメキシコ州)生まれ
ローマー(62歳) Paul Michael Rolmer
ポールローマー⑧① ニューヨーク大学教授，世銀チーフエコノミスト
1955年11月7日デンバー(コロラド州)生まれ

炭素税(ノードハウス): 温暖化ガスの排出に課税する「炭素税」の提唱者。温暖化の抑制には,排出量に高い価格をつけることで,国や企業に削減を迫る手法。炭素税は90年フィンランドが導入後, 欧州を中心に活用されている。
内生的成長(ローマー): 技術革新(イノベーション)や研究開発(R&D) が経済成長の源泉である。従来の成長論は資本や労働の投入によるとした。知識やアイデアの蓄積按配で成長軌道を実現するという考え。巨額の研究開発により成長する米のアップルやアマゾン等(GAFA) の巨大 IT 企業の台頭が何よりの証左。

第 51 回 (2019 年)

バナージー Ainbhijit Vinayak Banerjee
アビジットバナージー(82) MIT(マサチューセッツ工科大学)教授
1961 年 2 月 21 日コルカタ(インド)生まれ
デュロフ(46 歳) Esther Duflo
エスターデュロフ(83) MIT(マサチューセッツ工科大学)教授
1972 年 10 月 25 日パリ(フランス)生まれ
クレマー Michael Robert Kremer
マイケルクレマー(84) ハーバード大学教授「経済発展の O リング理論」
1964 年 8 月 12 日ニューヨーク(米国)生まれ
世界的な貧困軽減に実験的接近 : 発展途上国の現場で, 社会実験を繰り返し貧困を解消するための最適な政策導入する基礎を築いた。
RCT(random control trial)(無作為化対照試験) : 医学で新薬開発と同じ手法。「治験群」と「対照群」に振り分け, 前者のみに新薬を施し, 2 つの群を比較検討する。この手法を教育現場に投入。途上国の貧困削減等の評価に全面的に RCT 接近法を適用する素地を提示。インドでの教育 RCT に効果を発揮した。正規教員による習熟度別補講モデルで成果。この補講モデルで, インド全土で 10 万超の小学校に導入され, 約 500 万人の小学生が恩恵。

第 52 回 (2020 年)

ウィルソン(83 歳) Robert Wilson
ロバートウィルソン(85) スタンフォード大学名誉教授
1937 年生まれ
ミルグロム(72 歳) Paul Robert Milgrom
ポールミルグロム(86) スタンフォード大学教授
1948 年 4 月 20 日デトロイト(ミシガン州)生まれ
オークション(競売)理論の発展への貢献
第 2 価格方式(ウィルソン): 競売で参加者が価格を隠して応札し, 上から 2 番目に高い入札者が買い取る手法。最高価格の提示者は 2 番目より高すぎる価格を提示することで受ける損失 (勝者の呪い) を気にしてしまう。一方, 第 2 価格方式なら自らが提示した最高価格が高すぎても, 2 番目に高い入札価格で財を獲得する。このため正直な価格提示が可能となり, 入札から不透明なギャンブル性を排除できる。
同時競り上げ式競売(ミルグロム): 売り手と買い手がそれぞれ商品に対する主観的な評

価を持つ中で，どの方式が入札者として満足できるかを理論化した。1994 年米国連邦通信委員会（FCC）は，携帯電話の電波権の入札で，電波の帯域や適用地域ごとに多くの種類の免許がある。各自の免許の入札を同時にスタートし，全ての入札が落札されるまで，どの入札も止めない方式。ある免許で脱落した買い手がいても，途中で別の免許に乗り換えられるため，最も効率的に高値で買い取る事業者を見つけられる。

インド・ヨーロッパ語族（印欧語）

下宮忠雄編著『ドイツ語語源小辞典』同学社，1992年4月。飯島一泰「印欧語としての英語とドイツ語」『一橋論叢』第109巻第4号，平成5年（1993年）4月号，564頁，図表3。筆者が追加・修正した。†は古語。下線部は現代ヨーロッパの言語。

1 ゲルマン語派（約10億）
- ①東ゲルマン語：ゴート語†
- ②北ゲルマン語＝ノルド語
  - (a)デンマーク語　550万
  - (b)スウェーデン語　850万
  - (c)ノルウェー語　410万
  - (d)アイスランド語　24万
  - (e)フェーロー語　4万
- ③西ゲルマン語＝ノルド語
  - (a)英語　5～10億
  - (b)オランダ語　1850万
  - (c)フリーランド語　440万
  - (d)ドイツ語　1億

2 ロマンス語派（約3億）
- ①東グループ(a)イタリア語
  - (b)ルーマニア語
- ②北西グループ
  - (a)プロヴァンス語
  - (b)フランス語
- ③南西グループ
  - (a)スペイン語
  - (b)ポルトガル語

3 スラヴ語派（約3億）
- ①東スラヴ語(a)ロシア語　キリール文字
  - (b)ウクライナ語　キリール文字
  - (c)ベラルーシ語　キリール文字
- ②西スラヴ語(a)ポーランド語　ラテン文字
  - (b)チェコ語　ラテン文字
  - (c)スロヴァキア語　ラテン文字
  - (d)ソルブ語　ラテン文字
- ③南スラヴ語(a)スロヴェニア語　ラテン文字
  - (b)クロアチア語　ラテン文字
  - (c)セルビア語　キリール文字
  - (d)マケドニア語　キリール文字
  - (e)ブルガリア語　キリール文字

4 バルト語派（約500万）
- (a)リトアニア語
- (b)ラトビア語

5 ケルト語派（約300万）
- (a)アイルランド語
- (b)スコットランド語
- (c)ウェールズ語
- (d)ブルトン語

6 古代ギリシャ語†
- 現代ギリシャ語（約1000万）　ギリシャ文字

7 アルバニア語（約300万）

8 アルメニア語（約350万）

9 インド・イラン語派（約6億）
- サンスクリット語†
- (a)ヒンディー語
- (b)ウルドゥー語
- アヴェスタ語
- (c)ペルシア語
- (d)クルド語

言語名	性	数	格
ゴート語†	男女中	単複	5
アイスランド語	男女中	単複	4
デンマーク語	共中	単複	2
英語	―	単複	2
オランダ語	共中	単複	2
アフリカーンス語	―	単複	―
ドイツ語	男女中	単複	4
ラテン語†	男女中	単複	6
ロマンス諸語（ルーマニア語以外）	男女	単複	―
ルーマニア語	男女中	単複	5
[参考] ウラル語族			
ハンガリー語		単複	27
フィンランド語		単複	14
エストニア語		単複	14
古代教会スラヴ語†	男女中	単双複	7
ブルガリア語	男女中	単複	―
スロヴェニア語	男女中	単双複	7
ロシア語	男女中	単複	7
ウクライナ語	男女中	単複	6
ベラルーシ語	男女中	単複	7
ポーランド語	男女中	単複	7
チェコ語	男女中	単複	7
セルビア・クロアチア語	男女中	単複	7
マケドニア語	男女中	単複	―
スロヴァキア語	男女中	単複	7
ソルブ語（上・下）	男女中	単双複	7
古プロシア語†	男女中	単複	4
リトアニア語	男女	単双複	7
古アイルランド語†	男女中	単複	5
現代アイルランド語	男女中	単複	2
古代ギリシャ語†	男女中	単双複	5
現代ギリシャ語	男女中	単複	4
アルバニア語	男女	単複	5
アルメニア語	―	単複	7
サンスクリット語†	男女中	単複	8
ヒンデイー語	男女	単複	2
アヴェスタ語†	男女中	単複双	8
ペルシア語	―	単複	―
トカラ語†	男女中	単双複	4
ヒッタイト語†	男女中	単複	8

〔引用文献〕木村武雄『欧州におけるポーランド経済』創成社，1999年12月，17頁を修正。

主要印欧語文法用語対照表

		古典ギリシャ語	ラテン語	ポーランド語	ロシア語
相	能動相/受動相	①/②	①/②	①/②	①/②
	中動相¹	③, D²	[D²]		③'
法	直説法	①	①		
	接続法	②	②	③仮定法	仮定法④
	条件法	希求法③εἰ		条件文	
	命令法	④	③		③
	不定法	⑤	④	不定詞	②
	分詞	⑥	⑤		分詞形
人称	1～3人称	○	○	○	○
	親称の2人称			ty	ты
数	単数/複数	○/○³	○/○	○/○	○/○
名詞変化		3種類⁴	5種類⁵		硬軟混
性	男性/女性	○	○	子音/-a,-i	○/○
	中性	○	○	-o,-e	○
格	主格～は	①	①	①	
	呼格～よ	⑧	②	②	
	対格～を	⑦	③	④	④
	属格～の	②[含⑶]	④	生格②	生格②
	与格～に	④[含⑤⑥]	③	③	③
	奪格～により	3	⑥a[人]	造格⑤	造格⑤
	(前置格～で	与格[具格⁶]	奪格[物]	⑥	⑥
	地格)	5			
	～へ	対格	対格	do～	対格
	～から	属格	奪格	z～	生格
時称	現在	①	①	①不完了	①不完了
		進行形ペリフラシス		定動詞	定形動詞
	未完了過去		未完了②		
	単純未来	未来③	未来③	③不完了	③不完了
	単純過去	アオリスト④		②不完了	②不完了
	前過去				
	現在完了	⑤	完了④	○完了動詞	○完了動詞
	過去完了	⑥	⑤	○完了動詞	○完了動詞
	未来完了	⑦	⑥	○完了動詞	○完了動詞
動詞の変格種類		ω, μι	amo⁷	ać,ić/yć,eć	-e,-и
	再帰動詞	○	○	się	シャー動詞
	非人称動詞	○	○	無人称動詞	無人称動詞
	〃の主語	与格対格	対格	与格	与格対格
	現在分詞	○	ゲルンディウム	副動詞	副動詞
	形動詞	動詞的形容詞	関係代名詞		
形容詞の変格種類		3種類⁸	us,er,is	硬軟	硬軟
	→副詞	複尾→ως	-e等	-o,-e	女対格
	比較の対象	(ῆ / 属格)	(quam～ / 奪格)	niż～	(чем～ / 生格)
	(述語用法	述語的		○	○
	付加用法)	属性的		○	○
	比較級	-τερος	-ior	-sz-,ejsz-	более/-е
	最上級	-τατος	-issimus	naj-	(-ейший / самый)
冠詞		男女中			
	定冠詞	ὁ, ἡ, τό	存在せず	存在せず	存在せず
	不定冠詞	[=無冠詞]			
	部分冠詞			[=単数生格]	[=単数生格]
that節		ὅτι	ut接続法	że	что
受動態		語尾変化	受動語尾	być+受動 形容分詞	不完了сся
未来形		語尾変化	未来語尾語	完了未来	(完了未来 / быть+不完了)
完了形		オグマン	完了語幹 +完了語尾	不完了に対応する 完了動詞	不完了に対応する 完了動詞

注1 中動相は, 古典ギリシャ語特有の形で, 能動相に比べて主語の利害, 再帰的, 相互的を強調する。
注2 D＝ディポーネンティア（能動形欠如動詞）＝形は受動（ギリシャ語はそれに中動が添加）で, 意味は能動の動詞。古典ギリシャ語, ラテン語だけに存在する。なお, ラテン語のディポーネンティアの完了分詞はスピーヌム語幹を用いる。
注3 古典ギリシャ語には, 単数, 複数の他, 「双数」という概念がある。
注4 ①A変化, ②O変化, ③子音幹変化
注5 ①-ae, ②-i, ③-is, ④-us, ⑤-ei
注6 として[可能単純形]がある。
注7 他に, ②deleo,③lego,④audio 型がある。
注8 ①母音幹〔2オス, 1エー, 2オン〕, ②母音幹〔3オー, 3オー, 3オン〕③子音幹〔3ス, 1ア, 3ン〕

ドイツ語 ①/②	フランス語 ①/②	イタリア語 ①/②	スペイン語 ①/②	英　語 ①/②
①	①	①	①	①
③	③	③	②	仮定法③
接2式Wenn	②Si	④Se		祈願のmay
②	④	②	③	②
不定形	⑤	○	不定詞	不定詞
○	分詞法⑥	○	○	○
○	○	○	○	○
du	tu	tu	tú	
○/○	○/○	○/○	○/○	○/○
弱強混				
○	○/○	○/○	○/○	
1格	○	○	○	○
4格	直接目的補語	直接補語	直接補語	直接目的格
2格	de~	di~	de~	所有格
3格	間接目的補語	間接補語	間接補語	間接目的格
von~	par~	da~	por~	by~
3格	前置詞	前置詞	前置詞	前置格
4格	a~(縮)	da~(縮)	a~(縮)	to~
3格	de~(縮)	da~(縮)	de~(縮)	from~
①	①	①	①	○
			○	○
	半過去③	半過去③	線過去⑤	○
未来⑤	⑤	⑦	未来③	○
過去③	⑦	遠過去④	点過去④	
	⑧	⑥	直前過去⑧	
②	複合過去②	近過去②	完了過去②	○
④	大過去④	大過去④	大過去⑥*	○
⑥	前未来⑥	前未来⑧	完了未来⑨	○
弱強混	er,ir,re,oir	are,ere,ire	ar,er,ir	
○	代名動詞	○		○
○es	○il	主語はない	単人称動詞	○it
4格3格				目的格
○	ジェロンディフ	ジェルンディオ	ヘンディオ	~ing
関係代名詞	関係代名詞	関係代名詞	関係代名詞	関係代名詞
弱強混	[縮約形]	[縮約形]		
同形	女形ment	女形mente	男単	-ly
als~	que~	di/che~	que~	than+
○不変化	属詞	属詞	○	○
○冠飾句	○	付加形容詞	○	限定用法
-er	plus~	più	más	more~/-er
-(e)st		⎧-issimo	⎧-ísimo	⎧-est
	定冠+plus~	⎩定冠+più	⎩定冠+más~	⎩most~
男女中	男女	男女	男女	the
男女中	男女	男女	男女	a,an
男女中	男女	男女	[＝無冠詞]	[＝無冠詞]
	○	○		
daβ	qu(e)	che	que	that
werden+p.p.	être+p.p.	⎧essere+p.p.	⎧ser+p.p.	be+p.p.
		⎩venire+p.p.	⎩se+他動詞	
werden+不定詞	語尾変化	語尾変化	語尾変化	will +原形
haben(sein)	avoir(être)	avere(essere)	haber	have
+p.p.	+p.p.	+p.p.	+p.p.	+p.p.

注9　他に、④再帰相，⑤相互相がある。
〔引用文献〕木村武雄『経済体制と経済政策』創成社，1998年，43~44頁。当該箇所にポーランド語を書き加えた。

ギリシャ神話用語

日本語	ポーランド語	ロシア語	ドイツ語	中国語
ギリシャ神話	mit grecki	Фревнегре́ческие Мифы	griechischen Mythen	希腊神话
ゼウス	Jowisz	Юли́пер	Jupiter	宙斯
アフロディテ	Afzodyta	Афроли́та	Aphrodite	阿芙罗狄特
アポロン	Apóllo	Аполло́н	Apollo	阿波罗
アレス→マルス	Mars	Марс	Mars	玛尔斯
アルテミス	Diana	Диа́на	Diana	戴安娜
アテネ	Minerwa	Мине́рва	Minerva	米诺瓦
デメテル→ケレス	Ceres	Цере́ра	Ceres	火与锻冶之神
ヘパイストス	Wulkan	Вулка́н	Vulkan	谷（类女）神
ヘラ	Junona	Юно́на	Juno	朱诺
ヘルメス	Merkury	Мерку́рий	Merkur	墨丘利
ヘスティア	Westa	Ве́ста	Hestia	赫斯堤
ポセイドン	Neptunówy	Непту́н	Neptun	尼普顿
ディオニュソス	Bachus	Вакх	Bacchus	酒神
ハデス	Pluton	Плуто́н	Pluto	冥王
クロノス	Szatan	Сату́рн	Satan	农神
レア	Rhea	Ре́я	Rhea	宙斯的母亲
オデュッセウス	Odysensz	Одиссе́й	Odyssus	奥德修斯
ヘラクレス	Herakles	Гера́кл	Heraklit	赫尔克里斯
ウラノス	Uran	Ура́н	Uranos	优比纳斯神
ガイア			Gaia	蓋婭
アキレス	Achilles	Ахилле́с	Achill	阿基里斯
エーゲ	ege	Эге́й	Agäis	爱琴
アイギス	egiba	Эги́да	Ägide	神盾
アマゾネス	Amazonka	Амазо́нка	Amazone	亚马逊族女战士
アトラス	Atlas	Атла́с	Atlas	阿特拉斯
カオス	Chaos	Ха́ос	Chaos	浑沌世界
クリオ	Klio	Кли́о	Klio	克莱奥
エロス	Eros	Э́рос	Eros	爱神厄洛斯
エウローペー	Europa	Евро́па	Europa	欧罗马
ヘリオス	Helios	Ге́лиос	Helios	赫利俄斯
ヤヌス	Janus	Я́нус	Janus	看守门户的两面神
レダ	Leda	Ле́да	Leda	勒达
ミノス	Minotaur	Минота́вр	Minos	迈诺神
パンドラの箱	Pandory puszka	Я́щик Пандо́ры	die Büchse der Pandora	潘朵拉之盒
アキレスの腱	pięta Achillesa	ахилле́сова пята́	Achillesferse	唯一致命的弱点
プロメティウス	Prometeusz	Промете́й	Prometheus	普罗米修斯
サイケ	Psychika	Психе́я	Psyche	爱神所爱的美女
スウィンクス	Sfinks	Сфинкс	Sphinx	斯芬克斯
テーミス	Temida	Феми́да	Themis	特弥斯（司法律,正义的女神）
アガメムノン	Agamemnon	Агаме́мнон	Agamemnon	阿加迈农
タルタロス	Tartar	Та́ртар	Tartarus	大恶人，冥府
アスクレビウス	Asklepios	Аскле́пий	Äskulap	阿斯克勒庇俄斯
ピグマリオン	Pigmalion	Пигмало́н	Pygmalion	皮格梅隆
エリニュエス	Egynie	Эри́нии	Erinnye	伊莉妮丝
ゴルゴン	gorgona	Горто́на	Gorgonen	三个蛇发女怪之一
ムネモシュネ	Mnemosyme	Мнемоси́на	Mnemosyne	记忆女神
ニケ	Nike	Ни́ке	Nike	胜利的女神
ペネロペ	Penelopa	Пенело́па	Penelope	彭妮洛佩
ラビュリントス	labirynt	Лабири́нт	labyrinth	迷宫
イリアス	Iliada	Илиа́да	Ilias (Iliade)	伊利亚特
アリアドネ（の糸）	Ariadna	Нить Ариа́дны	Ariadnefaden	
オケアノス	Okeanos	Океа́ц	Okeanos	
イカロス	Ikar	Ика́р	Ikarus	伊卡洛斯

韓国語	フランス語	イタリア語	スペイン語	英　語
	mythe de la Grèce	mitología greca	mitología griega	Greek myth
제우스신	Jupiter	Giove	Júpiter	Jupiter
아프로디테	Aphrodite	Afrodite	Afrodita	Aphrodite
아폴로	Apollon	Apollo	Apolo	Apollo
마르스	Mars	Marte	Marte	Mars [南雲堂人名]
다이애나	Diane	Diana	Diana	Diana
미네르바	Minerva	Minerva	Minerva	Minerva
케레스	Cérès	Cerere	Ceres	Ceres
불카누스	Vulcain	Vulcano	Vulcano	Vulcan
주노	Junon	Giunone	Juno	Juno 南雲
머큐리신	Mercure	Mercurio	Mercurio	Mercury
헤스티아	Hestia	Vèsta	Vesta	Hestia
바다의신	Neptune	Nettuno	Neptuno	Neptune
바커스	Bacchus	Bacco	Baco	Bacchus
플루톤	Pluton	Plutone	Plutón	Pluto
농암의신	Satan	Satana	Satanás	Saturn
레아	Rhéa	Rea	Rea	Rhea
오디세우스	Odyssée	Ulisse	Ulises	Odysseus
헤로쿨레스	Héraclite	Eraclito	Heráclito	Heraclitus
우라누스신	Ouranos	Urano	Urano	Uranus
가이아	Gê	Gea	Gea	Gaea
아킬레스	Achille	Achille	Aquiles	Achilles
에게해	Egée	Egèo	Egeo	Aegeus
신의방패	égide	ègida	égida	Aegis
아마존	Amazones	Amàzzoni	amazonas	Amazon
아틀라스	Atlas	Atlas	Atlas	Atlas
카오스	Chaos	Càos	Caos	Chaos
역사의여신	Clio	Clio	clío	Clio
에로스	Eros	Eros	Eros	Eros
에우로페	Europe	Europa	Europa	Europe
헬디오스	Hélios	Elios	Helios?	Helios
양면신	Janus	Giano	Jano	Janus
레다	Léda	Lèda	Leda	Leda
미노타우로스	Minos	Minosse	Minis	Minos
판도라의궤	la boîte de Pandore	scàtola di Pandora	caja de Pandora	Pandora's box
유일한 약점	tendon d' Achille	il tallone di Achille	tendon de Aquiles	Achilles' heel
프로메테우스	Prométhée	Promèteo	Prometeo	Prometheus
사이키	Psyché	Psiche	Psique	Psyche
스핑크스	Sphinx	Sfinge	Esfinge	Sphinx
테이스	Thémis	Temi	Temis	Themis
아가멤논	Agamemnon	Agamènnone	Agamenón	Agamemnon
타르타로스	Tartare	Tartaro	Tártaro	Tartarus
아스쿨레피오스	Asclépios	Esculapio	Esculapio	Asclepius
피그말리온	Pygmalion	Pigmalione	Pigmalión	Pygmalion
에리니에스	Erinnyes	Erinni	Erinias	Erinyes
고르곤	Gorgone	Gorgoni	Gorgonas	Gorgons
므네모시네	Mnémosyne	Mnemosine	Mnemosina	Mnemosyne
니케	Niké	Nike	Niké	Nike
피넬러피	Pénélope	Penelope	Penélope	Penelope
라비린토	labyrinthe	labirinto	labirinto	labyrinth
일리아드	Iliade	Iliade	Iliada	Iliad
아리아드네	fil d' Ariane	filo d' Arianna	el hilo de Ariadna	Ariane's clew
오케아 노스	Océan	Ocèano	Océano	Oceanos
이카도스	Icace	Icaro	Icaro	Icarus [aikaras]

ギリシャ語100（ギリシャ文字をラテン文字に翻字している）

1 Carthago delenda est カルタゴは滅亡しなければならない

2 Pyrrhic victory ピラスの勝利

3 Gordian knot ゴルデイアスの結び目

4 Damon and Pythias ディモンとピティアス

5 the sword of Damocles ダモクレスの剣

6 sub rosa サブ・ローザ(秘密裏)

7 hubris 傲慢

8 kudos 称賛

9 thesis 論文

10 pathos 哀感

11 ethos 精神

12 genesis 機嫌

13 colossus 巨像

14 charisma カリスマ性(特別な魅力)

15 dogma 教義

16 stigma 汚名

17 trauma 心的外傷(トラウマ)

18 delta 三角州

19 eureka わかった(Archimedes)

20 pantheon パンテオン(神殿)

21 acme 頂点

22 ambrosia 神々の食べ物

23 apathy 無感動

24 pachyderm 厚皮動物

25 nectar 神々の酒

26 mnemonic 記憶を助けるもの

27 hoi polloi 民衆(庶民)

28 Titan テイタン(巨大)

29 Cyclops キュクロプス(一つ目の暴れん坊)

30 Hera ヘラ(嫉妬深い女神、ゼウスの正妻)(前頁ギリシャ神話用語参照)

31 Poseidon ポセイドン(海と地震の神)同上

32 Athena アテナ(知恵、戦略の処女神)同上

33 Cronus クロノス(権力を奪う人)同上

34 Artemis アルテミス（ゼウスの娘で、アポロンと双子）同上

35 Dionysus デイオニュソス(ワインの神)同上

36 Morpheus モルペウス(夢の神)

37 Muse ムーサ(芸術の神)

38 Nemesis ネメシス(復讐の女神)

39 Pan パン(羊飼の神)

40 Venus ウエヌス(愛と美の女神)

41 Cupid クピド(恋、情欲の神)

42 Minotaur ミノタウロス(乱暴で力強い怪物)

43 Theseus'ship テセウスの船（元の構成材料で製作したものが同一かどうかの疑問を提示すること）

44 Daedalus ダイダロス（発明家かつ巧みな職人）

45 apple of discord 不和の林檎（不和を招くもの）

46 Helen of Troy トロイのヘレン（戦争を引き起こす程の美女）

47 Ajax アイアース(強靭な大男、功績が報われなかった人)

48 Iphigenia イフィジナイア(生贄)

49 Electra エレクトラ(母親に対する嫌悪感を抱く人)

50 Menelaus メネラーオス(妻に浮気された夫)

51 Trojan Horse トロイの木馬(敵地へ送り込まれた逆スパイ)

52 Cassandra カサンドラ（真実を言っても信じてもらえない人）

53 Laocoon ラオコーオン（真実を言ったせいで罰せられる人）

54 Beware of Greeks bearing gifts 贈り物を携えたギリシャ人に気をつけろ

55 Myrmidon ミュルミドーン人（上司に忠実な部下）

56 Odyssey オジュセイア(波瀾万丈の長旅)

57 Lotus eater ロータス・イーター(気楽な暮らしを貪る人)

58 Siren セイレーン(誘惑的なもの)

59 Scylla and Charybdis スキュラとカリュブディス(板挟みで立ち往生)

60 Calypso カリュプソ（既婚者を誘惑する美女）

61 Mentor メントル(信頼できる相談相手)

62 Nemean lion ネメアーの獅子(非常に強いも

の）

63 Hydra ヒュドラー（手に負えない難題）

64 Augean stables アウゲイアス王の牛舎（長年に渡る腐敗）

65 Cerberus ケルベロス（恐ろしい番犬）

66 Jason ジェイソン（勇敢な冒険家）

67 Argonauts アルゴナウタイ（何かを探しに遠方まで旅する冒険家）

68 Medea メデイア（復讐心の強い女）

69 Orpheus オーフィアス（人を感動させるミュージシャン）

70 Centaur ケンタウロス（好色）

71 Chiron カイロン（ケンタウロスの賢者）

72 Prseus ペルセウス（怪物を殺す英雄）

73 Gorgon ゴルゴーン（怪物三姉妹、見た人を石に変えてしまう）

74 Medusa メドゥーサ（ゴルゴーン三姉妹の三女，醜女）

75 Oedipuskomplex エディプス・コンプレックス（男児の父親に対する敵意）

76 Jocasta complex イオカスタ・コンプレックス（母親が息子への性的欲求）

77 Antigone dilemma アンテイガニ・ジレンマ（裁判官の法遵守か人道的判決の葛藤）

78 nymph ニンフ（性的魅力のある若い女性）

79 Echo エーコー（こだま、恋煩いで食事が喉に通らない人，弱体化）

80 Narcissus ナルキッソス（水仙，自己愛）

81 Chimera キマイラ（怪物）

82 Argus アルゴス（百の目を持った巨人，厳しい見張り）

83 Procrustes bed プロクルステスの寝台（無理矢理押し付ける方針）

84 Sphinx without a riddle 謎のないスフィンクス（虚勢を張るだけで中身がない人）

85 Phoenix フェニックス（灰から蘇る不死鳥）

86 Midas touch ミダス（大金持ち）に成る能力

87 Pygmalion 女性を自分の思い通りに作り上げようとする男性（ヒギンズ教授）（マイフェアレディ）

88 Pygmarion effect ピグマリオン効果（教師に大きな期待を掛けられた学習者は成績向上）

89 Sisyphean task シーシュポスの仕事（徒労を強いられた人）

90 Tantalus タンタロス（欲しい物がすぐそこにあるのに手に入れられないジレンマ）

91 Adonis アドニス（肉体美の美男子）

92 Endymion エンジュミオーン（美しい寝姿）

93 Ganymede ガニュメーデス（同性愛の男性に包れ込まれる美少年）

94 oracle of Delphi デルポイの神託（蓬解で分かりにくい例え）

95 Mount Parnarssus パルナッソス山（芸術・文化の中心地）［フランスのモンパルナス］

96 Elysian Fields エリューシオンの野（フランスのシャンゼリゼ）

97 Styx ステユクス（三途の川）

98 pay Charon 地獄行きの船に乗る（他界する）

99 Tartarus タルタロス（地獄）

100 Elysium エリューシオン（英雄・善人が死後に住む極楽）

ラテン語 100

1　e.g. [exempli gratia] 例えば (for example)

2　i.e. [id est] 即ち (that is)

3　q.v. (qui vive) 〜 を参照せよ (see this as well)

4　et al. [et alibi] 及びその他の人 (and others)

5　circa（キルカ）凡そ（およそ）(approximately)

6　id.[idem]（イバイデム）同著者による (the same as the previous cited sourse)

7　etc. [et cetera（エトケテラ）] 等（など）(and so forth)

8　viz. [videlicet（ウィディリケット）] 即ち (namely)

9　cf. [confer] 比較せよ (compare)

10　ib. [ibidem] 同じ箇所に（前掲書参照）

11　sic 原文のママ (quoted exactly)

12　in flagrante delicto 現行犯の (red-handed)

13　sine qua non (without which not) 必須条件 (requisite,proviso)

14　modus operandi 犯罪の手口，常套手段 (MO,method)

15　bona fide（ボウナファイディ）善意（法律用語，ある事実を知らない，genuine)

16　de jure (according to the law) 法律上

17　pro bono（プロボノ）無料法律相談 (for the public good)

18　pro tem 臨時の (temporary)

19　pro forma(as a matter of form) 見積の，仮の，形式的の

20　pro rata（レイタ)比例して (correlatively)

21　alias（エイリアス）別名，通称 (aka) (also known as)

22　non compos mentis(lunatic) 心神喪失の

23　in loco parentis 親代わりに (in the place of a parent)

24　alibi (elsewhere) 現場不在証明（アリバイ）

25　onus probandi 立証責任

26　ex post facto(post factum) 事後の

27　corpus delicti(material of the crime) 罪体（法律用話，犯罪を構成する事実）

28　financial affidavit 財務証明

29　affidavit（アフィデイヴィット）宜誓供述書 (oath, testimony)

30　lex scripta 成文法 (written law)

31　lex non scripta 不文律，慣習法 (unwritten law)

32　jus sanguinis(right of blood) 血統主義(出生の子供は，親の国籍と同じ)

33　jus soli（ジャスソウライ）出生主義（その国で出生した子供は，その地の国籍取得）

34　casus belli（ケイサス・ベライ）開戦事由 (incitement, root of the matter)

35　persona non grata 外交的に好ましくない人物 (unwelcome person)

36　ad interrim（アド・インタデム）臨時の (temporary)

37　ex officio（エクス・オフィシオウ）兼務 (by right of office)

38　in situ(in its original place) 本来の位置で

39　in vitro(in a test tube) 生体内で

40　IVF(in vitro fertilization) 体外受精

41　in toto(as a whole) 全体として

42　in utero(in the uterus) 子宮内で

43　id (instinctive force) イド（本能的エネルギー)[精神分析用語]

44　libido(sexual urge) リビドー（性的衝動）同上

45　thanatos タナトス(破壊への衝動)同上

46　ego(self, personality) 自我（自尊心，プライド)同上

47　de novo(from the new) 新たに（デノボ）

48　postmortem(after death) 検死解剖

49　rigor mortis(stiffening) 死後硬直

50　impetus(stimulant) 誘因(切掛)

51　neurosis(hysteria,breakdown) 神経症

52　alter ego(alter idem) 第二の自我 (哲学用語，他の持つ自我)

53　a fortiori（ア・フォルテイオーリ）まして (all the more,still more)

54　opus(oeuvre) 芸術作品

55　a priori 先験的に (deductive,deductively)

56　a posterior 帰納的に(inductive,inductively)

57　magnum(chef d'oeuvre) 最高傑作

58　memento mori 死の警告(reminder of death)

59　in medias res 事件の中心 (in the middle of things)

60　tabula rasa(blank slate) 白紙状態，経験主義

61　non sequitur(fallacy) 不条理

62　Deo gratias(Thanks be to God) 有難いことに

63　vice versa(the other way around) 逆も同じ

64　vox populi(public opinion) 世論

65　mea culpa（メイア・クルパ）罪は私に有ります (my fault)［告白・懺悔の句］

66　in memoriam(in memory of) 〜を悼（いた）んで，追悼

67　vs.(versus) 対 (against)［裁判・ボクシング等の個人間の対抗］

67　ditto(likewise) 同じく（〃）

68　status quo(current situation) 現状（反対語→ status quo ante 以前の状態）

69　alma mater(place of matriculation) 母校（アールマ・マータ）

70　curriculum vitae(re'sume') 履歴書(cv)（カリーキュラム・ヴィータイ）

71　suma cum laude(with the highest honor) 首席で（スマ・クム・ラウデ）graduate 〜

72　trial in absentia 欠席裁判

73　in extremis（イクストリーミス）臨終で

74　terra firma（テラ・ファーマ）大地，陸地 (terrain)

75　terra incognita（テラ・インコグニータ）未知の土地 (unknown)

76　per se（パーセイ）それ自体 (intrinsically)

77　per diem（パー・デイーアム）1 日に付き (daily)

78　per pro(by proxy) 代理で

79　ad infinitum（インフィナイトウム）無限に (endlessly, without limit)

80　ad nauseam（ノージアム）過度に (excessively, at length)

81　ad hominem（ハーミネム）個人攻撃の (blackening)

82　ad vebatim（ヴァーベイテイム）逐語的（一字一句変えず）(word for word)

83　ad libitum(ad lib) 自由に（→即興的に），アドリブで

84　gratis(for free, for nothing) 無料で (complimentary 好意的な)

85　nota bene(NB) よく見よ(→注意)

86　atrium（エイトリアム）中庭 (open space)

87　referendum(ballot, plebiscite) 国民投票（← refer（言及）されるべき問題）

88　opprobrium（オプロウブリアム）汚名 (stigma)

89　ultimatum（アルテイメイタム）最後通牒

90　sicut patribus sit Deus nobis (May God be with us, as He was with our fathers)

91　sit tibi terra levis(S.T.T.L.)（May the earth lie light upon thee.)

92　sic transit gloria mundi （So earth glory passes away.)

93　quicunque vult sevari （Whosoever will be saved(Athanasian Creed)

94　auribus teneo lupum （I hold a wolf by the ears)

95　abusus non tollit usum （abuse does not destroy the use)

96　ad majorem Dei gloriam （to the greatr glory of God)

97　homines nihil agendo discunt malum agree （By doing nothing, men learn to do ill)

98　excelsior (higher(NY 州のモットー), ever upward)より高く！さらに上を目指して！

99　epluribus unum(one out of many) （1956 年以前の)（米国のモットー)多数から 1 つへ

100 Deus vult （God wills it (第 1 回十字軍のモットー))神これを欲したもう

介護用語100

1	care,nursmg care 介護	39	senile deafness 老人性難聴
2	nursing-care leave 介護休暇	40	elderly abuse 老人虐待
3	professional caregiver 介護従事者	41	frail elerly 虚弱老人
4	caregiver 介護者	42	house call 往診
5	certified care worker 介護福祉士	43	functional recovery training 機能回復訓練
6	care manager 介護支援専門員	44	in-home service 在宅サービス
7	nursing care insurance 介護保険	45	grief work グリーフワーク
8	care equipment 介護機器	46	tube feeding 経口栄養
9	care-type wheelchair 介助型車椅子	47	healthy life expectancy 健康寿命
lO	home care 在宅介護	48	employee pension 厚生年金
11	day care 通所介護	49	national pension 国民年金
12	home help service 訪問介護	50	Ministry of Health, Labour,and Welfare 厚生労働省
13	help-needed 要介護	51	certified social worker 社会福祉士
14	medical welfare 医療福祉	52	social security 社会保障
15	home medical care 在宅医療	53	short-term stay ショートステイ
16	geriatric medicine 老人医療	54	physical restraint 身体拘束
17	home-visit medical service 訪問診療	55	dry bath 清拭(せいしょく)法
18	motility disturbance 運動障害	56	dry-care center for the elderly 宅老所
19	dysphagia difficulty in swallowing 嚥（エン)下障害	57	floor leveling 段差解消
20	memory disorder 記憶障害	58	day service 通所サービス
21	functional disorder 機能障害	59	motorized wheelchair 電動車椅子
22	cognitive disorder 認知障害	60	nursing home for the elderly 養護老人ホーム
23	senile dementia 老人性認知症	61	special nursing home for the aged 特別養護老人ホーム
24	dimentia of the Alzheimer type アルツハイマー型認知症	62	dementia 認知症
25	movement therapy 運動療法	63	barrier free 訪問介護員
26	horticultual therapy 園芸療法	65	hygienist 保健師, 衛生技師
27	music therapy 音楽療法	66	hearing aid 補聴器
28	thermotherapy 温熱療法	67	private nursing home 有料老人ホーム
29	group therapy グループ療法	68	rehabilitation hospital for the elderly リハビリテーション老人病院
30	art therapy 芸術療法		
31	bed sores 床擦（とこずれ)	69	gerontology 老人学
32	compression fracture 圧迫骨折	70	pulmonogist 呼吸器内科医
33	past history 既往症	71	cardiologist 循環器内科医
34	falling 転倒	72	paramedic 医療周辺従事者
35	bedridden elderly 寝たきり老人	73	head nurse 看護師長
36	wandering 徘徊	74	licensed practical nurse(LPN) 准看護師
37	paralysis(pI.paralyses) 麻痺	75	nurse practitioner(NP) 診療看護師
38	night delirium 夜間せん妄		

76 registered nurse(RN)　正看護師
77 registered dietician　管理栄養士
78 emergency medical technician(EMT)　救
　　急救命士
79 speech therapist　言語聴覚士
80 occupational therapist　作業療法士
81 acupressurist　指圧療法士
82 dental hygienist　歯科衛生士
83 dental laboratory technician　歯科技工士
84 orthoptist　視能訓練士
85 midwife　助産師
86 acupuncturist　鍼(はり)療法士
87 public health nurse　保健師
88 pharmacist　薬剤師
89 physical therapist　臨床検査技師
91 medical engineer　臨床工学技士
92 radiographic technolog　自覚症状
94 disinfection　消毒
95 palpation　触診
96 clinical diagnosis　臨床診断
97 absolute rest　絶対安静
98 hypodermic injection　皮下注射
99 infravenous drop　点滴注射
100 bowel movement　便通

国連開発用語 100

1 ADB（Asian Development Bank） アジア開銀
2 S/W (Scope of work) 実施細目
3 CBR(Crude birth rate) 粗出生率
4 IL(Independent living) 自立生活
5 Untying of aid 援助のアンタイド化
6 Fact-finding mission 実態調査団
7 Arrears 延滞；未払金
8 SGA(Social gender analysis) 社会・性分析
9 AfDB (African Development Bank) アフリカ開発銀行
10 Misappropriation 横領；濫用
11 Pre-qualification of bidders 応札者事前資格審査
12 Corruption 汚職
13 Greenhouse effect 温室効果
14 LDC(Less Developed country) 開発途上国
15 WID(Women in Development) 開発と女性
16 P/E(Price earning ratio) 株価収益率
17 VOC(Vehicle operating costs) 貸付手段の運営費用
18 Gearring ratio 資金調達力比率
19 PHC(Primary Health Care) 基礎医療
20 Standing orders 議事規則，行動指針
21 TOR(Terms Reference) 業務指示書
22 ORT(Oral rehydration therapy) 経口補水療法
23 PPP(Purchasing power parity) 購買力平価
24 Grant element グラント・エレメント
25 PER(Public Expenditure Review) 公共支出録
26 Contigencies fund 国連緊急基金
27 UMIC (UpperMiddle Income Country) 高中所得国
28 Literacy 識字率
29 LDCs(Least Developed Countries) 後発開発途上国
30 Fungible 資金流用可能
31 ICA(International Commodity Agreement) 国際商品協定
32 Review mission 視察団
33 ICT(International Communication Technology) 国際情報技術
34 Kinship 親族関係
35 JDR (Japan Disaster Relief Team) 国際緊急援助隊
36 Ways and means 資金源
37 IDS (International development strategy) 国際開発戦略
38 Deforestation 森林消失
39 TFR(Total Fertility Rate) 合計特殊出生率
40 DSR(Debt service ratio) 債務返済比率
41 OJT(On-the-job training) 職場内研修
42 Sanitary conditions 衛生状態
43 IRR(Internal rate of return) 内部収益率
44 NPO(Non-profit organization) 非営利組織
45 M/P(Master Plan) マスタープラン
46 MBO(Management by objectives) 目標管理
47 CG(Consulatative Group) 支援国グループ
48 Squared poverty gap 二乗貧困格差
49 U5MR(Under five mortality rate) 5歳未満の幼児死亡率
50 Conditionality 政策変更条件
51 SOE(Statement of expenditure) 支出報告書
52 NPW(Net present Worth) 純現在価値
53 NICs(Newly industrialized countries) 新興工業国
54 OTC(Over the counter) 場外取引
55 NIEO(New International Economic Order) 新国際経済秩序
56 WB(World Bank) 世界銀行
57 Sustainable development 持続可能な開発
58 NRT(Net reproduction rate) 純再生産率
59 BHN(Basic Human Needs) 基礎人間必要
60 MCH(Maternal and Child health) 母子保健
61 IEE(Initial Environmental Assessment) 初期環境評衡
62 Bylaws 定款；細目

63 Functional literacy　生活レベルの識字力

64 PFP(Policy Framework Paper)　政策枠組書

65 ODA(Official Development Assistance)　政府開発援助

66 Perennial crop　永年性作物

67 WDIs(World Development Indicators)　世界開発指標

68 Immigration quota 移民引受割

69 WFP(World Food Program) 世界食糧計画

70 LIC(Low Income Country) 低所得国

71 CDPF(Country development policy framework)　国別政策枠組

72 Cholera　コレラ

73 Viruses　ウイルス

74 SIR(Sector implementation review)　部門実施報告

75 SWAPs(Sector-Wide Approach)　部門広範接近

76 verseas allowance 在勤俸

77 VEW(Village extension worker) 村落普及員

78 TOR(Terms of Reference) 業務指示書

79 EDP(Electronic date processing)　電子データ処理

80 Application for admission 入国申請

81 PCM(Project cycle management) 計画周期管理

82 Successful bidder 落札者

83 SAL(World Bank Program of Special Assistance Loan)　世銀特別援助プログラム

84 SEA(Strategic Environmental Assessment)　戦略的環境評価

85 MTEF(Mid-Term Expenditure Framework)　中期支出計画

86 ICT(Information and Communication Technologies)　通信情報技術

87 NGO(Non-governmental organization)　非政府組織

88 PQLI(Physical quality of Life Index)　物的生活の質的指標

89 PCIA(Peace and Conflict Impact Assessment)　平和紛争衝撃評価

90 CDF(Comprehensive Development Framework)　包括的開発の枠組み

91 MSACs(Most Seriously Affected Countries)　最も深刻な影響を受けた諸国

92 EPI(Expanded program on immunization)　予防接種拡大プログラム

93 FFWP(Food-for-work program) 労働の見返りの食糧提供プログラム

94 LFA(Logical framework analysis)　論理的枠組分析

95 CDPF(Country development policy framework)国別政策枠組

96 IFI (International financial institution) 国際金融機関

97 PKO(Peace Keeping Operation)　国連平和維持部隊

98 SAL(Structural Adjustment Lending)　構造調整貸付

99 EBRD(European Bank for Reconstruction and Development)　欧州開銀

100 UNHCR(Office of the the United Nations High Commissioner for Refugees)　国連難民高等弁務官事務所

英語にみるギリシャ語系・ラテン語系数的接頭辞

意味	ギリシャ語	ラテン語
1	mono-, mon- [ギリシャ語monos＝one, alone] ＝one, single の意味の接頭辞として英語で使用。例 monorail モノレール, monotonous 単調な monopoly 独占 monogamy 一夫一妻	uni- [ラテン語unus＝one, single] uniform 制服, universe宇宙, unanimous全員一致の
2	di- [ギリシャ語dis＝twice] ＝two, twice, double dilemma 板挟み, dioxide 二酸化炭素 diphthong 二重母音	duo- [ラテン語two] doubleduologue二人対話 bi-, bis- [ラテン語bis＝twice] ＝twice biscuit ビスケット, bicycle 自転車
3	tri- [ギリシャ語tri-＜three] ギリシャ語はほぼ原形の形でラテン語に移入されたので, triangle三角形, tripod三脚, trinity三位一体, tricolour三色旗	同左 [ラテン語tri-＜tres＝three] 双方共通共通＝three
4	tetra- [ギリシャ語tetra-＜tetta ress＝four]＝four tetragon 四角形, tetrahedron四面対	quadri-, quadr- [ラテン語quattuor＝four] ＝four quadrangle四辺形
5	penta-, pent- [ギリシャ語penta-＜pente＝five] ＝five pentagon 五角形 [米国防総省] pentathlon五種競技	quinque-, quinqu- [ラテン語 quinque＝five] quinquennial 五年目年の
6	hexa- [ギリシャ語hex＝six] ＝six hexachord六音階, hexahedron六面体	sex (i) -[ラテン語sex＝six] ＝six sexcentenary六百年祭
7	hepta-, hept- [ギリシャ語hepta＝seven] ＝seven：heptagon七角形, heptarchy七頭政治	sept-, septem-, septi- [ラテン語septem＝seven] ＝seven September 9月（古代ローマ歴 7月, septenary七の）
8	octa (o) [ギリシャ語okto＝eight] ギリシャ語はほぼ原形の形でラテン語に移入されたので ＝eight octopus蛸, octaveオクターブ, octaneオクタン, October10月	同左 [ラテン語octo＝eight]
9	ennea- [ギリシャ語ennea＝nine] enneagon九角形, enneahedron九面対	novem- [ラテン語novem＝nine] ＝nine November, novena（カトリックの 9日間の祈り）
10	dec (a) - [ギリシャ語deka＝ten] decade十年, Decameron十日物語	decem- [ラテン語decem＝ten] decennial十年毎の, December12月
10分の1		deci- [ラテン語decimus＝tenth] decimetreデシメートル, decimal少数
100	hect (o) - [ギリシャ語hekaton＝hundred] hectareヘクアール, hectopascal ヘクトパスカル	＊centi- [ラテン語centum＝hunderd] century100年, centipede百足 [むかで]
100分の1		＊centi- [ラテン語centum＝100th part of] centigrade百度目盛りの
1000	kilo- [ギリシャ語 khilioi＝thousand] kilowatt, kilogram, kilometer	＊mille-, milli- [ラテン語mille＝thousand] millennium 千年間, million (＝big thousand) 百万
1000分の1		＊mille-, milli- [ラテン語mille＝1000th part of] millimeter ミリメートル, milliampereミリアンペア
1万	myria- [ギリシャ語 murias＝ten thousand] ＝ten thousand:numerous myriad一万, 無数, myriapod多足類の動物	
百万	mega- [ギリシャ語megas＝lalge] megapolis大都市 10^6	
百万分の1	micro- [ギリシャ語mikros kosmos 微小世界] microscope顕微鏡 10^{-6}	
10億	giga- [ギリシャ語gigas巨人] gigawatt10億ワット 10^9	
10億分の1	nano- [ギリシャ語nanos小人] nanotechnology微細技術 10^{-9}	
1兆	tera- [ギリシャ語teras=モンスター] teraton 1兆トン 10^{12}	1兆分の1 pico- [スペイン語尖った先] picosecond 1兆分の1秒 10^{-12}
千兆	peta- [ギリシャ語pente 5] $1000^5 = (10^3)^5 = 10^{15}$	千兆分の1 femto- [デンマーク語femten 15] femtoampereフェムトアンペア 10^{-15}
100京ケイ	exa- [(SI 接頭記号) E+ ギリシャ語 hexa 6] エクサ $1000^6 = (10^3)^6 = 10^{18}$	100京分の1 atto- [デンマーク語 atten 18] アト 10^{-18}
10垓ガイ	zetta- [(SI 接頭記号) Z+ ギリシャ語 hepta 7] ゼタ $1000^7 = (10^3)^7 = 10^{21}$	10垓分の1 zepto- [(SI 接頭記号) z+ ラテン語 sept 7] ゼプト $1000^{-7}=(10^3)^{-7}=10^{-21}$
1秄ジョ	yotta- [(SI 接頭記号) Y+ ギリシャ語 octa 8] ヨタ $1000^8 = (10^3)^8 = 10^{24}$	1秄分の1 yocto- [(SI 接頭記号) Y+ ラテン語 octo 8] ヨクト $1000^{-8}=(10^3)^{-8}=10^{-24}$

[注] ＊印は共通のもの。ギリシャ語文字は, それに対応したラテン文字に翻字した。大雑把に言って、ヨーロッパ語は次の二つの流れがある。
①ギリシャ語（ギリシャ文字）→ラテン語（ラテン文字）→ヨーロッパ各国語（ラテン文字）。②ギリシャ語（ギリシャ文字）→教会スラヴ語（グラゴール文字）→ロシア語（キリル文字）→スラヴ各国語（キリル文字）。両者の交わる点であるセルボ・クロアチア語は両文字使用。SI：Systèm International d'Unités (仏), 国際単位系。

[引用文献] 木村武雄「英学雑感」『麗澤大学紀要』第59巻, 1994年12月号, 157頁。
[参考文献] 一松信編『新数学辞典』大阪書籍, 1979年, 小稲義男編『研究社 新大英和大辞典（第 5 版）』1980年。『情報・知識 imidas 1998』集英社, 1332頁。

ギリシャ神話の神々と英雄（オリュンポスの12神など）

（下線は女神）			ローマ神では	（英語表記）
ゼウス	Zeus	最高神，クロノスとレアの子	ユピテル（ジュピター）	Jupiter
アフロディテ	Aphrodite	愛・美，豊穣の女神	ビーナス	Venus
アポロン	Apollon	音楽・詩・医術・弓術・予言の神	アポロ	Apollo
アレス	Ares	軍神，嵐と雷雨の神	マルス	Mars
アルテミス	Artemis	月の女神，アポロンの双生の妹	ディアナ	Diana
アテネ	Athena	知恵の女神，アテネの守護神	ミネルヴァ	Minerva
デメテル	Demeter	穀物・大地の生産物の女神	ケレス	Ceres
ヘパイストス	Hephaestus	火・鍛冶の神	ウルカヌス	Vulcan
ヘラ	Hera	ゼウスの妻，女性と結婚の守護神	ユノ	Juno
ヘルメス	Hermes	神々の使者，通行・商業の神	メルクリウス（マーキュリー）	Mercury
ヘスティア	Hestia	炉・かまどの女神	ウエスタ	Vesta
ポセイドン	Poseidon	海・泉・馬・地震の神	ネプトゥヌス	Neptune
ディオニュソス	Dionysus	ブドウ酒・豊穣の神	バッカス	Bacchus
ハデス	Hades	冥界の主神	プルトン	Pluto
クロノス	Cronus	巨人神，収穫豊穣の神	サトゥルヌス	Saturn
レア	Rhea	クロノスの妻，大地の女神	オプス	Ops
オデュッセウス	Odysseus	トロヤ戦争でのギリシャの英雄	ウリッセス　ラテン語で	Ulysses
ヘラクレス	Hercules	ギリシャ神話で最大の英雄		Heracles
ウラノス	Uranus	天の神，クロノスら6男6女の巨人神（タイタン）の父		Uranus
ガイア	Gaea	大地の女神，ウラノスを生み，その妻となる		Gaea

〔引用文献〕『国際化新時代の外来語・略語事典』（『イミダス1988年版』別冊付録），集英社，1988，327頁

完全競争市場と不完全競争市場

市場構造		供給者数	需要者数	価格支配力	財の性質	情報	市場への参入・退出	売り手買い手
完全競争市場	完全競争市場の性質	多数	多数	供給・需要両サイドともなし	同質	完全性	自由	独立に行動
				①	②	③	④	⑤
	上記の性質の結果→	水平な供給曲線又は水平な需要曲線に直面している取引者→プライス・テーカー			製品の差別化が無い	一物一価の原則が成立	長期的に企業の超過利潤はゼロ	
不完全競争市場	独占的競争市場	多数	多数	供給サイドある程度あり	②が異質　→　製品差別化			
	寡占市場	少数	多数	供給サイドある程度あり	①，④が欠落。場合により更に②，⑤が欠落。相互依存性			
	複占市場	2	多数	供給サイドある程度あり	①，④が欠落。場合により更に⑤が欠落。強い相互依存性			
	独占市場　供給独占市場	1	多数	供給サイドあり	①，④が欠落。密接な代替財が無い			
	需要独占市場	多数	1	需要サイドあり	①，④が欠落。密接な代替財が無い			
	双方独占市場	1	1	両サイドかなりあり	①，④が欠落。密接な代替財が無い			

経済学の流れと古典（含：現代経済学の諸潮流）

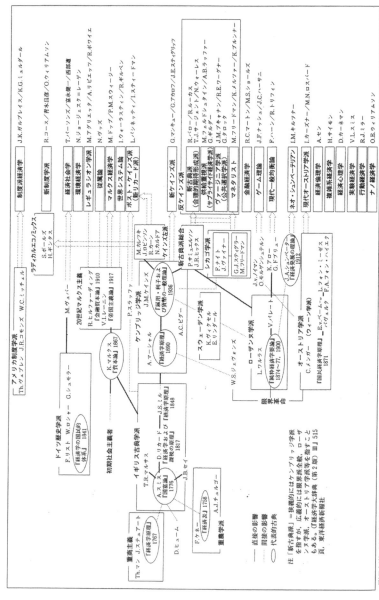

〔引用文献〕中村達也他著『経済学の歴史』有斐閣、6～7頁を筆者が加筆・修正した。

欧州を中心とする国家機構（英国 2020.12.31 EU 脱退完了）及び通称の国家グループ

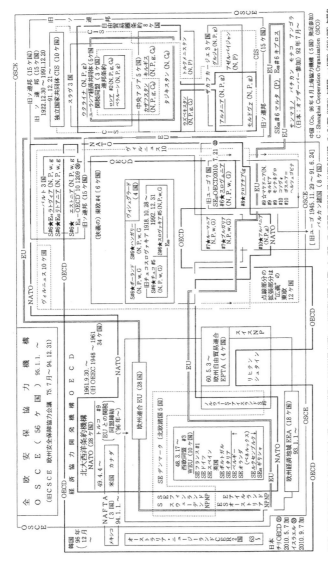

索引（事項）

索引（人名）

[著者紹介]

木村武雄（きむら・たけお）

1953 年　1 月 29 日，鎌倉生まれ。

1977 年　青山学院大学経済学部経済学科卒業。

1979 年　青山学院大学大学院経済学研究科修士課程修了。

1984 年　桜美林大学経済学部非常勤（近代経済学）

以降現在に至るまで，以下何れかの大学で途切れなく非常勤を歴任。

青山学院大学（一部二部［計画経済論，各国経済論 A，外書講読］，二部演習［**比較経済体制論のゼミを 17 年間担当。ゼミ卒業生は 200 余名（共著者の江口君も）。夜間のゼミには珍しく 1 期生から大日本印刷，テルモ等の東証一部上場企業に就職した例もあり，年度によっては 3 年定員 10 名を超えて 20 名近くの時もあった**］，東洋大学（一部二部短期大学，［経済学，経済体制論，比較経済体制論 A・B，移行期経済論 A・B］），麗澤大学［ロシア研究，東欧研究，ロシア経済論，東欧経済論，国際地域研究総論］，富士短期大学（現東京富士大学）［必修，経済政策論，経済入門］，通信教育［必修，経済政策論］），高崎経済大学［現代経済思想，外書購読］，筑波学院大学（旧東京家政学院筑波女子大）［日本経済論，国際経済論］，中央大学［経済計画論，サービス産業論，日本経済論］，淑徳大学［労働政策論及び経済構造と経済政策 C］。（最終 2 大学の最終科目のみ現在に至る）。

1985 年　青山学院大学大学院経済学研究科博士課程経済政策専攻単位取得。

1997 年　アテネ・フランセ（御茶ノ水）古典ギリシャ語修了。

2003 年　中央大学経済研究所客員研究員（現在に至る）。

[学術業績]

（単著）『地方創生と社会システム』五絃舎，2019 年 10 月。

『地方創生と労働経済論』五絃舎，2017 年 10 月。

『地方創生と日本経済論』五絃舎，2016 年 9 月。

『10 カ国語経済・ビジネス用語辞典』創成社，2014 年 11 月。

『欧露経済研究の新地平　普遍主義を切り口として』五絃舎，2009 年 10 月。

『EU におけるポーランド経済』創成社，2009 年 5 月。

『ポーランド経済（最新第 2 版）』創成社，2003 年 4 月（2 刷 05 年 3 月）。

『欧州におけるポーランド経済』創成社，2000 年 2 月（2 刷 00 年 10 月）。

☆書評①　香川敏幸「木村武雄著『経済体制と経済政策―体制転換国の経済分析を中心に』『欧州におけるポーランド経済（ Gospodarka polska w europie)』」『公共選択の研究』第 34 号 107-109 頁，2000 年 4 月。

☆書評②　箱木真澄「木村武雄著『欧州におけるポーランド経済』」『広島経済大学経済研究論集』第 23 巻第 1 号 107-108 頁，2000 年 6 月。

☆書評③　小山洋司「木村武雄著『欧州におけるポーランド経済』」『新潟大学経済論集』第 73 号 17-22 頁，2002 年 9 月。

『経済用語の総合的研究（第 7 版）』創成社，2009 年 7 月（初版 2001 年 4 月）。

[2 刷 2001 年 4 月，2 版 02 年 9 月，3 版 03 年 4 月，4 版 05 年 3 月，5 版，
　　　06 年 4 月，6 版 08 年 5 月，7 版 09 年 7 月]。☆書評③　22 頁。
　　『EU と社会システム』創成社，2008 年。
　　　　☆書評④『ヨーロッパ』2008 年秋号（通巻 255 号）27 頁，駐日欧州委
　　　　員会代表部
　　『戦略的日本経済論と移行期経済論(第 2 版)』五絃舎，2008 年(初版 05 年 9 月)。
　　『経済思想と世界経済論（第 2 版）』五絃舎，2007 年（初版 04 年 4 月)。
　　『経済体制と経済政策』創成社，1998 年 12 月（初版)，2003 年 3 月（5 刷)
　　　　☆書評①及び☆書評③ 21 頁。
(共著)　(江口充崇氏と)『経済分析手法』五絃舎，2012 年 10 月。
　　　飯島大邦他編『制度改革と経済政策』中央大学出版部，2010 年 3 月。
　　　飯島大邦・谷口洋志・中野守編著『制度改革と経済政策』中央大学出版部，
　　　2010 年 3 月。
　　　中野守編『現代経済システムと公共政策』中央大学出版部，2006 年 12 月。
(単著)　[市場流通定期刊行物雑誌論文]
　　　「ソヴィエト刺激システム」『科学技術と経済政策』勁草書房，1984 年。
　　　「ソ連の財政トリックの解明」『経済往来』第 36 巻第 9 号，1984 年。
　　　「ロシア財政赤字の起源」『海外事情』第 42 巻第 5 号，1994 年。
　　　「波蘭経済 CEFTA の問題点」『国際経済』第 48 巻，1997 年。
(共著論文)
　　　(日向寺純雄氏と)「欧州におけるポーランド経済（Ⅰ・Ⅱ）『青山経済論集』
　　　第 49 巻第 4・5 号，1998 年。
(所属学会)
　　　ロシア東欧学会（旧ソ連東欧学会）1977 年筆者修士課程 1 年入会，学会報告
　　　1984 年 9 月)
　　　日本経済政策学会（1979 年筆者博士課程 1 年入会，学会報告 83 年，2002 年
　　　5 月，部会報告 97 年 1 月)
　　　日本財政学会（1979 年筆者博士課程 1 年入会，学会報告 84 年 10 月)
　　　日本経済学会（旧理論・計量経済学会）（1979 年筆者博士課程 1 年入会)
　　　日本国際経済学会（旧国際経済学会 1979 年筆者博士課程 1 年入会，学会報告
　　　96 年 10 月)
　　　比較経営学会（旧社会主義経営学会）（1979 年筆者博士課程 1 年入会，幹事
　　　(履歴書・学術業績目録は当時の文部省提出義務)，学会報告 97 年 3 月，部会
　　　報告 85 年 1 月)
(木村武雄ゼミナールのゼミ員との共作)
　　　『木村武雄ゼミナール活動報告書 1990 年 4 月〜2006 年 3 月』青山学院大学
　　　図書館蔵
　　　『青山学院大学経済学部第二部木村武雄ゼミナール卒論レジュメ 1997，98，
　　　99，03，04』同
　　　『青山学院大学経済学部第二部木村武雄ゼミナール卒論質疑応答集』同

大学教官歴 30 年超シリーズ

①大学教官歴 30 周年記念著作
『10 ヵ国語・ビジネス用語辞典』創成社，2014 年。
②大学教官歴 33 周年記念著作
『地方創生と日本経済論』五絃舎，2016 年。
③大学教官歴 35 周年記念著作
『地方創生と労働経済論』五絃舎，2017 年。
④大学教官歴 37 周年 記念著作
『地方創生と社会システム』五絃舎，2019 年。（本書）
⑤大学教官歴 40 周年 記念著作
『社会システム論』五絃舎，2021 年。（本書）

著作本インターネット検索（　キーワード　→　木村武雄，　経済　）

NACSIS（全国大学図書館ネット），日本国国会図書館及び WORLDCAT（世界大学図書館ネット）。

WORLDCAT には，米国議会図書館 (Library of Congress)，ハーヴァード・プリンストン・イェール・シカゴ・ケンブリッジ・クインズランド（豪）・エラスムス（蘭）ブリュッセル（白）の各大学図書館。早大・慶大・中大は NACSIS 加盟大学でなく，直接当該大学図書館に。

社会的活動

鎌倉市役所講演「ＥＵの東方拡大とコソヴォ問題」1999 年 5 月 28 日。
市民大学講座（於麗澤大）「ロシアの歴史と文化」「ＥＵ拡大と現代ポーランド」等 2000 年 4 ～ 12 月

教員免許

中学 1 級・高等学校 2 級社会科教員免許，1977 年 3 月。東京都教育委員会
高等学校 1 級社会科教員免許，1979 年 3 月。東京都教育委員会。

社会システム論

2021 年 10 月 12 日　第 1 刷発行

著　者：木村武雄
発行者：長谷雅春
発行所：株式会社五絃舎
　〒 173-0025　東京都板橋区熊野町 46-7-402
　電話・ファックス：03-3957-5587
組　版：office five strings
印刷所：モリモト印刷
ISBN978-4-86434-143-1